古代史の謎を攻略する

古代・飛鳥時代篇

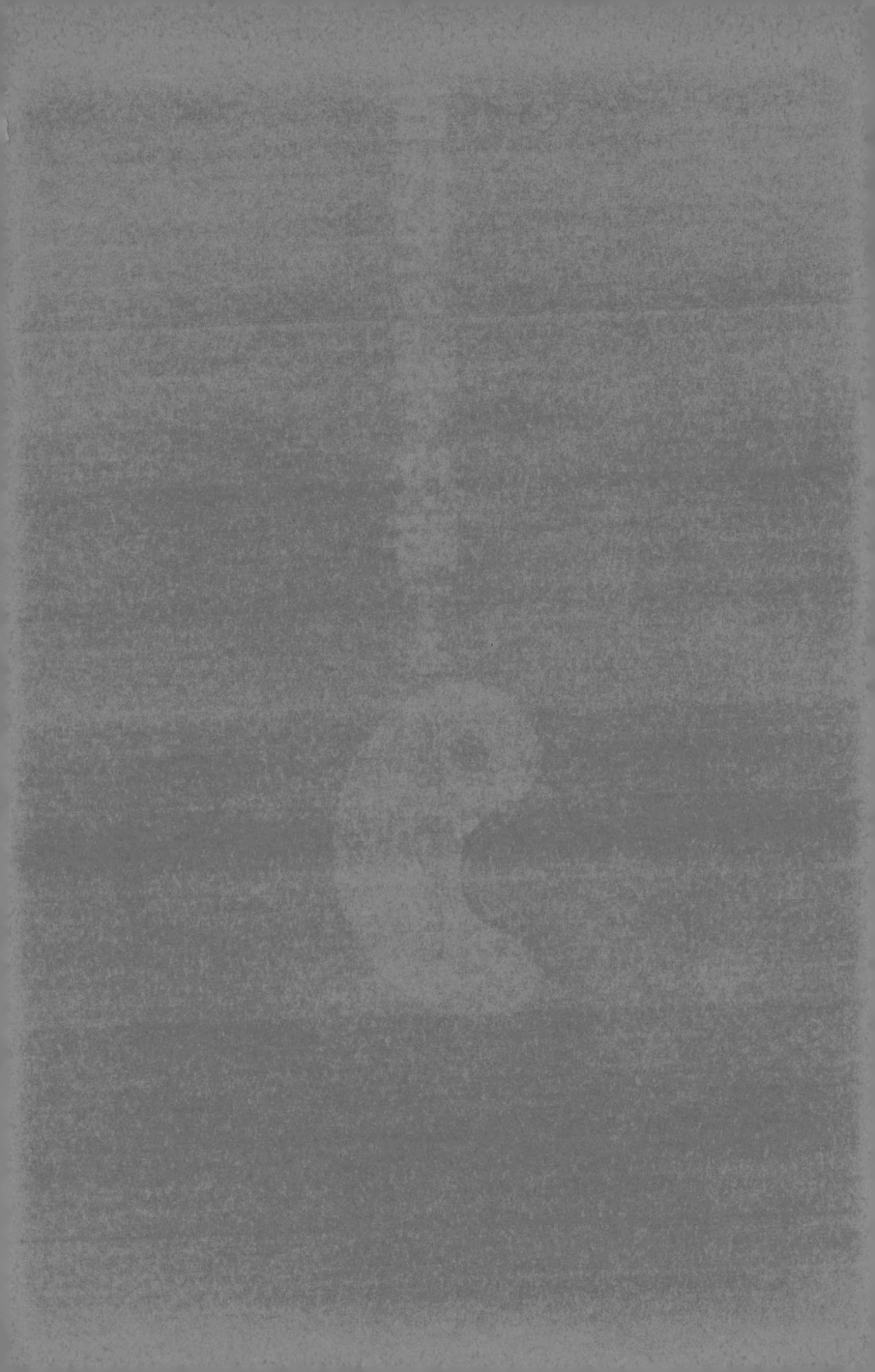

はしがき

夜空にぽっかりと浮かびあがった満月。くっきりとして欠けるところないその月に皎々《こうこう》と照らしだされた家並《やなみ》のなかを、月をたっぷり愛《め》でながらそぞろ歩きする。青い月の光をあびているせいか、ふしぎに優しく豊かな気持ちになれる。しばらく歩いて気づくと、あたり一面に群生したすすきケ原が照らし出され、きわだった濃淡の世界が浮かび上がっている。そしてそこがコンサート会場であるかのように、秋の虫の音が葉陰から響きわたる。そうしたなかに佇《たたず》んでいると、辛《つら》かったこともまた今という時の流れも忘れてしまう。人として生まれてきて良かったなぁ。そう思う瞬間である。

私などの胸に思い浮かぶ「月」は、こうした心をなごませる風景の一つである。

しかし幻想的で情緒的な世界を醸し出してきたこの月の上に、立とうと考えた人たちがいる。「どうやったら月に行けるんだろう」という課題を、謎として自分のなかに設定した人たちが地球上に出はじめた。私たちが幼いころに「お月さんには兎がいて、餅を搗《つ》いているんだよ」といわれてきた、中天に浮かぶあの月面に降り立ってみようと思ったのだ。そして先刻ご承知のように、一九六六年にまずソヴィエト連邦がルナ九号を打ち上げ、月に軟着陸させることに成功した。ついで一九六九年、アメリカ合衆国はアポロ十一号で人間を送り込み、いまは火星・土星までに探査の手を伸ばしている。そしてもう、宇宙基地を足場にして、家族で月世界旅行などを楽しめそうな時代になりつつある。

謎と感じ、問題として立てられなければ、解決される日など永遠にこない。月に行こうと思わずにただ美しいと思いつつ眺める人たちが地球上に何万人・何億人生まれてこようと、そうした意識の人たちとともに何万年過ごそうとも、けっして月世界に辿《たど》り着くことはない。そういうことが課題として意識されてこなかったからだ。月に行くための計算をしたり、それにあわせた材料を探したり作ったりすること。そうするには、そのことを問題と思ってみることが必要なのである。

ふりかえれば、それが謎だと思うことが、課題と感じることが、つねに人間を成長させてきた。その意味で謎を謎として意識し、解明に取り組むべき問題として立てること。それこそが解決への前提、大きな一歩なのである。問題として設定できれば、解決の緒《ちょ》についたことになる。解決の日は遠からず訪れることで、その日から解決の日へのカウント・ダウンがはじまる。

いまここに私が十数冊の雑誌・書籍のなかで繰り返し挑んできた八九八枚（四〇〇字詰原稿用紙換算）・一八四話に及ぶ古代史の謎を、見開き二頁または四頁に書きととのえて纏《まと》めてみた。わずか数頁で多種多様な課題の設定から答えまで記すのにはむりもあり、読者諸賢から多くの疑問や異論が出ようが、私の謎解きをきっかけとして、いくつもの解答を出して当否を論じて下さればよいと思う。

蛇足だが、謎はつきない。落語ネタに、無知な店子《たなこ》が物知りといわれる大家《おおや》にこう質問するのがある。「この路地をまっすぐにいくとどこに行きますかね」からはじまって「その先は」「その先は」と問い続け、「大家さん、その『果て』の先をずっと行くと……」と質問する。はじめこそその問いは無知で莫迦《ばか》げているが、最後にはだれも答えられない宇宙の果てを問うことになる。それでも、その謎を課題と意識するなら、答えに窮する「愚問」にもやがて解答の出される日がくるだろう。

平成二十一年七月十八日

著者識す

古代史の謎を攻略する

古代・飛鳥時代篇　目次

第一章　弥生時代・古墳時代

第二章　飛鳥時代

『古代史の謎を攻略する　奈良時代篇』

【構成】

第三章　奈良時代／政治篇

01 あれもこれもみんな藤原不比等の差し金だった、といってていいの

02 中納言の直接の設置目的は、政敵を蹴落とすための便法だったって

03 天平政界をウラで支配してきたのは、ほんとは蘇我氏だったんじゃないの

04 木簡の見つかった平城左京の邸は、長屋王邸じゃなかったって

05 長屋王は、なぜすっぽりと罠にはめられてしまったのか

06 藤原広嗣は、ほんとうは聖武天皇の首を狙って挙兵したのか

07 聖武天皇が家出？　五年間も続いた放浪の旅

08 玄昉は、怪僧ラスプーチンの前身だったのか

09 安積親王の急死は、藤原仲麻呂の魔の手によるものだったか

10 そんな無茶苦茶な……。光明皇后がかわいい甥を出世させた超奥の手

11 村長たちも支持していたのか？　橘奈良麻呂のクーデタ

12 ほんとにやる気？　外交知識の欠如が露見した仲麻呂の新羅遠征計画

13 用意周到に準備していたはずの藤原仲麻呂が、なぜ袋のネズミになったのか

14 すご～い。大伴家持の雨乞いは、天に通じたみたい

15 宇佐八幡の神託は、道鏡のやらせだったの

16 道鏡が天皇に？　称徳女帝は清麻呂に何を期待して送り出したのか

17 藤原氏は、どう細工して政府高官を独占していったのか

18 政変・独裁の温床は、五位以上の昇進制度にあったって？

19 都大路の並木には、何の木が植えられていたか

20 不破関って、だれからだれを守っていたのか

21 これこそ元祖「光通信」だ！　中国から輸入しての最新鋭施設・烽の威力

22 古代の駅って、いくら待ってても乗せてくれないの

23 安全なはずの海上交通なのに、遣唐使船はなぜ命がけだったのか

24 遣唐使って、まさか長安・洛陽の観光ツアーじゃないよねぇ

25 大伴古麻呂の「朝賀の席次」事件はあったの、な

第五章　奈良時代／経済・社会篇

■古代史の謎に挑む

ひところの古代史ブームは去ったが、それでも明日香村での飛鳥板蓋宮《あすかいたぶきのみや》跡伝承地（飛鳥浄御原宮《きよみはらのみや》跡）・島庄《しまのしょう》遺跡（島宮跡）・甘樫丘《あまかしのおか》東麓《とうろく》遺跡（蘇我大臣《おおおみ》家跡）などの発掘の現地説明会には数千人が訪れる。このように人々の耳目が古代史に引きつけられるのは、おもに三つの要素のせいであろう。

第一は、考古学的出土遺物のあい次ぐ発見によって日々更新されていく学説の、劇的な展開に立ち会っているという臨場感。第二は、ロマンチックともいえるすばらしいコペルニクス的な発想と構想。そして第三は、史料の読みかえなどで起きる、汲めどもつきないあらたな謎の創造である。

◆考古学的出土遺物の発見が切り拓く新しい世界

たとえば、邪馬台国《やまたいこく》論争がそうである。

国民的な関心事といわれる**邪馬台国論争**での最重要の争点は、邪馬台国がどこにあり、女王・卑弥《ひみ》呼《こ》がどこで統治していたのかを突き止めることである。手がかりとなるのは『魏志《ぎし》』倭人伝《わじんでん》で、そこには現在の福岡県「糸」島郡に名が残る伊都《いと》国がみえるし、そこまでの現地比定にはほぼ異論がない。『魏志』の記述をそのまま読むと、伊都国から東南に百里で奴《な》国、東に百里で不弥《ふみ》国、南に水行《すいこう》二十日で投馬《とうま》国、さらに南に水行十日・陸行《りくこう》一ヶ月で邪馬台国に着き、そこの女王・卑弥呼が三十カ国の邪馬台国連合を統治しているように受け取れる。ところがそのとおりの方位と旅程を辿《たど》ろうとすれば、

纒向石塚古墳を東側から望む

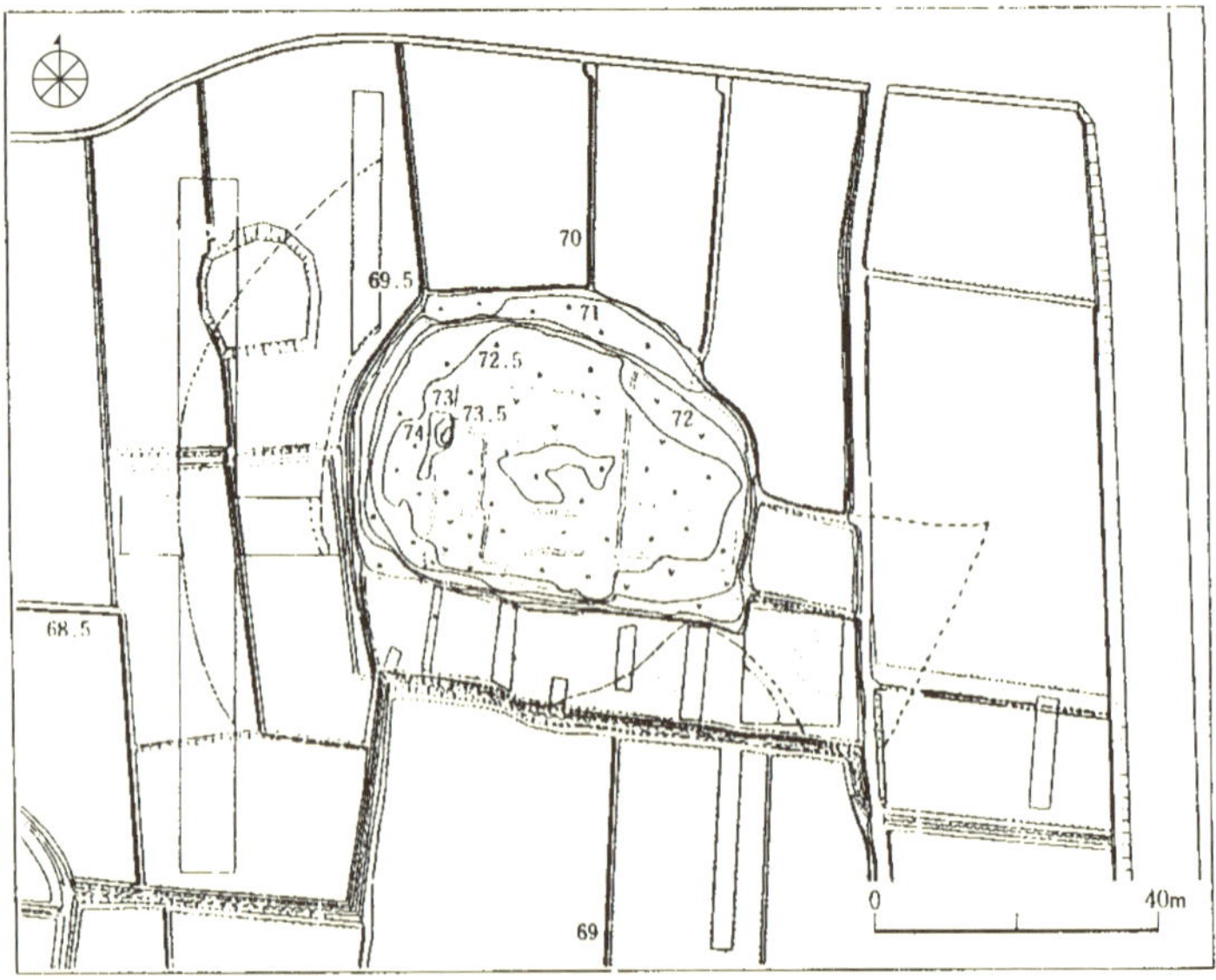

纒向石塚墳丘墓墳丘実測図
(『日本の古代遺跡』5保育社をもとに作図した)

これが、考古学的発掘調査で覆された。法隆寺西院《さいいん》伽藍の東南方向に焼けた土をともなった四天王《してんのう》寺《じ》式の伽藍跡が発掘され、それは若草伽藍と名付けられた。それがもともとの法隆寺であって、現在の法隆寺西院伽藍はその後に再建されたものだと見られるようになった。これで辻褄はあうことになったが、それでもなお疑問はある。なぜ白鳳時代風ではなくて、古様《こよう》に再建したのか。なぜ縁起には再建のことが記されていないのか。なぜいまのような窮屈な地勢のところに作らず、若草伽藍跡を整理してその上に再建しようとしなかったのか。これらの疑問に明瞭な回答案はなく、二寺併存説など非再建説が繰り返し提案されていて、考古学的調査による全容解明が待たれている。

さらに近時の出土木簡《もっかん》は、刺激的な材料となっている。

奈良時代以前の古代史研究には百種以上の史料が駆使されているが、史料価値の高さ・分量・体系性などは『古事記』『日本書紀』が群を抜いて優れている。そうではあるが、『記紀』は書かれている内容が古いことに触れているとしても、書かれたのはそれぞれ和銅《わどう》五年（七一二）・養老《ようろう》四年（七二〇）の時点である。その記載には、政府の都合《つごう》や編纂官の知識・思惑などが複雑に入りこむ余地がある。すなおに、あるがままを書き取った史料集ではない。『記紀』の記載に依ってなにかを証明しようとするさい、その根拠としてほんとうによいのかとなると、史料の性格が問題とされることが多い。それは、自分が刑事事件の被告になっていると思えば分かる。ある誤解から自分を長年恨《うら》んでいる隣家の人が目撃したという証言がただ一つの根拠となって、それで自分に刑罰が科《か》せられてはたまらない。「その証言者には私への遺恨《いこん》があり、ある事実を意図的に曲げて受け取っている」というはずだ。『記紀』も、一般論としてだが、ある部分は編纂目的のために意図的に事実を曲げて書いているだろう。

ところが古代の宮都《きゅうと》・役所・邸宅の跡などから出土する木簡《もっかん》は、おおむね紙などに清書して保存される前に、原材料や経過報告などとしてその場かぎりのために使われた木札《きふだ》である。編集者の手を経ていないまさにそのとうじの人の証言・生《なま》の声であり、記されたものはそのときにほんとうにあったことの確かな記録である。これが『古事記』『日本書紀』の記載を裏付けることもあるし、編纂時にどう手をいれたからこういう記載となっているのかもわかってくる。

たとえば『日本書紀』ではすべて天皇と書かれており、行政単位は×国×郡《ぐん》と記されている。しかし木簡をみると、郡は大化改新直後に評《ひょう》といわれていて、大宝令《たいほうりょう》の施行にともなって郡に変えられたことがわかった。またこれにはまだ異論もあるが、天皇号は七世紀初めの推古朝にできたといわれてきた。そのおもな根拠は法隆寺釈迦三尊像《しゃかさんそんぞう》・薬師如来坐像《やくしにょらいざぞう》の光背銘文《こうはいめいぶん》などなのだが、これは寺の権威をあげるための後人《こうじん》の作為《さくい》が入っているかもしれない。この点、奈良県明日香村・飛鳥池工房遺跡から出土した**天皇号木簡**は貴重である。これは七世紀後半・天武朝の木簡であり、このころには道教の知識も普及していた。木簡という作為が入りえないものに天皇という称号が書かれていたから、だから天皇号は天武朝に成立したとまではいえないが、天武朝には確かに天皇号があったと証明された。木簡の記載には、こうした多くの問題の解決が期待されている。

一枚の木簡の出土でいままで間違いないと思われてきた学説が一夜にして崩れることがあり、そのときは古代史に興味を持つ人の全員が同じ地点から再スタートしなければならなくなる。こわいようなそれでいて楽しくなりそうな、心躍《おど》らされる資料である。

◆ロマンあふれる斬新な構想が描く世界

いま他国軍が武装して国境を越えれば侵略行為とされ、国際社会の非難が集中する。もしもあえて踏み込もうというのなら、事前に国際連合などを通じて国際社会の理解を求めなければならない。だが前近代では、とくに古代世界では、実力がものをいう。習慣や力量が基準であって、とくに守らなければいけない決まった国境線などなく、侵略だったとしても非難を応酬する会議場もない。自国の算段《さんだん》で合従《がっしょう》連衡《れんこう》するにしても、勢力圏は自分の実力で守りきる。国力の栄枯盛衰は世の習《なら》いで、実力しだいで拡大・縮小する世界だ。現代の枠組みとは違う、国境線などという現代人特有の固定観念を取り去った上で、世界規模で構想を立てる。そういう混沌とした世界のなかでものを考え直せることが、古代史の楽しみの一つである。

その典型の一つが、**騎馬民族征服王朝説**であった。

天皇家の祖先は中国東北部を駆けめぐっていた騎馬民族で、その一部が朝鮮半島に入って高句麗《こうくり》・百済《くだら》・新羅《しらぎ》などの王朝を樹立した。その一部がさらに朝鮮海峡を渡って九州北部にまず侵入し、五世紀初めに大和地方に攻め込んで日本列島を征服した。それが大王家つまり天皇家の始祖の姿だったという、まことに気宇《きう》壮大《そうだい》な説である。その一つの根拠が、墳墓に埋められていた副葬品《ふくそうひん》である。それまでは鏡・玉などの呪術用具だったのが、五世紀初頭の古墳からは馬具・馬甲《ばこう》や騎馬戦用の挂甲《けいこう》に変わってしまう。和歌山県の大谷《おおたに》古墳からは、馬甲《ばこう》・馬冑《ばちゅう》も出土している、という。

第二次世界大戦前の日本では、歴史的な事件などは国内事情だけで起きていると考え、一国内だけで生々流転が完結するように歴史を描いてきた。それが、こうした学説の提起をうけて、東アジア社会全体の動きに連動させて理解するようになった。世界史と並行させて日本史を見直す。そういう視点の設定のきっかけとして、この学説の衝撃また功績は大きい。

三王朝交替説も、大胆な構想である。

天皇は大日本帝国憲法に「万世一系ノ天皇之《これ》ヲ統治ス」などと記されているが、万世一系のはずの王統譜《おうとうふ》は三段に分割され、もともとは崇神《すじん》天皇にはじまってイリの名を共有する王統、応神天皇以降のワケを共有する王統、そして継体天皇から現代に繫がる王統に分かれていた。『古事記』『日本書紀』では入り婿《むこ》などの形でむりやり一つの系譜に繫げてあるが、じつは三つの王朝の交替が隠されていたのだ、という。

世界史では国家の興亡がとうぜんで、血脈の繫がらない支配者が交替して君臨することなど少しも珍しくない。だが日本史学界は一国で自己完結する型の歴史観を常識と考えてきたから、世界史での常識が新鮮で衝撃的に映《うつ》った。そういえば、神武天皇からの王位継承は直系相続である。古代では同世代の王子がかわるがわる数代継承したあと、次の世代へと移行することが多い。それなのに、その先祖たちが直系相続なのは、おかしい。だからもともと不自然な系図なのに、疑わないか疑えないできたのである。世界史的な視野をもとにしたロマンティックともいえる劇的な発想の転換ではあるが、いわれてみれば当たり前のことばかりである。

この三王朝の性格をめぐっては、呪術王朝・征服王朝・統一王朝の差とみる見解、三輪《みわ》王朝・河内王朝などという政権基盤の差とする説などがある。賛否いずれにせよ、第二次世界大戦前のような神武天皇からの万世一系という理解はすでにない。『古事記』『日本書紀』をいかに読むか。大胆な発想の転換なくしては、既存知識・既成概念を越える説の展開は望めない。

右にみるように古代には朝鮮半島との交流が密だったから、渡来人の流入も多かった。そこで韓国文化が浸透した痕跡を、日本文化のここそこに探る動きが生じた。韓国語で地名を解いてみたり、韓国文化の遺跡を見つけたり、さらに『万葉集』も韓国語で読むと裏の意味が潜んでいたなどという奇怪な説まで登場した。そうした韓国文化との繋がりを学ぶなかで提唱されたのが、古代最大の権力者である**蘇我氏を渡来人とする説**である。

蘇我氏は蘇賀石河宿禰《いしかわのすくね》を祖とし、満智《まち》・韓子《からこ》・高麗《こま》・稲目《いなめ》・馬子《うまこ》と続いている。満智は『日本書紀』応神天皇二十五年条にみえる木満致《もくまんち》のことで、百済出身の貴族であった。しかし権力に酔いしれて国母《こくも》と通じたため、国外追放となった。そして日本にやってきた、というわけだ。満致と満智は音が同じで、同一人と考えてよい。その子・韓子の名は韓国女性との間の子を意味し、高麗は高句麗のこと。朝鮮半島由来の名ばかりであり、渡来系氏族としての雰囲気がある。しかも『古事記』によれば石河宿禰は孝元《こうげん》天皇の孫だが、彼らは応神《おうじん》天皇の後裔を名乗る人たちより氏族としての成立がおそい。蘇我氏の台頭が遅いのは、日本で氏族として成立するのが遅かったからだ。そういう文献の解釈に基づいた説である。

蘇我氏は、臣姓《おみせい》であるから渡来系と思われていない。臣ならばふつう大和王権の成立時に活躍した中央の在地豪族か、または地方では大きな勢力を持つ在地豪族である。この姓《かばね》の問題がクリアできるかの論議が必要だ。結論に至るまでにも安易さを感じるが、時流に乗っている論議でもあり、着想のおもしろさがある。

◆史料の読みかえが惹き起こす歴史像の新展開

第二次世界大戦後には、不敬罪などが廃止され、学問以前に守らなければ処罰されるような触れてはいけないタブーがいちおうなくなった。万世一系を疑うことや天皇の存在の実否を論議することでも、どんな学説も原則として自由となった。

『古事記』『日本書紀』は、いままで古代史の基本史料とされ、記述を疑うことがむずかしかった。その記述の通りに引用し、祖述してきた。しかし百歳を超える天皇が頻出するなど、常識ではありえない・考えられないことも多く記されている。そこでこの書籍を編纂しようとしたときの思惑などから考え、なぜこうした記述になっているのか、そうだとすればほんとうにその記事を信用してよいのかなど、史料批判には念を入れた厳密さが必要だという雰囲気が生じた。

史料批判の論議のきっかけとなったのは、『日本書紀』の**大化改新 詔**《たいかのかいしんのみことのり》**の信憑性問題**であった。皇極天皇四年（大化元年、六四五）の大臣《おおおみ》・蘇我入鹿《いるか》暗殺事件（乙巳《いっし》の変）以後、翌年正月に難波宮でただちに大化改新詔が発布され、律令制的中央集権国家に向けた施策がつぎつぎ手際《てぎわ》よく指示されて改革が進んでいった。しかし、それはあまりに準備がよすぎるし、そうした明確なプラン・国家構想が最初からあって、改革がすぐに着手されはじめるというのは常識的でない。乙巳の変が起きたのは事実だが、これはただの政権交代だった。政治改革など、はじめは考えていなかったのではないか。改革のスタートを知らせるもとと見なされてきた大化改新詔には、どうも後世の手が入っているようだ。詔文のうちの「凡《およそ》」ではじまる副文《ふくぶん》は、じつは大宝元年（七〇一）に成立した大宝律令《りつりょう》かまたはその前の持統《じとう》朝に成立した飛鳥浄御原令《あすかきよみはらりょう》の条文を、そのまま書き写したものである。しかも前述の通り詔文に郡とある字は、金石文や木簡の用字例では、もともと評とされるはずだった。もとの詔文をそのまま掲載するのではなく、これを自由に書き換えて載せているような書籍だったのだ。そうならば、もとの詔文がどのていどあったか分からないし、詔文の大半いやすべてがあとから書き込まれたとしてもおかしくない。このもっとも厳密な史料批判を提唱するものとして、**大化改新否定論**が生じた。

その改新否定説によれば、律令国家形成にむけた政治改革のほんとうのスタートは、天智天皇三年（六六四）だった。白村江《はくすきのえ》での敗戦を目《ま》の当たりにして、唐軍からの攻撃に堪えられる国家造りが急務となった。そこで氏族の傘下にいる部民《べのたみ》を解放して経済的に自立した公民とし、氏族の大小による差別を改めて冠位制に基づく官僚制に転換する。この改革は、天智朝を起点とし、天武朝・持統朝の一連の改革をへて、大宝律令として結実した。それでは権威がないので、この過程を溯らせて大化改新詔からはじまったかのように装った。だが、これがじっさいの政治過程だったのだ、という学説である。

ところが難波長柄豊碕宮《ながらとよさきのみや》跡の発掘で、大化改新直後に大規模な中国風の王宮が造られたことが知られるようになった。何らかの改革意欲がなければ、こうした王宮をとうとつに造りはじめないだろう。研究者の大半がそう考えるようになって、いまや大化改新詔はすべて虚構と見る説の支持者はほとんどいなくなった。しかし論争を深めるためにいろいろな証拠を集めて相手を説得しようというところが重要なのであり、勝ったか負けたかではない。もともとこの論議の根底にあったのは、厳密な史料批判を求めようとする気持ちである。それを忘れてはなるまい。

聖徳太子の実像・虚像をめぐる議論も、そうした『日本書紀』成立過程を探り、本文記事の史料批判を極めようとして出されているものだ。

聖徳太子の本名は厩戸《うまやど》皇子で、用明天皇と穴穂部間人《あなほべのはしひと》皇女との間の子である。父・用明天皇の在位期間が短すぎたためか、厩戸皇子は有力王族に付けられるはずの大兄《おおえ》という名称さえ貰えなかった。ところが『日本書紀』の記述では、たとえば十人の訴えを一度に聞いてその一つ一つに答えるなど頭脳明晰でかつ超能力をもっており、道教でいう聖《ひじり》のように描かれている。そして推古女帝の皇太子に立てられ、摂政《せっしょう》となって大王の政務を代行し、冠位《かんい》十二階・憲法十七条を制定し、小野妹子《いもこ》などを遣隋使《けんずいし》として中国に派遣した、と思われている。

しかしとうじは、平安期のような天皇権限を代行する権限を持つ摂政も置かれていないし、皇太子という次期大王が約束されるような地位も作られていなかった。冠位十二階も遣隋使も、厩戸皇子がしたことでない。また憲法十七条は、そもそもとうじの文章でない。つまり賢人・聖人視された聖徳太子像は実像でなく、のちの人たちの思惑によって捏造されたものだ、という説である。

太子信仰者をのぞけば、聖徳太子像が異常なことは気付くし、結論としてはまことに妥当である。ただそれがだれの手によって、どんな思惑で捏造《ねつぞう》されたのか。そこが問題である。この論争ははじまったばかりである。信仰心での判断はべつとして、なぜ『日本書紀』にあるような聖徳太子像が作られたのかについて、いろいろな可能性のあるものを出して検討すべきだろう。

やや行き過ぎの観はあるが、**古事記偽書説**も発想としては史料批判の流れにそったものだ。『日本書紀』は『続日本紀《しょくにほんぎ》』にその完成が明記され、奈良・平安期には日本紀《にほんぎ》講書《こうしょ》が催されたことも確認できる。これに対して『古事記』は、編纂の由来も完成時期も序文に書かれたこと以外に確かめようがない。最古の写本は真福寺《しんぷくじ》本だが、これは応安四年（一三七一）〜五年の成立で、室町前期にとつぜん姿をあらわしたものだ。といっても、伊勢神宮や吉田神社など神社関係の人たちには、この書の存在が前から知られていたらしい。さて『古事記』の序文には、天武天皇が稗田阿礼《ひえだのあれ》に暗誦させた勅語の歴史書を、元明《げんめい》女帝の命令で太安万侶《おおのやすまろ》が書き取った、とある。この序文をそのまま信用してよいかどうか、はなはだ心もとない。かつて『先代旧事本紀《せんだいくじほんぎ》』という書籍があり、聖徳太子・蘇我馬子共撰といわれてきた。鎌倉時代・室町時代まで、序文を信じて一等史料と扱われてきた。それが江戸時代に序文の虚偽が暴かれた。そういうこともある。『古事記』も、本文の字音仮字の用例は平安初期のものに近いから、おそらく古文に通じている多人長《おおのひとなが》が持っている古典知識を縦横に駆使して、祖先である太安万侶に仮託して粉飾した古書を作り出したのだろう。つまり偽書だという説が立てられている。この説の旗色はよくないが、その目のつけどころは、評価すべきだろう。

またおもむきは違うが、基本史料とされていたものを読みかえたことで話題になったのが、**高句麗《こうくり》広開土王《こうかいどおう》（好太王《こうたいおう》）碑文改竄《かいざん》論争**である。

中国史のなかでは、『魏志』以降となると、日本史関係の記事がしばらく見当たらない。日本が通交しなかったため、四世紀の中国史料には日本が登場しないのだ。そこでこの碑文が大事になる。ここには四世紀末から五世紀初めの日本の動きが書き留められているからだ。すなわちこの碑文を「倭は辛卯《しんぼう》の年を以て来《きた》りて海を渡り、百残□□□羅を破り、以て臣民と為《な》す」として、大和政権の国家統一と朝鮮半島での利権獲得の動きを読みとってきた。これに対して、碑文で顕彰されている好太王を主語として「倭が辛卯の年に来た。(そこで好太王が)海路を使って百済などを破って臣民とした」と読むのが穏当だ。またこの文字は不鮮明だったのに、日本陸軍参謀本部の酒匂景信《さこうかげのぶ》が石灰《せっかい》を塗布《とふ》させて字を捏造《ねつぞう》してから拓本《たくほん》(石灰拓本)にした。その字を捏造したとき、その時点の日本の海外侵略にとって都合のよい史料に書き換えた、という学説が出された。

いまは酒匂が入手する前の石灰拓本より以前に作られた拓本(原石拓本)が集められて分析され、その結果、日本軍による作為的な書き換えはなかったとされている。しかし不動と思われていた史料の虚を突く、思いがけない疑問を投げかけた論議だった。

それにしても、古代史料は格段に少ない。

材料だけなら、おそらくさしたる手間もかけずに、だれでも頭に入れられよう。論議には、だれもが参加できるような容易さがある。だが、問題はその史料から何をいかに多く読みとるかだ。それは、読む側の知識の豊かさと着想にひたすらかかっている。つまり自分が積み重ねてきた、ほかにはない人生経験を生かせる場所が、ここにあるということでもある。その意味で、みなさん方の古代史の謎への果敢な挑戦を、心よりお祈りする。

(「月刊歴史読本」五十一巻十号、二〇〇六年五月)

第一章

弥生時代・古墳時代

01 弥生時代以前に稲作が伝わっていたってホント?

従来、日本の稲作文化は弥生時代にはじまるとしてきた。縄文晩期になると日本の気候は寒冷化しはじめ、そのために植生・動物の分布も変わった。繁殖・繁茂に適さない気候となったため、座《ざ》したままでは豊かな食糧が入手できなくなった。そこで中国の長江流域から水稲農耕を導入し、食糧危機を乗りこえた。稲作は大量の労働力を一時的に投入するので、定住のムラが形成された。また稲穀が蓄積に適するため、持てる者と持たざる者に分解し、貧富差をもとにした階級社会となった。さらに耕作できる地と富を求め、ムラ・クニが対立抗争する時代もはじまる。そう理解してきた。

もっとも縄文時代でも、水稲農耕ではないが、すでになんらかの栽培農耕をしていたとみる説もあった。数千年もの間、ただ漫然と自然の恵みを一方的に享受していたのではなく、猪などを飼育し、果樹を植えたり、意図的に自然への働きかけをしていた、という。その一つの仮説が「照葉樹林《しょうようじゅりん》文化」である。照葉樹というのは、椿などのように葉の表面がきらきらと輝いた葉を茂らす樹種のことで、照葉樹の茂る樹林帯には奇《く》しくも共通する文化が展開している。たとえば、タロイモなどの粘性の高い食物が共通に好まれる。たしかに今でも日本人は、粘性のより高い米飯を好む。ほかにも里芋・山芋・納豆《なっとう》などなど、きりなくある。こうした照葉樹林帯の文化に特徴的に見られる栽培植物が、日本の縄文遺跡にも出土する。福井県三《み》方《かた》町の鳥浜貝塚《とりはまかいづか》(縄文前期)からは緑豆・瓢箪《ひょうたん》・荏胡麻《えごま》などの種子が見つかっている。瓢箪は人為的に割らなければ種が取り出せない、人間の作り上げた加工変種である。縄文人が農耕をしていた証拠である。栽培農耕の存在は証明されはじめていた。

さて一九七〇年代になって、福岡市板付《いたづけ》遺跡・佐賀県菜畑《なばた》遺跡などから縄文後期の水田址が発見され、縄文時代の確実な稲作遺構が発見された。板付遺跡では、縄文晩期に属する夜臼式《やうすしき》土器を使っていた時期の水田址・木製農耕具・石庖丁《いしぼうちょう》が、さらに縄文後期の山ノ寺式土器をともなう水田址・木製農耕具・石庖丁も発見された。菜畑遺跡では灌漑施設も整備されていて、取水・排水の水路もあった。畦畔《けいはん》で囲まれる水田一筆《いっぴつ》の広さは、山ノ寺式の時期に四×七𝄀《メートル》ほど、夜臼式の時期には三〜四×二〜三・五𝄀《メートル》と小さく区切られていた。これは田に水を湛《たた》える場合の工夫で、手早く水平面を得られるし、保水効果を大きくするための知恵だ。弥生時代・古墳時代でも、傾斜地の開墾のさいに用いられている。こうした後世に繋がる技術が、この時期の農耕で早くも見られる。それでも発見の当初は「文明の流入口にあたる北九州地方だからこそ」といわれたが、愛媛県松山市の大渕遺跡で縄文晩期中ごろから後半の縄文土器に籾痕《もみあと》があり、さらに磨製の石庖丁・石鎌なども出土。昭和六十三年（一九八八）には香川県坊城《ぼうじょう》遺跡で縄文晩期の木製農具が出た。ただし、縄文後期に米はあるが、広く栽培していたかどうか。また食生活に占める米飯のウェイトにも論議の余地がある。しかし稲作のはじめが縄文時代となったのは確実で、さらに時代も溯り、出土遺跡は東日本でも見つかるだろう。

これが投げかける問題は、重大である。縄文時代と弥生時代の時代差をどう説明し直したらよいのか。弥生時代に入ると稲穀の蓄積を基盤にして階級社会が成立する、としてきた。しかしそれなら縄文後期にすでに階級社会が発生しているはずだ。その一方では、縄文土器と弥生土器の型式差を規準にして時代を分けるのをやめて、見直そうとする意見も出ている。この波紋は大きい。

02 荒神谷《こうじんだに》遺跡の発見で、出雲《いずも》はどう見直されるのか

昭和五十九年（一九八四）七月、島根県斐川《ひかわ》町の荒神谷遺跡で、弥生時代の銅剣三五八本がたった一カ所から出土した。尾根の南側の斜面にテラス状の平坦《へいたん》面が二段ある。下段には隅を丸くした長方形（二・六×一・五メートル）の土壙《どこう》があり、ここから大量の銅剣が出た。銅剣は四列に分けられ、南北方向に揃えて置かれていた。西側から三十四本・一一一本・一二〇本・九十三本あった。どれも刃を起こした状態で、剣身を東西方向にして平行に密着させて並べてある。鋒部と茎部をたがい違いにしたり、同じ向きに揃えたり、それは一様でないが、意識的に大事に埋納《まいのう》した雰囲気が伝わってくる。土壙の上には、もともと覆屋《おおいや》があった。埋納のときにあったという確証はないが、上段から下段にかけて庇《ひさし》がのびていた。それもいつのころか燃え落ちた。そういう遺跡だった。そして翌年七月、また発見があった。この調査地の東七メートルの地点から、銅鐸《どうたく》六基・銅鉾《どうほこ》十六本が纏めて出土したのだ。銅鐸は鈕《ちゅう》（つり手）側をあわせた形で、斜面の上下に三個づつ、鰭《ひれ》を立てて埋められていた。また銅鉾の方は、刃を起こして、鋒部と袋部がたがい違いになるように並べられていた。

これらの発見は、学界に大きな衝撃を与えた。

弥生時代の銅剣には、細形・中細形（a・b・c）・中広形・平形の六型式がある。ここで出土した銅剣は分類上の中細形c型式で、弥生中期末〜後期初頭のものである。その意味では珍しくないが、それまで考古学界で発掘してきた銅剣・銅鉾の総数が全部で三〇〇本ほどだったのだ。それがたった

一遺跡で三五八本も出土した。いったいなぜ、これほど多くの銅剣がここから出土するのか。論議の大きな焦点がここに置かれた。

この地は、『日本書紀』『古事記』で八岐《やまた》の大蛇《おろち》が出現したとされる斐伊《ひい》川（肥河）の下流右岸にあたり、出雲神話の故地である。しかし出雲神話は『記紀』でこそ著名だが、『出雲国風土記』にはその片鱗すら窺えない話だった。出雲現地の神話・伝承でなかったとすれば、『記紀』はなぜ大和の対抗勢力の本拠地として出雲を選んだのか。出雲は大和政権と拮抗《きっこう》し、国譲《くにゆず》りを求められるような巨大な在地勢力ではなかったのか。神話部分の執筆のつごうで、そう扱われたにすぎなかったのか。論議のなかでは、「出雲神話は、中央貴族が描いた観念的な世界」とみる意見も強かった。しかしこの遺跡の発見で、これからは出雲の見方も変わる。とうじ貴重だった青銅をこれだけ集められた出雲の力。その経済力は大いに評価されよう。しかもこれはただの金属塊ではなくて、権威を持たされた祭祀用具である。これほどの量の祭祀用具を一カ所に集められる力の強さは、想像もつかない。出雲の祭祀権力の強さと宗教的独立性。この発見で、出雲の力量が再評価されることはまちがいない。

さらに、もう一つ大きな影響があった。学校の歴史教育では、北九州地方を中心とした銅鉾圏、瀬戸内地方の銅剣圏、畿内地方・東海地方の銅鐸圏という三つの文化圏が対立する図式を描いてきた（和辻哲郎《わつじてつろう》著『日本古代文化』岩波書店）。宗教遺物のきわ立って偏《かたよ》った分布は文化圏の違いから政治体質の違いにまでつながるとされ、この圏域間の対立が二〜三世紀に起こる倭国大乱の原因とも見なされてきた。しかし、銅剣・銅鉾・銅鐸は多種類まとめて所有されたり埋められたりもしていたわけで、こうした対立の構図があったとすることすら疑わしいものとなった。

03 邪馬台国《やまたいこく》論争の根本にある、「古代の常識」の差とは

邪馬台国の所在地については、いまや全国各地に「邪馬台国の王都」候補がある。しかし多くは眉唾《まゆつば》ものだ。地名（小字《こあざ》名など）や神社（祭神）名などを根拠とするのは、発想としてよい。だが、その呼称が古代まで溯れるのか、追跡調査していない。そんないい加減さが通用するのなら、戸越《とごし》銀座などの「銀座」地名から、江戸幕府直営の銀座はかつて全国各地に置かれていたと主張できるだろう。

そうなるとおおかたが消えて、やはり有力な候補地は北九州地方と畿内地方となる。

『魏志』倭人伝によれば、邪馬台国は伊都国《いとこく》（福岡県糸島郡）の東南方向にあり、魏《ぎ》が朝鮮半島支配の拠点とした帯方郡《たいほうぐん》から一万二〇〇〇余里の距離にある。

北九州説では、筑後国《ちくご》（福岡県）山門郡《やまと》の地名を邪馬台国の名残りとする。方角記事をただしいとし、中国使節は伊都国からさきに行かず、伊都国で各国への行程を聞き書きした。だから距離は伊都国から放射状に読めばよいとする。あるいは大国に見せるため、距離を過大に言った、ともいう。

畿内説では、大和国の国名を地名上の手がかりとする。大和ではヤマトとは読めない。これは道教《どうきょう》的思想のせいで、聖人の住む地として改称されたためだ。だが字は大和と改められても、和訓《わくん》は残った。『魏志《ぎし》』の記載では、例えば不弥国《ふみ》から邪馬台国まで「水行《すいこう》三十日・陸行《りくこう》一カ月」の行程とするが、これでは北九州地方に収まらない。これは方位を誤ったのだ。古代中国人が日本の地形・位置を誤認していた証拠の地図もある。また邪馬台国から大和政権へ繋がるのも無理がない、と考える。

そのいずれの説にせよ、最大の手がかりである『魏志』の記述は、通《とお》り一遍《いっぺん》の解釈ではどこにもあたらない。これが最大の問題点である。「伊都国からは放射状に読む」のは妙案だが、「至・到」の用字の使い分けから「現地に行ったか、行かないか」まで推論してよいものか、はなはだ疑問だ。大和説では、考古学的に援護してくれる学説がある。卑弥呼が景初《けいしょ》三年（二三九）に魏帝から貰った魏鏡は三角縁神獣鏡《さんかくぶちしんじゅうきょう》で、その国内分布が畿内地方を中心としている。そう証明できたが、三角縁神獣鏡を魏鏡と見ることに異論があり、渡来系の技術者が中国銅鏡をまねて作ったと考えるのが穏当だ。

行き詰まったなかで、論争の焦点は考古学分野に移っている。

近年、佐賀県で吉野ケ里《よしのがり》遺跡が発見され、『魏志』の記述を髣髴《ほうふつ》させる楼閣と周濠《しゅうごう》の跡をもとに「邪馬台国が見えた」とまで騒がれた。だが、そもそも場所も時期も違う。大和でも楼閣図の刻画土器や纏向《まきむく》遺跡の古代都市址が出現し、「女王の都」と喧伝《けんでん》している。

こうして位置論争は果てしなく続きそうだ。だがこの論議、ごく常識的な思い込みが分水嶺となってはいないか。古代の北九州は中国・朝鮮文化の流入口である。だからそこがいちばん高い文化水準となるのはとうぜんで、質の高い文化は大きな政治力・経済力をもたらす。したがって邪馬台国の時代には北九州をおいて日本の中心になる地域などない。これを常識的理解とする。しかしそれが常識ならば、大和を中心にした統合政権が成立するはずがなかった。むしろ大和王権への繋がりを考えると、日本のような島国では劇的な国家興亡劇・政権交代劇は起きづらい。ロマンはないが、それもまた常識的である。おおもとのところで、論者間の「常識の食い違い」があるように思う。

ともあれ、「親魏倭王《しんぎわおう》」の金印が発見されさえすれば、すべては解決する。もっとも、あればだが。

04 邪馬台国《やまたいこく》連合にはすでに壮大な国家組織があったのではないか

邪馬台国の女王は卑弥呼《ひみこ》だといわれるが、じつは卑弥呼が邪馬台国の女王かどうかわからない。混《ま》ぜっ返《かえ》すようだが、ほんとうだ。邪馬台国は倭人《わじん》の建てている三十余国の一つであり、邪馬台国出身の卑弥呼はそのうちの「三十ヶ国連合」の女王に共立された。したがって邪馬台国連合の女王は卑弥呼だが、邪馬台国の王が卑弥呼だったかどうか、それは分からない。このように、邪馬台国論争ではどの事柄についてもこまかく異論が出されている。だから以下のことにも反論が予見できるが、筆者の見解だけしか述べるスペースが（幸い）ない。

邪馬台国連合は、「今、使者と通訳が通《かよ》っている所は三十ヶ国」（『魏志《ぎし》』倭人伝）とあるから邪馬台国以外は二十九ヶ国だ。それは狗邪韓国《くやかんこく》・対馬国《つしまこく》・一大国《いきこく》（一支国）・末盧国《まつらこく》・伊都国《いとこく》・奴国《なこく》・不弥《ふみ》国《こく》・投馬国《とうまこく》・斯馬国《しまこく》・己百支国・伊邪国《いやこく》・都支国（郡支国）・弥奴国《みなこく》・好古都国・不呼国《ふここく》・姐奴国・対蘇国《つそこく》・蘇奴国《そなこく》・呼邑国・華奴蘇奴国・鬼国《きこく》・為吾国・鬼奴国《きなこく》・邪馬国《やまこく》・躬臣国・巴利国《はりこく》・支惟国・烏奴国《うなこく》・奴国《なこく》だが、奴国が二度出てきている。そこであとに書かれている奴国を□奴国としてみたり、重複を省いてから狗奴国《くなこく》を加える折衷案もある。しかし筆者は「女王国の境界のつきる所で、その南に狗奴国がある」とあるから、狗奴国説はとらない。同音の奴国が二つあってもよいはずだ。

この連合体の盟主は、もちろん諸国で共立した女王・卑弥呼である。連合国最高会議が常設されていたか定かでないが、会議は常設でなくて、連合体の大王を決めるときなど重大かつ必要な事柄があれば開催するものだったろう。とくに不満が噴出しなければ、日常的には女王の受けた神託をもとに判断して、男弟が彼女を補佐して昼間の政務を取り仕切っていたのだろう。

三十ヶ国の内政はそこの王が独断で仕切ったろうが、連合体としてのまとまりを確保するために、全体を統御《とうぎょ》するための機能も備えてあった。いわば管制塔だが、それが伊都国にあった。

伊都国には「代々王がいたが、みな女王国に統属していた」「一大率《いちだいそつ》を置いて、諸国を検察させた。……つねに伊都国に駐留していた」とあって、一大率は「諸国はこれを畏《おそ》れ憚《はばか》った」といわれるほど女王国以北の七ヶ国に強力な介入をした。また争いのおこりやすい諸国の交易市場にも、監察官として大倭《だいわ》を置いていた。諸国の境界線や物資の流通などについて、たがいに利益を享受できるよう、また相互の紛争を抑えるため、代表者の女王には各国への制裁権も委ねられていたようだ。

一大率のほかにも、連合国家のなかには連合組織として置かれていた官があったようだ。というのは書き方を手がかりとして見ると、「狗奴国あり、男子を王となす。その官に狗古智卑狗《くこちひこ》あり」とあるが「その王、官名を狗古智卑狗」とはない。国には王とはべつに官・副があり、しかも連合体内には国を跨《また》いで同名の職が見られる。すなわち、

対馬国　（大官）卑狗《ひこ》
　　　　（副）卑奴母離《ひなもり》
一支国　（官）卑狗
　　　　（副）卑奴母離
伊都国　（官）爾支《にき》

（副）泄謨觚・柄渠觚
奴　国　（官）兕馬觚
（副）卑奴母離
不弥国　（官）多模《たも》
（副）卑奴母離
投馬国　（官）弥弥《みみ》
（副）弥弥那利《みみなり》
邪馬台国　（官）伊支馬《いきま》
（次）弥馬升
（次）弥馬獲支
（次）奴佳鞮

とあり、各国の官（または大官）・副の称号が記されている。このなかの卑奴母離は四カ国、卑狗は二カ国に見られる。卑奴母離が夷守の意味だとすれば、ヒナを守る辺境監察が任務だろう。その国の位置が北の端にあったとしても、自国の防衛官を夷守と命名するはずはない。辺境に置いた監察官を夷守と名付けるのは、連合中枢部から全体を見渡す立場にある者の持つ感覚による。

官・副とも連合体中央からの派遣官とみる考えもあるが、対峙《たいじ》している狗奴国にも官という名がある。となると、官とは諸国の王が任命するいわば首相であって、副のみが連合体中央からの派遣官なのだろう。それに卑狗では男子（彦）の意味しかなく、職務内容をふくんだような名に見えない。

倭国連合の組織図

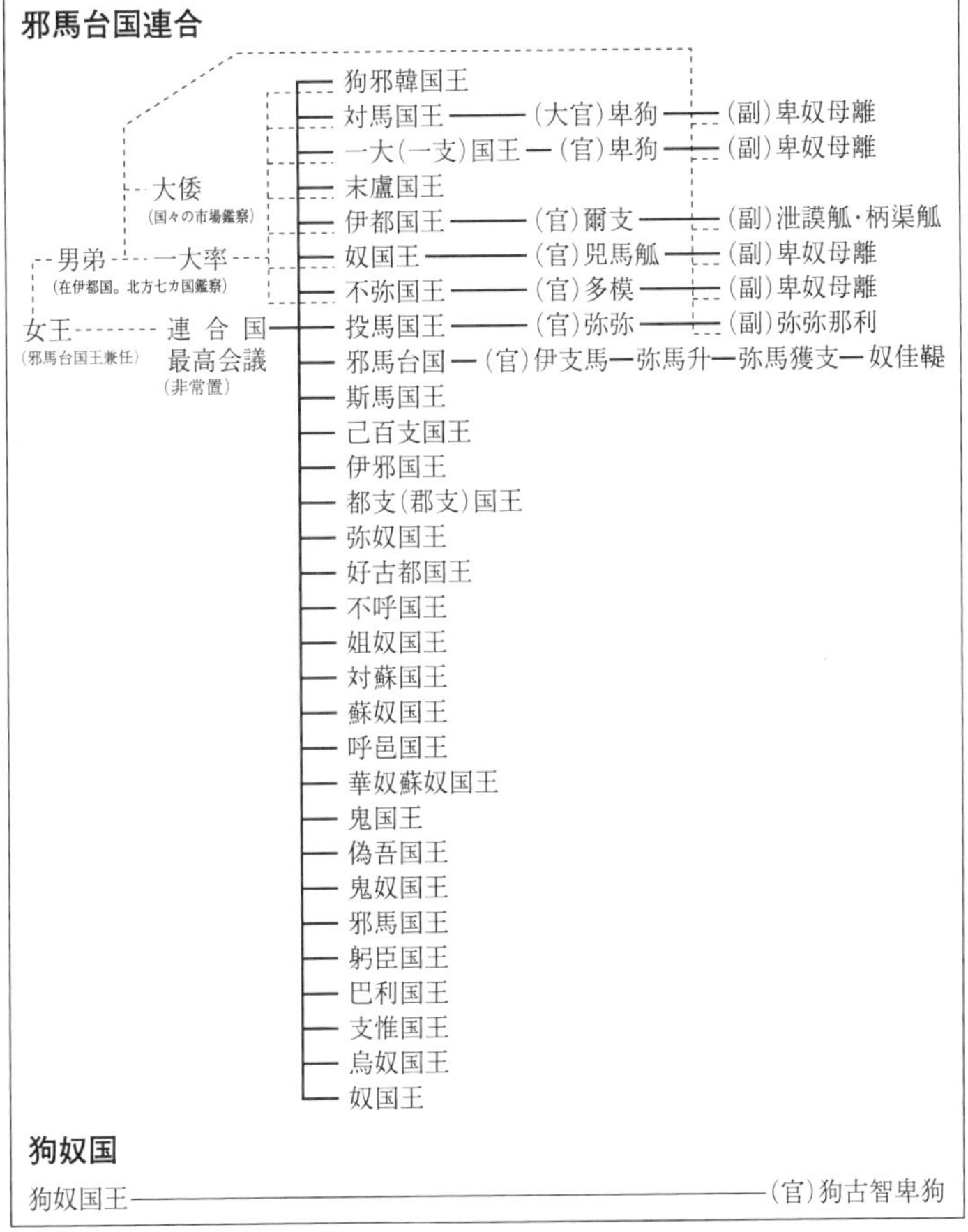

邪馬台国連合
大倭
(国々の市場監察)
男弟
一大率
(在伊都国。北方七カ国監察)
女王
(邪馬台国王兼任)
連合国
最高会議
(非常置)
狗邪韓国王
対馬国王
(大官)卑狗
(副)卑奴母離
一大(一支)国王
(官)卑狗
(副)卑奴母離
末盧国王
伊都国王
(官)爾支
(副)泄謨觚・柄渠觚
奴国王
(官)兕馬觚
(副)卑奴母離
不弥国王
(官)多模
(副)卑奴母離
投馬国王
(官)弥弥
(副)弥弥那利
邪馬台国
(官)伊支馬
弥馬升
弥馬獲支
奴佳鞮
斯馬国王
己百支国王
伊邪国王
都支(郡支)国王
弥奴国王
好古都国王
不呼国王
姐奴国王
対蘇国王
蘇奴国王
呼邑国王
華奴蘇奴国王
鬼国王
為吾国王
鬼奴国王
邪馬国王
躬臣国王
巴利国王
支惟国王
烏奴国王
奴国王
狗奴国
狗奴国王
(官)狗古智卑狗

05 卑弥呼《ひみこ》は、敗戦の気配《けはい》のなかで暗殺されたのか

その昔の日本は中国から倭国《わこく》と呼ばれ、人は倭人《わじん》と名付けられた。倭人というのは背丈が短くて背を丸くして歩く人たちのことで、土蜘蛛《つちぐも》のような動物的存在として侮辱《ぶじょく》された言葉だった。しかし、日本では長いことその意味を知らなかった。「私たち、倭人」と胸を張っていえば中国の人たちからは笑われたろうが、それを「『熱烈歓迎』してくれている」と勘違いして納得していたのだろう。

それはそれとして、その倭いや日本は、二世紀後半に内乱状態となった。みんなが納得するような王者が選べないのだ。いまの政界はいうまでもないが、そここの会社だとて、派閥争いは深刻だ。三人で旅行しないほうがいいというが、どんな少数でもそれなりの派閥争いが起こる。まして多数の国・村を纏める人物を立てて、その人に自分たちの命運を預けるとなれば、おいそれと推薦した者を引っ込められない。しかしどの男もどうも一長一短あって、話が纏まらない。ついに武器を取って戦うことになり、現代風にいえば「交戦中の当事国三十ヶ国の首脳を集めて話し合いが持たれ、即時停戦と邪馬台国女王・卑弥呼の『連合国議長』就任を決めて、会議を終了した」となった。

この女王・卑弥呼にはたくさんの謎があるが、ここでは死没をめぐる謎と怪異ぶりを垣間見よう。

卑弥呼は中国の魏《ぎ》に使者を送って国交を開き、そのときに親魏倭王《しんぎわおう》の地位を授《さず》かった。倭王になるというのは、現代のように独立国の王様として世間から認められたという意味ではない。中国皇帝の臣下となって、倭国担当の長官に就《つ》けていただいたのである。それでも中国皇帝のバックアップが得ら

れた効果は大きい。暫定政権のはずの女王の権力は、中国皇帝の大きな権威を背景として安定した。そうではあったが、十年ほど経《た》った中国の正始《しようし》八年（二四七）、邪馬台国は大きなピンチに見舞われた。邪馬台国連合の南には、卑弥弓呼《ひみここ》が王として君臨する狗奴《くな》国があった。その狗奴国との間に戦争がはじまり、連合国の旗色はかなり悪かった。戦況が悪くなれば、足並みは乱れる。連合国内部では卑弥呼の指導力を疑い、かの女の命令に従わない国も出はじめた。そこで卑弥呼は中国の帯方郡《たいほうぐん》に使者を遣わし、魏軍の援助を求めた。卑弥呼が魏に朝貢《ちようこう》したのは、こういう場合を考えてのことである。魏としては、親魏倭王に任命した以上、その秩序が守られるよう王を援助する義務があった。魏はすぐに塞曹掾史《さいそうえんし》の職にある張政《ちようせい》を日本に遣し、皇帝の詔書と黄幡《おうばん》（軍旗）を授けた。そして詔書を檄《げき》文に仕立てて連合国を構成する各国に送りつけ、卑弥呼への忠誠と参陣を呼びかけたのだ。卑弥呼軍の本営に黄幡を樹《た》てさせ、この軍が魏軍の一部であること、この旗印に刃向《はむ》かう者は、卑弥呼だけでなく、魏の皇帝への反逆でもあると知らせた。しかしその後も、戦況は好転しなかった。

そのなかで卑弥呼が没した。死因は老衰・戦死など諸説あるが、暗殺された可能性も捨てきれない。現代なら椿事《ちんじ》だが、古代シャーマンならばそれもめずらしい最期《さいご》ではないはずだ。豊饒や戦勝は、神の声を聞く巫女《みこ》の輝かしい証明。それならば、不毛や敗戦は能力の欠如・喪失を意味する。集団を混乱と敗戦に導いた者は、神の声を誤って伝えた者として処分され、新しいシャーマンに取って代わられる。船の航海を守護する持衰《じさい》がよい例だ。『魏志』倭人伝には「病気や害にあったならば、持衰が慎《つつし》まなかったと見られて殺された」とある。古代には責任をとらない占者などいない。古代シャーマンは、文字どおり命がけで占うのだ。卑弥呼だとて、その例外ではなかったろう。

06 卑弥呼《ひみこ》は、三輪山麓の箸墓《はしはか》に葬られたのか

『魏志《ぎし》』倭人伝《わじんでん》によれば、三世紀半ばごろの日本には邪馬台国を中心とした連合国家があって、女王・卑弥呼が全体を統率していた。その邪馬台国の所在には北九州説と大和説があるが、大和説をとれば邪馬台国の中心地は三輪《みわ》山麓あたりかという。

卑弥呼は景初《けいしょ》三年（二三九）に魏の明帝《めいてい》から銅鏡を授《さず》けられ、これを祭祀具《さいしぐ》として連合国の王・重臣たちに広く配ることで、連合国家内の上下秩序を確認しまた結束を固めた。その銅鏡とは日本の前期古墳から多数出土する三角縁神獣《さんかくぶちしんじゅうきょう》鏡でなかったか。この銅鏡には「景初三年」のほか、実在しない「景初四年」と記したものまであるが、魏鏡であろうとなかろうと、どのみち卑弥呼と同時代の銅鏡である。これらが卑弥呼から倭王に与えられたとすると、日本国内で分与している中心者が邪馬台国の王かその代理人で、分布の中心地には邪馬台国があったこととなる。

銅鏡は、製作時に同じ鋳型によってセットで作られる。それを手がかりにして分与の順を追跡すると、奈良県境に近い椿井《つばい》大塚山《おおつかやま》古墳（京都府山城町）の被葬者が分与の中心であることが分かっている。また平成十年（一九九八）、奈良県天理市の黒塚《くろづか》古墳（古墳前期）から三十三面以上の三角縁神獣鏡が出土し、大和地域は三角縁神獣鏡の一大保有地だった。つまり邪馬台国連合は大和地域が中心で、その地から三角縁神獣鏡が全国に配布されたそういう構図が描けそうである。

さらにいま一つの手がかり。それは『魏志』の卑弥呼の墓についての記事で、「卑弥呼はすでに死

んだ。大いに冢《ちょう》を作った。その径《けい》は百余歩あった」とある。彼女の墓は地上に土を盛った高塚《たかつか》で、その長さは百歩以上という。歩と余をどのていどとみるかにもよるが、歩幅《ほはば》を八十《センチ》とみれば一〇〇《メートル》、一二〇《センチ》ならば一五〇《メートル》ほどになる。全長が一〇〇《メートル》以上の高塚ならば、それは古墳であろう。

かつて古墳の造成は四世紀以降とされてきたが、近年は三世紀初頭まで溯れるとされている。その古墳の発祥《はっしょう》の地が桜井市の纏向《まきむく》あたりとなると、卑弥呼の墓もその近くではないか。

その墓の候補地が、三輪山西麓に全長二七三《メートル》の前方後円墳の秀麗な山容を見せる箸墓古墳である。『日本書紀』にはこの墓の伝説が記されている。

墓の主となったヒロインは孝霊《こうれい》天皇の娘・倭《やまと》迹迹《と》日《ひ》百襲《ももそ》姫命《ひめのみこと》である。夜《よ》な夜《よ》な通《かよ》ってくる神（三輪山の大物主《おおものぬし》神）に、「通ってくるのが夜ばかりで、姿が分からない。明朝、姿を見せてほしい」と願った。もっともなことと思い、神は「櫛箱《くしばこ》のなかに入っていよう。どうか私の姿に驚かないように」と念を押した。しかし姫は蛇の姿をみて思わず叫び、恥をかかされたと感じた神は天空を踏んで三輪山に戻った。天を仰いで悔《くや》んだ姫が尻餅をついたので、そこにあった箸に陰部《ほと》を撞《つ》かれて死んでしまった。その姫の墓は、この話にちなんで箸墓と名付けられた、とある。

箸墓は、数ある前方後円墳のなかでもきわだって古い古墳と見られている。後円部と前方部を繋ぐくびれがつよく、前方部幅との較差《かくさ》は二倍以上もある。しかも前方部は直線的にでなく、内側をえぐるように屈曲した撥型《ばちがた》になっている。横からみると後円部が高くて、前方部はその半分ほどしかない。ただし、低いとはいっても、くびれ部からは比《ひ》高差《こうさ》七メートルもあるつよい坂状になっている。また副葬品の埴輪《はにわ》は、弥生後期に起源のある特殊器《とくしゅき》台《だい》形埴輪のなかでも、とりわけて古い宮山型に近いものが後円部から発見されている。それは五段に築かれた墳丘の各段上ではなく、墳頂にのみ置かれていた。これらは、いずれもきわめて古い古墳とされている指標である。

ところで箸墓の後円部は葺石《ふきいし》で覆われていて、『日本書紀』にも「この墓は、昼は人が作り、夜は神が作った。すなわち大坂山から墓にいたるまで人々が立ち並んで、切り出した石を手から手に渡しながら運んだ」と、かつての築造工事のようすがくわしく伝えられている。それなのに前方部は砂質《さしつ》土で葺石がなく、特殊器台形埴輪なども出ていない。つまりこういうことだ。葺石を光らせた円墳が二六〇～二七〇年ごろにまず築かれ、しばらくして前方部が付加されて（丸山竜平氏「倭迹迹日百襲姫命墓」、歴史読本三十八巻十四号）りっぱな前方後円墳に仕立て上げられた。そういうしだいならば、高さ三十×径一六〇㍍の箸墓の後円部こそが卑弥呼の墓であったとみても、時代観として矛盾しない。

もしも箸墓が卑弥呼の墓だったのならば、彼女は大和王権では女王として伝承されずに古い時代の王女とのみ記憶され、倭迹迹日百襲姫として王統《おうとう》に組み込まれたということになる。

また卑弥呼が古墳に葬られていたとすると、古墳文化を伴って成長・発展している大和王権との繋がり方も問題となる。つまり纏向で発祥した前方後円墳という造墓プランは、箸墓などに適用されて飛躍的に巨大化されていくわけだ。邪馬台国がすでに古墳という文化を伴《ともな》っているのならば、邪馬台国が発展して大和王権となっていったのだろうか。あるいは大和王権は独自に生じたものの、邪馬台国を王権内に吸収してしまったために、その特色だった古墳文化を取り込んでしまったと考えられなくもない。

多くの仮説を積み重ねた推論だが、卑弥呼の墓＝箸墓説はありえない話でもない。

箸墓古墳の全容。（左）は三輪山。

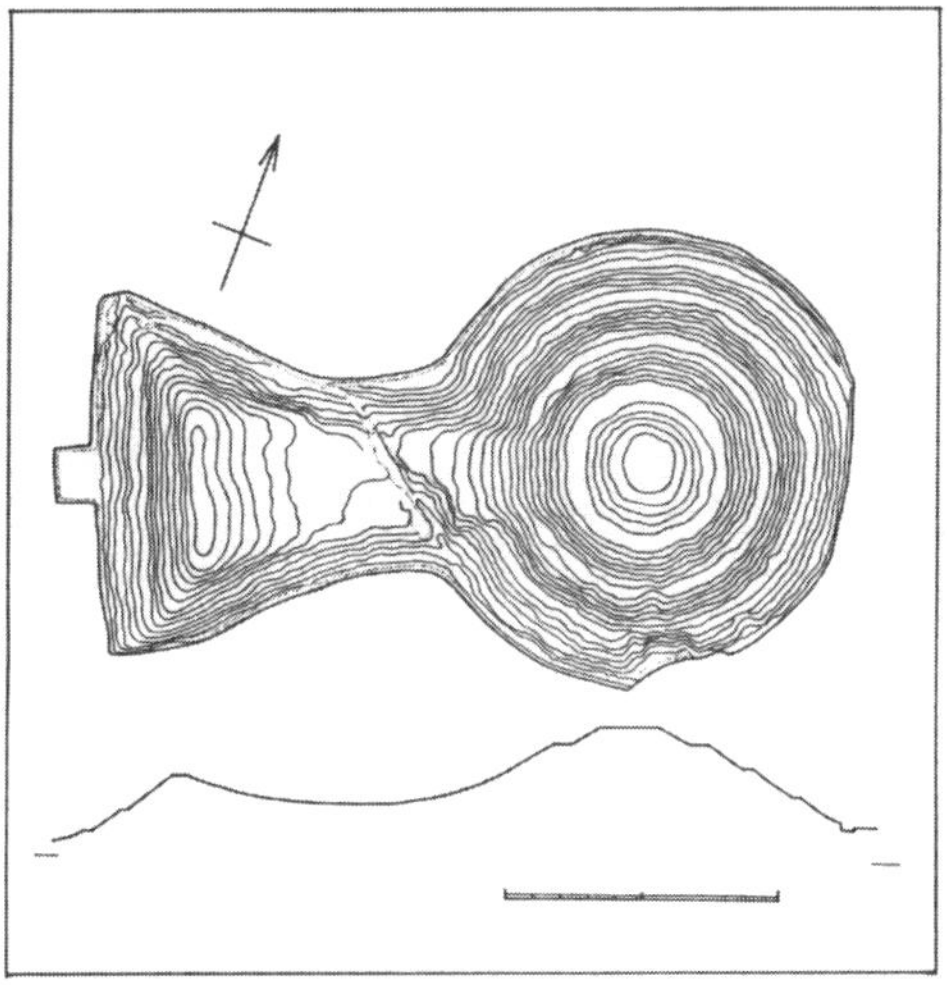

箸墓実測図

07 いまも信じられているらしい、神武《じんむ》東征《とうせい》という構想

神武《じんむ》東遷《とうせん》説は、第二次世界大戦前ならだれもが知っていた。天照大神の孫・邇邇芸命《ににぎのみこと》は日向《ひゅうが》の高千穂峯に天降《あも》りし、三世代目に鸕鷀草葺不合尊《うがやふきあえずのみこと》が生まれた。その子の五瀬命《いつせ》・伊波礼毘古《いわれひこ》兄弟は天下の統治によい土地を目ざし、高千穂宮から東に向かった。まず豊後《ぶんご》の宇沙《うさ》（宇佐）の足一騰宮《あしひとつあがりの》に進み、筑紫《つくし》の岡田宮（遠賀郡）に転じて一年滞在。その後は瀬戸内海を東に向かい、安芸《あき》の多祁理《たけりの》宮（安芸郡）に七年、備後《びんご》の高島宮（岡山市）に八年。速吸《はやすい》の海峡を通って難波の湾に入り、河内《かわち》の白肩津《しらかたのつ》（枚岡市）に上陸した。だがそこで大和の登美《とみ》を本拠とする那賀須泥毘古《ながすねひこ》軍に敗れ、五瀬命は命を落とした。伊波礼毘古は、和泉《いずみ》の血沼《ちぬ》海から紀伊《きい》の男《お》の水門《みなと》に迂回し、紀伊半島を東に回って熊野に再上陸。熊野の神に祟《たた》られるが、宇陀《うだ》の兄宇迦斯《えうかし》、磯城の兄師木《えしき》・弟《おと》師木らを撃破。那賀須泥毘古軍と再対決してついに制圧。東征の後に、伊波礼毘古は橿原宮で即位して神武天皇となった、という。

太平洋戦争前には学校教育で教えられた話だが、戦後は荒唐無稽として顧みられなかった。いやそのはずだった。というのも、東征のスタート地点とされた日向は、大和王権にとっては辺境にあたる。大和王権の力が浸透した指標とされる前方後円墳は、三世紀後半の大和にはじめて築造された。日向への伝播《でんぱ》は、一五〇年も経た五世紀前半まで下がる。それは日向などに住む隼人《はやと》たちが、大和王権を一五〇年も拒みつづけたためである。考古学的に見ても、宮崎県中・南部には地下式横穴墓という独自な墓制つまり文化が見られる。大和王権系の前方後円墳・円墳など高塚式墳墓も造られはするが、

それでも八世紀までその土地の独自な墓制を守り抜いていた（第一章36参照）。そうした反骨精神が旺盛で反大和王権的な文化地域が、大和王権のそもそもの発祥地であったはずがない。

　では、この東征説はなぜ生じたのか。じつはそれが十分に説明できないために、なお国家創立時の記憶の反映と解釈して自説に取り込もうとする学説がいくつも生じてしまうのだ。

　二世紀後半の倭国大乱のとき、北九州勢力と大和勢力が対峙していた。中間地帯には高地性集落つまり屯田村のような居住地が作られ、瀬戸内周辺では戦闘が繰り返された。三世紀後半の邪馬台国は九州地方にあり、東の狗奴国《くなこく》と対立していた。邪馬台国はやがて狗奴国を降《くだ》して大和に入りこみ、大和王権を開いた（邪馬台国東遷説）。この征服と被征服の関係をぎゃくに見ることもできる。北九州地方にあった邪馬台国は、南の狗奴国に苦戦していた。魏《ぎ》も皇帝の詔書と黄幡《おうばん》をもたらして卑弥呼《ひみこ》を応援したが、その甲斐なく邪馬台国は敗れさった。狗奴国は邪馬台国を蹂躙《じゅうりん》したあと、日本統一のために大和に向かったとする説である（狗奴国東遷説）。

　また、邪馬台国論争にからまない学説もある。五世紀前半の大王・応神《おうじん》天皇は、九州地方で誕生している。『古事記』によれば、大和にいる前大王・仲哀《ちゅうあい》天皇の子である香坂《かごさか》王・忍熊《おしくま》王が、これを迎え討とうと待ち構えていた。応神天皇の母・神功《じんぐう》皇后は「皇子はすでに死没した」といいふらしつつ、大和に接近。喪船《もぶね》に偽装した船から軍兵を下ろして戦い、反対勢力を制圧したという。これが神武東征譚の原型となり、のちに始祖神話として神武天皇像に結実したのだという。

　どうあっても、神武東征の記事をふくみこんで古代王権の成立を説明したいわけだ。これらの説の当否はともかく、研究者の脳裏《のうり》には神武東征の筋立てがどうしても焼きついて離れないのである。

08 前方後円墳《ぜんぽうこうえんふん》がここにできたら、いったい何が変わるっていうんだい

奈良盆地の東南隅にある三輪《みわ》山麓一帯は、日本古代王権のふるさとだったらしい。古代王権というのは、大和王権のことである。大和王権は奈良盆地のなかに成立し、奈良を中心として全国に支配権を及ぼしていった。

そのことを示すのが、大和王権の文化を象徴する前方後円墳の成立と伝播《でんぱ》である。

古代国家の成立については『古事記』『日本書紀』という文献史料があるが、それには最初から天《てん》上界《じょうかい》の神々の意思で統治者となるべき人が派遣されて大王となったとされているし、神武天皇がとうぜんのように国造《くにのみやつこ》などの協力を得て東征に成功したという筋書きになっている。中央政権軍が勝ったり負けたりしながら経験した生臭《なまぐさ》い苦労話は書かれていない。だから、どうしてもじっさいの遺物・遺構つまり考古学的な知見を軸にしなければ、大和王権の発展の物語は描けないのである。

さて、三世紀からはじまる古墳時代には、いちばん最初から円墳も方墳もあった。円墳ができて、のちに方墳ができ、しばらくして合体させた形として前方後円墳ができてくれたのだったらありがたいのだが、そうはなっていない。すべての形が最初から出現した。しかしそのなかで、前方後円墳だけはやや特殊な分布をみせてくれている。

前方後円墳というのは、方墳と円墳を横に結合させた日本にしかないふしぎな形の王墓である。これは、各地で一斉に出現したのではない。三世紀ごろに奈良盆地にはじめて成立し、それからしだい

に時間の差をつけて大きくみれば同心円的な広がりをみせつつ、四世紀から五世紀にかけて九州地方から東北地方までくまなく築かれていった。これは、ちょうどこう見える。相手が大和王権の支配下に入ることを受《う》け容《い》れたか、またはすくなくとも深い連携の関係をもったか。大和王権となんらかの折衝をすると、妥結のあかしとして相手方の在地首長が前方後円墳を築いた。もちろん在地の首長の葬送儀礼や首長権継承のような伝統的な祭祀のあり方を変えるのは、大和王権の支配に屈したことを意味する。つまり前方後円墳の浸透が、そのまま大和王権の発展を物語っている、というわけだ。

ところがこの前方後円墳が何をもととして、どこで成立したのか、じつはよくわかっていなかった。

これについて、最近の考古学的発掘成果では三輪山麓の遺跡が注目されている。その遺跡とは、三輪山の西南麓にある纏向《まきむく》遺跡（奈良県桜井市）のことである。

纏向遺跡は巻向《まきむく》川が作り出した扇状地にできた弥生後期から古墳初期にかけての四つの集落群を中心とし、護岸工事を施した大溝・導水施設・井堰《いせき》・集水桝《ます》などの水運・灌漑施設のほか、纏向石塚古墳・纏向矢塚古墳・纏向勝山古墳・東田大塚古墳などの纏向古墳群をふくんだ総合的な生活文化遺跡である。集落には関東地方・九州地方の土器までが持ち込まれていた、という。とくにこのなかの纏向石塚古墳には、古代史ファンの期待にみちた目が注《そそ》がれている。纏向石塚古墳は江戸時代の柄鏡《えかがみ》（手鏡）のような形にみえるが、じつは周濠《しゅうごう》をもつ前方後円墳であり、全長は九十六《メートル》・前方部長が三十二《メートル》もある。築造年代は三世紀中頃・前半のほか三世紀初頭とみる説までいろいろあるが、そのどれでもかなり古く、これこそが前方後円墳の祖型かと有力視されている。これが日本で最初にできた前方後円墳だったのなら、つまりここが大和王権成立の地だったことになる。

09 黒塚《くろづか》古墳からの出土鏡で、初期大和王権のなにが分かるのか

古代統合政権の中心地となったのは、大和（奈良県）である。四世紀半ばごろには、たしかにそこに大和王権が成立していた。その初期の大和王権が全国支配をどう進めていったのかを探るのに、一つは前項に見た前方後円墳《ぜんぽうこうえんふん》の伝播《でんぱ》を辿《たど》るのが有効だった。しかし、手がかりはそれだけじゃない。

小林行雄氏が注目したのは、銅鏡だった。古代日本人は鏡がとくに好きで、漢鏡からはじまって数多くの中国鏡を輸入した。それは祭祀王の持ち物となり、やがて古墳なかに副葬されたから、全国の古墳からは総計すればおびただしい数の鏡が出土する。この鏡に何かを物語らせられないか。

小林氏は、京都府山城町の椿井大塚山《つばいおおつかやま》古墳から出土した三十二面の三角縁神獣鏡《さんかくぶちしんじゅうきょう》に注目した。というのは、三角縁神獣鏡は「景初《けいしょ》三年」という銘《めい》を持っていて、魏《ぎ》の時代の鏡と思われる。魏の時代は日本では邪馬台国の時代であり、邪馬台国《やまたいこく》の卑弥呼《ひみこ》は魏の皇帝から鏡を貰っている。となれば、邪馬台国の卑弥呼が貰った鏡は三角縁神獣鏡であり、鏡の出土地が邪馬台国の支配地ではないか。

このとうじ、鏡はただの化粧道具じゃない。神霊が呼び込まれて魂が宿《やど》る、祭祀具の一種と見なされていた。その権威ある鏡を古墳の被葬者つまり地方首長に配った。地方首長はこれを大切に押しいただき、それを祭祀に用いるのだ。だからこそ、各地の古墳の副葬品ともなり、広く分布するわけだ。しかし下賜された三角縁神獣鏡をありがたがり、従来の祭祀方法や神器をやめてこれを祭祀の中心に据える。それは、下賜した政権の祭祀儀礼を受け入れて、服属する。そういう意味でもある。

ところで銅鏡造りは、まず石や砂土などで鋳型を造り、そこに溶けた銅を流し込む。そのとき、せっかく鋳型（笵）を作るので、何枚か同じ鏡を作っておいた。つまり同じ鏡がセットでできるわけで、これを同笵鏡《どうはんきょう》という。卑弥呼は、この三角縁神獣鏡の同笵鏡を、全国の同盟者や臣従者に下《さ》げ渡した。この鏡は、貰ったとたんに埋められるわけでなく、二〜三十年もしくは半世紀くらいのうちに古墳に埋納《まいのう》されるのだろう。だから古墳の被葬者かまたはその何代か前の祖が、邪馬台国から魏鏡の三角縁神獣鏡を貰ったわけである。この鏡の分配の順序を丹念に追っていくと、五十年くらい前に、鏡を中心となって分布させていた古墳の被葬者がわかってくる。そして小林氏は、三角縁神獣鏡は群馬から九州までに分布するが、鏡の分配の中心者はこの椿井大塚山古墳の被葬者だと突き止めたのだった。

さて魏鏡は古墳から出土するのだから、邪馬台国から大和王権へと時代は移ってもその連合関係が続いていたことになる。そうなるとこの鏡の下賜・分与関係から、邪馬台国の中心と勢力範囲だけでなく、大和王権の全国統合の状態まで窺えそうでもある。

しかしそこまでいえるかどうか、疑問視する意見もあった。三角縁神獣鏡を出土する古墳分布の中心は山城《やましろ》（京都府）地域だが、そこは邪馬台国や大和王権の中心地でないからだ。「山城は埋葬地であって、政治的中心は大和だった。古墳の被葬者は鏡の分配責任者で、大和には頒布《はんぷ》しなかった」という釈明はできるが、困っていたのも事実だ。しかし平成十年（一九九八）一月、奈良県天理市の黒塚古墳から三十三面以上の三角縁神獣鏡が出土し、大和王権の中枢部と目されるところに三角縁神獣鏡が蓄えられていたことが分かった。初期大和政権の中心は三輪山麓から黒塚古墳あたりにあって、鏡の下賜を軸にして全国統合を進めていった。そういう構図がほぼ明瞭に描けるようになってきた。

10 埴輪《はにわ》って、土の焼き物だけじゃなかったの

埴輪といえば、ハニつまり土で作られた人形や筒なんかでしょと思うのがふつうである。

『日本書紀』雄略天皇九年七月壬辰条には、田辺《たなべの》伯孫《はくそん》のこんな話がある。伯孫は、娘を書加龍《ふみのかりよう》のところに嫁がせた。その祝宴が終わって自分の家に帰るさい、酒の酔いも手伝っていい気分になりながら応神《おうじん》天皇陵の横を通りかかった。そのとき、それは素晴らしい赤馬に乗っている人に出会った。伯孫は是が非でも欲しくなって、馬上の人に頼んでみた。すると「まぁいいよ」との返事だったので、すぐに自分の馬と交換してもらい、ともかく家の馬小屋に繋いだ。そして翌朝を楽しみにしていたが、そこには埴輪の馬があるだけ。驚いて前夜の古墳のあたりに行ってみると、墳丘には埴輪の代わりに自分の馬が立っていた。泥酔《でいすい》して埴輪の馬を勘違いして運んだ伯孫の失敗談、というような話である。

この話の趣意などは不明だが、ともあれいまはいずれも鬱蒼《うっそう》とした森林になっているものの、昔日の墳丘には石や土の上に馬などの器財《きざい》（形象）埴輪がたしかに並べられていた。神戸市垂水《たるみ》区の五色塚古墳などでは往事《おうじ》の姿の復原がはかられ、墳丘には素焼《すや》きの埴輪がたくさんならべられている。

ところが、昭和六十三年（一九八八）奈良県橿原市の四条古墳・奈良県天理市の小墓古墳があいついで発掘され、そのイメージは大きく変えられた。「木製の埴輪」がたくさん出土したのである。四条古墳は五世紀後半のもので、藤原京造営のさいに墳丘を削られて消滅していた。しかし水分の多い土壌だったため、周濠《しゅうごう》部に落ちた木製品がたまたま残った。そこからは貴人にさしかける蓋《きぬがさ》四十

四点、楯二十六点のほか、供物《くもつ》を盛った槽《ふね》や鳥・矛・剣・刀剣などの木製の器財埴輪がたくさん出土した。六世紀前半の築造かとされる小墓古墳でも、その周濠から笠形木製品六十五点・槌二点のほか、楯・翳《さしば》・刀・矛などの形をした木製品が一六〇点も出土した。

木材と土とで作るのに、どういう差があったのか。葬送儀礼の手順のためか、葬儀場面での用途が違うのか、地域差の問題とか造営上の技術的な問題なのか、それ以外か。そこらはまだ不明だが、ともかくいま多くある素焼きの埴輪は、腐らないから残っただけだ。これだけで葬儀が行われたのではなかった。葬送儀礼の全体像は、木製埴輪を考慮しなければ復原できない。それは確かになった。

ところで『日本書紀』垂仁天皇二十八年・三十二年条には、埴輪を作りはじめた由来が書かれている。倭彦命《やまとひこのみこと》を身狭《むさ》の桃花鳥坂《つきさか》に葬ったとき、いつものように近くに仕えた家来や奴婢たちを古墳に生き埋めにした。そういえば卑弥呼《ひみこ》が没したとき、『魏志《ぎし》』にも「殉葬《じゅんそう》するもの千人」とあった。貴人が死没すると、恩顧《おんこ》の家来は殉死し、所有物である奴婢《ぬひ》は愛用品として埋められていた。しかし「日数が経っても死なないで、昼に夜に泣いてうめく」声があたりに響き、「天皇はこの声をお聞きになって、悲しく心を傷《いた》めた」とある。そして皇后・日葉酢媛《ひばすひめ》の葬儀にさいして、野見宿禰《のみのすくね》に出雲《いずも》の土《はじ》部《べ》一〇〇人を授けて、人間の代用品として埴輪を作らせた。それでこの弊風《へいふう》が止まったという。

この埴輪起源譚には説得力がある。殉死させたくないが、王者や貴人の死後も仕える者はおきたい。そこで奉仕人や愛玩《あいがん》の物などを象《かたど》った土人形を代用品にした、と。しかし残念ながら、この埴輪の起源譚は考古学的にみればウソである。人物像や刀剣・楯などの形をしたいわゆる器財埴輪は、筒形の円筒埴輪より発生がはるかに遅い。埴輪発生の伝承は、考古学的な事実と食い違っている。

11 三輪《みわ》の神は大和王権に崇《たた》るの守るの、いったいどっち

前方後円墳《ぜんぽうこうえんふん》の発生地である三輪山麓は大和王権発祥《はっしょう》の地とみなされているが、文献的にもそれを裏付けるような資料がある。

伝説的な大和王権の創立者である初代天皇は神武《じんむ》天皇で、彼は「始馭天下之《ハツクニシラス》天皇」（『日本書紀』）つまりはじめて国内支配をなしとげた大王という称号をうけている。彼が即位したというのは紀元前六六〇年正月一日だが、紀元前六六〇年ならば縄文晩期にあたる。とても全国政権など作れっこない。これはのちの時代の作り話であって、ほんとうの創立者はべつにいたのではないか。それは、だれでもそう気づくだろう。

そうした目で見直してみると、『記紀』には初代大王と称する人がもう一人いる。それが崇神《すじん》天皇である。崇神天皇は、北陸・東海・西海《さいかい》・丹波の四道に大彦命・武渟川別《たけぬなかわわけ》・吉備津彦・丹波道主命《たにはのちぬしのみこと》を遣して全国を制圧。戸口《ここう》調査を実施し、弭《ゆはず》の調・手末《たなすえ》の調という税制を整えた。国土の開拓と財政基盤を確立させた明君として、世間から「御肇国天皇《はつくにしらすすめらみこと》」（紀）・「所知初国之《はつくにしらす》御真木《みまきの》天皇」（『古事記』）と讃えられたという。二人も創立者がいるという場合は、崇神天皇がほんらいの初代大王と決まっていたが、のちに架空の祖先を付け加えた壮大な物語に仕立てるというケースが多いものである。だから、もともとは崇神天皇が大和王権の初代統治者と語られていた時代があったのだろう。

その崇神天皇は三輪山と縁が深く、三輪山麓に大和王権が基盤をおいたのは偶然でなさそうだ。

崇神天皇は、まず三輪山麓の磯城瑞籬宮《しきのみずがきのみや》に王宮を置いている。崇神天皇五年、全国的に重い疫病と甚大な災害に見舞われたが、占ってみるとそれは三輪山の神・大物主神《おおものぬし》が起こしたものだった。大物主神は、自分と大和王権の王族の娘・倭迹迹日百襲姫《やまとととひももそひめ》との間の子である大田田根子《おおたたねこ》に自分を祀《まつ》らせることを求めた。この要求を入れたので、災害は収まった。この話は大和王権に三輪山を祀るよう要求したもので、それを受け容れたことは三輪山の神が大和王権の守護神だと大和王権が認めたことを意味する。祟る神は、その要求を受け容れさえすれば、こんどは強力な守護神にも変ずるのである。

三輪山の神との信頼関係は続いたようで、『延喜式《えんぎしき》』諸陵寮によると、崇神天皇の宮は磯城瑞籬宮で、墓は山辺道上陵《やまのべのみちのえ》。垂仁天皇の宮は纏向珠城宮《たまきの》。景行天皇の宮は纏向日代宮《ひしろの》で、墓は山辺道上陵。崇神天皇とその王系の王宮や陵墓には、山麓の古い地名が鏤《ちりば》められている。

奈良盆地東縁の山の辺の道を三輪山から北に辿ると、天皇陵の名を付した前方後円墳が目につく。崇神天皇の山辺道上陵は行燈山《あんどんやま》古墳（全長二四二メートル）がそれとされ、景行天皇の山辺道上陵には渋谷《しぶたに》向山《むかいやま》古墳（全長三〇〇メートル）が指定されている。大王の力を偲《しの》ぶにたりる巨大な古墳である。もっとも、注意すべきことがある。これらの大王陵は、江戸幕末から明治期にこと定められたものだ。おそらく古代に陵墓を指定したときでも、律令国家が大王にふさわしい規模の陵墓をそのときに残っていた古墳のなかから選んだだけだ。大和王権の初期に、とくに『日本書紀』に載せてしまった話に見合うような大王陵はいくつあったのか。創業時から大規模な陵墓が作られるのは不自然であり、いまの陵墓比定《ひてい》には問題がある。また崇神天皇系統の大王らが実在していたかどうか、確実でない。そうではあるが、大和王権の一王系が三輪山麓を揺籃《ようらん》の地と考えていたのは確かだろう。

12 大神神社《おおみわ》には、なぜ本殿《ほんでん》がないのか

大和王権の守護神をかって出た三輪山《みわやま》は、美しく整った円錐形の山である。まさに神の山とみられるにふさわしい。

三輪山は神が鎮まる山で、西麓には大神神社があって参拝を受け付けている。ただしこの神社に拝殿はあるが、本殿がない。それは山全体がご神体と見なされているので、神がおさまるべき小さな本殿などいらないからである。

じつはこれが、古代の神々のもともとの姿だったのである。人と神の関係が、ここではそのまま守り続けられている。

その昔は、山や大きな樹木などがそのままご神体だった。ちいさな社殿（本殿）を用意して、神に「ここに居て下さい」と決めてしまうのは、あまりにも不遜《ふそん》であろう。というのも、さらに昔に溯るなら、神はもともと一箇所に住み着いたりしないで、天上界や山や海の果てから、人々の招きをうけてそのつど降りてくるものだった。小さければ石の群《む》れであるイワクラ、大きければ樹木や山の頂きなど尖《とが》ったものの先端に、神は降り立つ。『古事記』には大国主神《おおくにぬし》に対して国譲《くにゆず》りを求めた建御雷神《たけみかづち》が、浪の穂に逆さに立てられた剣の上にあぐらをかいて座ったとあるが、それはむりだとか痔になってしまうとかいわないことだ。これが神の降り立つときの姿だった。それが、どうしても見えるものに頼るためか、または呼びにいくのがたいへんなので常駐してほしいのか、降り立つ場所にすぎない

山・樹木そのものが神であるかのように変わっていく。人に呼ばれて降り立つ神から、いつも降り立つ場所をご神体とみなし、さらに神の居場所として豪奢な社殿が用意される。ついにほとんどの神が、社殿という名のワンルームマンションに押し込められる結果となってしまった。

こうした推移には、そうせざるをえない理由があった。それは、急激に普及しはじめた仏教寺院と張り合うためである。寺院側には目に見える崇拝対象としての仏像や塔（卒塔婆《そとば》）があり、しかもそれらはいつも寺のなかにあって目にすることができる。目的物を定めて拝礼できた。在来神の信仰でも、これに対抗するためには神々を目で捉えられるようにする必要があった。とはいえ、神の顔などだれもみたことがないので、作れない。しかたがないから、姿は諦《あきら》め、いるはずの場所だけ決めた。イワクラの上に社殿を建てるなどして、見えなくとも神はここにいるぞと決めて、それに向けて拝ませることにした。こうした仏教勢力とのせめぎあいのなかでの工夫が、神社の変容をもたらした。そのなかだったが、大神神社は仏教との闘いに引きずられずに、やや古い形態を守り抜いたのである。

ところで、この山が三輪山と名付けられたのは、この神の婚姻のエピソードによる。

『古事記』によると、崇《す》神《じん》天皇の御世《みよ》、三輪山の近くに住んでいた活玉依毘売《いくたまよりひめ》のもとに、夜半になると、だれともしれない眉《び》目秀《もくしゅう》麗《れい》な男子が通《かよ》ってきた。娘はしばらくして孕《はら》み、彼女の父母はその男の身元を知ろうとした。そこで娘に「寝床の前に赤土を撒き、麻糸をつけた針を男の着物の裾に刺せ」と教え、そのようにしてみた。あくる朝、糸をおっていくと、戸口のかぎ穴を抜けて三輪山の神の社《やしろ》へと辿《たど》り着いた。ああそうか、その男は三輪山の神だったのだ。女のもとに残った糸巻きが三輪《みわ》だけだったので、この話にちなんでこの地を三輪というようになった、という。

13 神話にある高千穂《たかちほ》と日向《ひゅうが》は、いまのどこなの

高天原《たかまがはら》の主宰神である天照大神《あまてらすおおみかみ》は、葦原中国《あしはらなかつくに》つまり地上界の公認支配者として天忍穂耳命《あめのおしほみみのみこと》を送り込む予定を立てた。そこで地上界を制覇していた大国主命《おおくにぬし》には国譲《くにゆず》りを承認させたのだが、ときがすぎていたので天忍穂耳命の子神・邇邇芸命《ににぎ》が降臨することになった。この邇邇芸命が高天原から地上に降り立った地点が、「筑紫《つくし》の日向の高千穂のくじふるたけ」(『古事記』)であったという。

筑紫は筑紫で、九州地方のことである。日向はいまの宮崎県にあたり、宮崎県のなかに邇邇芸命が降り立った高千穂があるというわけだ。

宮崎県とその周辺には、いま高千穂峰と称する場所が三つある。第一は大分県と宮崎県の境にある祖母《そ》《も》山、第二は宮崎県西臼杵《にしうすき》郡の高千穂、第三は古く日向国内であった鹿児島県曽於《そお》郡の霧島火山である。西臼杵郡は私も数回訪れたが、天岩戸神社・天真名井《あめのまない》・天香具山・天安河原《あめのやすのかわら》などの名があり、神話の舞台に立ったような気になる。伝承された地名は、たしかに重要な手がかりである。

また神話伝承を理解するにも自然だ。日向に降り立ってから邇邇芸命→彦火火出見尊《ひこほほでみのみこと》→鸕鶿草葺《うがやふき》不合尊《あえずのみこと》と繋いでいって、神倭伊波礼毘古《かんやまといわれひこ》(神武天皇)となる。神武天皇たちが九州地方東岸から瀬戸内海を通って大和地方遠征に赴くが、この神武東征ルートの起点はあきらかに宮崎県になっている。

しかし邇邇芸命が降臨する地として、東征の出発地として、日向がはたして妥当なのだろうか。つまり大和王権の支配者は、もともと九州地方の出身者とみなしてよいのだろうか。

というのは、『古事記』国生《くにう》み段では、筑紫島は身一つで四面とする。四面とは筑紫の国・豊《とよ》の国・肥《ひ》の国・熊曽《くまそ》の国のことで、ここには日向の国名がない。日向はふるくは大和勢力の支配地でなかったのだ。六世紀初めの筑紫磐井《つくしのいわい》の乱でも、磐井は筑・肥・豊に拠って戦っている。日向は動員対象でなく、磐井の支配下になかった。まだ異境で、隼人《はやと》たちの独自の勢力圏だったわけである。

この隼人たちは六世紀から八世紀まで、独自な文化圏を維持していた。養老《ようろう》四年（七二〇）にはまだ大隅《おおすみ》国守を殺害するなど抵抗しており、八世紀半ばでも薩摩国庁は柵を巡らして武装されていた。律令国家は班田制を施行して、全国の田地は国家所有を原則。六歳以上の男子に二段、女子に一段二四〇歩を終身給付していたはずだ。この班田制は、しかし隼人居住地には適用されなかった。国家所有に移すことへの反発が怖くて、延暦《えんりゃく》十九年（八〇〇）まで適用を見送っていた。それほど隼人の居住するところは、大和勢力にとって反抗的で違和感の拭《ぬぐ》えない辺境地帯である。そこが大和王権の大王の始祖《しそ》発祥《はっしょう》の地だったなんて、そんなことがありうるだろうか。

考えてみれば、「高千穂のくじふるたけ」はすぐれて高い霊山《れいざん》というていどの意味で、ある山を他と識別するような固有名詞ではない。日向はどうか。日向はたしかに律令制下の国名である。だがこの国名が付けられたのは、そう古くない。『古事記』には四ヶ国の名しかなく、大隅は和銅《わどう》六年（七一三）に、薩摩国ははじめ唱更《しょうこう》国と呼ばれたが、いずれも日向から分離されて国名を立てたのである。日向という国名は、神話の体系ができてから、この地の名としてあてられたのだろう。大和王権が神話構成上ながらここを始祖の地として選んだのは、いっこうに治《おさ》まらない辺境の勢力に敬意を表し、その強さに憧憬《しょうけい》を持ってのことではなかったろうか。

14 『記紀』神話にある北方的な要素って、なあに

『古事記』『日本書紀』にある神話は、もちろんほんとうにあったことじゃない。たんなる作り話である。しかしそういう天地創造の物語を白紙から筋立てて構想していくのは、そう簡単な作業でない。その案作りは『古事記』『日本書紀』の編纂のかなり前から、いろいろなグループの祖先の創業《そうぎよう》譚《たん》やいろいろな民族の人たちと接触することでじょじょに練り上げられていったらしい。このためいま見られる日本神話には、たいへん多彩な要素がふくまれている。

『古事記』上巻に、いわゆる天孫降臨《てんそんこうりん》の場面が描かれている。天照《あまてらす》大神《おおみかみ》の孫にあたる邇邇芸命《ににぎのみこと》が、天照大神の委任をうけて地上世界の支配に臨《のぞ》むところだ。その場面は、

天のいはくらを離れ、天の八重《やえ》たな雲を押し分けて、いつのちわきちわきて、天の浮橋にうきじまりそりたたして、竺紫《つくし》の日向《ひゆうが》の高千穂《たかちほ》のくじふるたけに天降《あも》り坐《いま》しき。

と描かれている。すなわち天に幾重《いくえ》にもかさなって棚引いている雲を威風堂々と押し分け、筑紫の高千穂の峰に天降った、とある。自分たちの祖先はもともとひごろ仰ぎ見ている天上界にいたのだが、はるかむかしのあるときに天上界から地上界へと垂直方向で降下してきた。そしていまなお支配者として君臨しているのだ。つまり生まれ・出自が違うといいたいのである。

始祖が天上界から降ってきたという考えは、古代朝鮮諸国の祖先神話にも見られる。『三国史記』『三国遺事《いじ》』によれば、新羅《しらぎ》の始祖・赫居世《かくきょせい》はこうして生まれた。

辰韓《しんかん》（のちの新羅）には六つの村があって、それぞれの村長はもともとみな天から山に降臨してきた者たちだった。しかし六つの村をたばねられる王がいない。そこで六人の村長は、閼川《あつせん》のほとりに集まって相談し、小高い丘の上にのぼって君主を待望した。すると楊山の麓の蘿井《らせい》のほとりに異様な精気がみなぎり、それが稲妻のように天から垂れ下がった。下がったところに行ってみると、白馬がいて何かに跪《ひざまず》いて拝んでいるようだ。その跪いているさきには、大きな紫色の卵がある。白馬は人の気配《けはい》を察知すると天に駈け昇ってしまった。つまり天からの使者で、天馬《てんま》が運んできたというわけだ。その不思議な卵を割ってみると、容姿端麗な男児が現れた。これが赫居世である。村の人々は慶祝のことばをいいあい、「待望の天子が天から降ってこられた」と喜んだ、という。

『三国遺事』駕洛国記《からこくき》にも、同じような話がある。

洛東江流域の加羅《から》地方では、九人の首長がそれぞれ約一〇〇戸の人民を支配していた。ちかくの亀旨《くじ》という山に声気が籠もり、神の声がした。神は「天上から大王を迎えたいのならば、呪文を唱えて歌舞を催せ」と求めた。人々が教えの通りにすると、天から一筋の紫の縄が垂れ下がり、地面についた。その場所にいってみると、赤い縁取りのある金の蓋物《ふたもの》があり、その中に六つの卵が入っていた。やがて卵から童子が出現し、彼らは六つの加羅の国王になった、という。

日本の邇邇芸命も天上界から降臨したが、こうした「始祖は天上から降りてくる」という発想は、韓国などの始祖伝説の影響のようだ。もともと草原や内陸部に住む民族は、海を知らない。だから王者の始祖は、自分たちの頭上高く手の届かない天から降ってきたと考える。中国東北部・韓国をへて北方まわりで、砂漠や草原の民に特有だった考え方が日本神話に流れ込んでいるのである。

15 『記紀』神話にある南方的な要素って、なあに

前項につづいて、こんどは日本神話の南方的な要素について見てみよう。

『日本書紀』には、火闌降命《ほのすそりのみこと》（海幸彦）・彦火火出見尊《ひこほほでみのみこと》（山幸彦）兄弟のいさかいの話が見られる。兄の海幸彦は漁労をし、山幸彦は狩猟で生活していた。ある日、山幸彦はたわむれに獲物《えもの》をとる道具を交換しようともちかける。弟は漁具を手にしたものの釣れず、かえって釣り針を失ってしまう。同等品でも、大刀《たち》を潰した大量の釣り針でも、兄は意地悪く受け取らない。どうしてももとの釣り針を返せといいつのる。山幸彦が途方《とほう》に暮れてあてどなく海辺をさまよっていると、塩土老翁《しおつつのおじ》が相談に乗ってくれて、海神の宮に行けるようはからってくれた。辿《たど》り着いた海神の宮で、海神の娘・豊玉姫《とよたまひめ》と結婚するとともに、鯛の口のなかから釣り針を発見した。山幸彦の帰還にあたって海神は、意地の悪い兄を懲《こ》らしめるため、山幸彦に潮乾珠《しおひるたま》と潮満珠《しおみつたま》を授ける。そして地上に戻った山幸彦は、この二種の珠を駆使《くし》して兄の攻撃をかわし、屈服させてこれを臣下にしてしまった。

だいたいこういう筋立てである。この山幸彦は、神武天皇の曽祖父にあたる。山幸つまり山の支配者であるが、海神の娘と結ばれた。そこで、その間の子である鸕鷀草葺不合尊《うがやふきあえずのみこと》は、陸・海という生活空間を統一して支配する力を持つことになった。支配者として力を持てた原点・力量の淵源を物語っているうまい話になっている。

こういう話はもちろん海のない内陸の草原では生じないが、南方の島々になら似た話がある。

インドネシアのセレベス島には、こんな話が伝わっている。

カヴルサンという男が友だちから釣り針を借りて海に出たが、魚に釣り針を奪われてしまった。友だちは代替品十個でも受け取らず、もとの釣り針を返せという。カヴルサンは困りはて、失った場所で水中に潜《もぐ》ってみた。すると、そこに道が見られる。その道を辿っていくと、村があった。そこに住む娘の喉《のど》に釣り針が刺さっていて、たいへん苦しんでいた。そこで彼は、喉から釣り針を抜いて娘を助けてやった。娘の両親はそれに感謝して、たくさんの贈り物を与えてくれた。彼はもとの家に戻ってから、大雨を降らせて自分を苦しめた友だちに復讐した、という。

またカンボジア西北部には、こんな話もある。

ある王がケフォン山の上に妾と住んでいたが、その妾のもとから離れたいと思うようになった。西方にあるデバエフ山にいるはずの正妻を探し出し、ふたたびいっしょに暮らしたくなったのだ。そのときケフォン山の周囲は洪水に見舞われており、道は水浸《みずびた》しというか湖のようになっていた。王は親族を訪問するからといって妾のもとを脱け出そうとしたが、妾は舟の行きさきをみていた。親族のもとに行くのなら、東の方に向かうはず。ところが王は西に舳先《へさき》を向けている。妾は、王が正妻のもとに行こうとしていると見抜いた。そこで鰐《わに》を使って追跡させ、どこかで王を襲わせようとした。こんどは妾の策謀を見抜いた正妻が呪力で水をことごとく干上《ひあ》がらせ、鰐を石に変えてしまった、という。

異なるところもあるが、前者はおおかた似ていて、後者は水を支配するという要素が共通する。こうした類話が東南アジア地域に広がっていたのである。『日本書紀』『古事記』の話は日本の独創ではなく、海や水辺を主要な舞台として成り立った南方世界の神話を採り入れたものだったのである。

16 出雲《いずも》神話は、出雲に伝わっていた話を採《と》ったんじゃないの

『古事記』『日本書紀』にある神話世界で、出雲は三分の一の分量を占める大きな舞台となっている。内容的にも、天照大神を中心とした高天原神話に対し、出雲神話と呼ばれるほど体系的である。

まず、天照大神の父・伊邪那岐《いざなき》は、死んだ妻・伊邪那美《いざなみ》を黄泉国《よみのくに》に訪ねる。そこでタブーを冒《おか》して黄泉醜女《よもつしこめ》に追われたが、出雲黄泉比良坂《ひらさか》で竹櫛・桃の実を投げて応戦した。そののち建速須佐之男《たけはやすさのお》が姉・天照大神《あまてらすおおみかみ》と対決し、結果として高天原《たかまがはら》を追放されることに。その落ち着き先が出雲の肥川《ひのかわ》の上流・鳥髪《とりがみ》。須佐之男は、大山津見《おおやまつのみ》神《かみ》の孫娘を助けて八俣之大蛇《やまたのおろち》を殺し、その入婿《いりむこ》となった。そして裔《えい》孫《そん》の大国主命《おおくにぬしのみこと》は、兄たちの意地悪に堪えかねて、須佐之男のいる根《ね》の堅州国《かたすくに》に逃れ、そこで須佐之男に入婿。さまざまな試練をうけて地上に帰り、兄神たちを制して地上界を制覇。以後、北陸・九州北部などと通交しつつ、国の基礎を築いた。まさに建国の主である。ところが天照大神は、地上は自分の直系に支配させるとして、建御雷命《たけみかづちのみこと》を出雲に派遣。建御雷は伊那佐浜《いなさのはま》で大国主命に領国の譲渡を要求した。大国主命が「子の事代主《ことしろぬし》神・建御名方《たけみなかた》神が良ければ」と答えると、彼らをたちまち制圧。大国主命は国土を献上して、出雲国多芸志《たぎし》の小浜の社《やしろ》に引き籠もり、国譲《くにゆず》りが完了する。出雲国は先行する地上の支配者だったが、大和王権の祖先がこれに取って代わった、という筋書きである。

ここまで具体的な地名を入れて読まされると、これはかつて出雲国が強大な勢力を誇った証《あかし》だと思うのも無理ない。ところが『日本書紀』『古事記』ではこれほど大きな比重を占めているというのに、

『出雲国風土記《ふどき》』に見られる話はさびしいかぎりなのだ。

須佐之男は、その子神が狭い地域を巡ったとあるていどで、本人は活躍していない。名の由来となった須佐には「この国は小さい国だけれども、国らしいよい処《ところ》だ」とあり、佐世《させ》郷でも「佐世の木の葉をかざして踊った」とあるだけ。大国主命はその名すら見えない。別名とされている大穴持命《おおなもち》でも、「猪を追い」「稲種《いなだね》をここにおろして」「この地の田は好《よ》い」といっただけの農業神でしかない。むしろ意宇《おう》郡条には八束水臣津野命《やつかみずおみつの》がいて、志羅紀《しらぎ》（新羅）の三埼《みさき》・佐伎《さき》の国・農波《ぬは》の国・高志《こし》の都都《つつ》の三埼などを国引《くにび》きで引き寄せて国土を纏めたとある。こちらの方がよほど出雲建国の神らしい。

そこで『記紀』と『出雲国風土記』世界との落差をどうみたらよいか、見解がわかれる。

『記紀』にある出雲国の世界こそ事実の反映とし、『出雲国風土記』は『記紀』との重複を避けたのだ、という解釈もある。しかし一方で『出雲国風土記』にないのは郷土の神話と何の関係もなかったからだ、ともいう。つまり『記紀』の出雲世界はまったくの虚構で、『記紀』編者の観念の産物である。例えば、東方は日の出の方角で聖なる位置だから生者の世界とされ、反対方向の西方が征伐される死者の世界とするというような観念があり、それに基づいたフィクションだともいう。「重複を避けた」という説明は苦しい。しかし無根とも思えない。というのも簸《ひ》川《かわ》郡荒神谷《こうじんだに》遺跡での三五八本の銅剣が出土し、出雲・紀伊の国造《くにのみやつこ》だけが天皇に服属したさいの儀礼を再現するかのような神寿詞《かんよごと》を奉呈しているという事実があり、垂仁《すいにん》天皇の子・誉津別《ほむつわけ》や斉明《さいめい》天皇の孫・建王《たける》に出雲神が祟《たた》って物が言えなかったという話もある。宮廷が出雲国の神性を高く評価し、怖れていたのは事実である。現地の伝えの有無はともかく、宮廷にとって出雲国は宗教的に恐るべき特殊な国と映《うつ》っていたのは確かだ。

17 前近代の東アジア社会を縛っていた冊封《さくほう》体制って、どんな論理なの

明治十五年（一八八二）、李氏朝《りしちょうせん》鮮末期におきた壬午軍乱《じんごぐんらん》では、朝鮮国内の政変だというのに、中国軍がこれに干渉して大院君《たいいんくん》を拘束して中国に連行した。明治二十七年に東学党《とうがくとう》の乱が起こると、清国軍はまたも李氏朝鮮を援《たす》けて兵を送った。溯れば文禄《ぶんろく》元年（一五九二）、豊臣秀吉は中国制圧の前哨戦として李氏朝鮮に侵攻した。朝鮮軍は中国国境まで追いつめられたが、そこで中国軍の援助を得て盛り返した。前近代の東アジアでは、ちょうど今のアメリカ合衆国軍・ロシア軍のように、ことが起きれば中国軍がどこにでも送り込まれた。じつはこれが冊封体制というものだった。中国はみずからが作り上げた冊封体制という世界秩序を諸外国に強制し、力づくで押し通していたのである。

中国はみずからを中華・華夏《かか》と称してきた。これは自分こそが世界の中心だという自覚の上に成り立つ言葉である。中国では皇帝が徳治政治を行ない、そこは文化的にすぐれた地域である。皇帝が直接支配する範囲には王臣たちを派遣し、地方分権的にあるいは中央集権的に支配していた。ただ、そうはいっても統治能力には限度がある。遠いところにいる周辺異民族の地域となれば、その地域の人々が王を戴《いただ》き国を建てることがあっても認めざるをえない。

こうして地域別に支配のしかたを変えざるをえないので、中国はみずからの政治理念にあわせた周辺国との対外関係の論理を作っておく必要を生じた。中国皇帝が優《すぐ》れているのならば、周辺民族はその徳を慕《した》って帰化《きか》したがるだろう。周辺国も、競って帰属を願うはず。朝賀《ちょうが》の席にも異民族の姿が

多く見られ、朝貢品《ちようこう》を捧《ささ》げる使節が多くなるはずだ。つまり朝貢する人々が多いことは、皇帝の徳の大きさの現われである。だから皇帝は、彼らをことさらに優遇してみせた。未開ながらもなお皇帝を慕ってくる彼らを国王に任命し、優越した意識の下《もと》だが、文明の恩恵に少しでも浴させようとしてたくさんの下賜品を与えた。経済的損得勘定ならば損だが、得られる政治的優越感の方が嬉しかった。だからその国への文物の流出を容認し、中国内の文物との交換も許可してやる。これが朝貢貿易だが、貿易はあくまでも皇帝を慕ったことへの見返りで、恩恵的に許されるものであった。

しかし、こうした考えは中国側の一方的な思いこみであって、自国の掲げる勝手な信念でしかない。それに対応している周辺国の思惑《おもわく》は、おのずからべつであった。

たとえば邪馬台国《やまたいこく》の卑弥呼《ひみこ》は魏《ぎ》に朝貢し、「臣下たる親魏倭王《しんぎわおう》」に冊封つまり任命された。また倭王・武も、南朝の宋から倭国王に任ぜられた。定期か不定期かという差はあるが、中国に朝貢を続けていく義務は負わされた。こうした屈辱的な待遇をなぜみずから受けに行くのか。それは朝貢・冊封関係を結ぶことで、日本の支配者にメリットがあるからである。そのメリットはなにか。

その第一は、先進文化・文物の導入である。

中国皇帝に心から服従していなくとも、国内の文化水準を引き上げるためには、高水準な中国文化の導入が必要である。文化水準の向上はいつの世でも軍事技術・軍事力の向上に繋がり、経済的な躍進をもたらす。その発展のためには、朝貢貿易でうける屈辱などものの数ではない。

第二。もっと大きいのは、政治的・軍事的なメリットである。これは、現実的で直接的だった。

例えば中国皇帝が「倭国王に任命する」とは、皇帝の臣下に採用したことである。臣下にした以上、

中国の王朝がかわると周囲の国もほとんどかわる

皇帝には臣下になった国王の身分・地位を保障してやる義務があった。その国王の地位がクーデタ・外国軍の侵入などで脅かされた場合、国王側を援けてクーデタを覆《くつがえ》すこともある。冒頭に掲げた壬午軍乱・東学党の乱での中国軍の軍事介入、豊臣秀吉の朝鮮侵攻にさいしての援兵派遣は、この論理に基づくものである。その効果は、日本の三世紀後半にじっさいに示されている。魏は使者張政《ちょうせい》を卑弥呼のもとに派遣して、皇帝の詔書と黄幡《おうばん》をもたらした。臣下となった卑弥呼が倭王の地位にいられるよう協力したのだ。黄幡は卑弥呼の軍隊が魏軍でもあることを、詔書は卑弥呼への敵対が魏王朝・魏帝への敵対となることを知らせるものである。のちの遣隋使《けんずいし》の派遣は、推古女帝が倭国王に任命されることで、権臣《けんしん》・蘇我氏に大王位を奪われないようにする窮余の一策でもあった。

中国による周辺国への内政・外交への干渉権は宗主権《そうしゅけん》とよばれるが、これは現実の軍事力をともないながら、前近代を通じてその威力を発揮しつづけた。冊封体制は中国の圧倒的な国力を背景にしたものだけに容易に崩れず、周辺地域では命脈がつきて腐敗した王朝でさえ意味なく継続させた。

しかしぎゃくに、その秩序を守ってきた中国王朝が倒れると、たいへんなことになる。中国の天祐《てんゆう》四年（九〇七）、三〇〇年間も中原《ちゅうげん》に君臨した唐帝国が潰滅《かいめつ》した。滅亡の前後、東アジア諸国では大きな政治変動が続いている。貞明《ていめい》四年（九一八）に新羅《しらぎ》が高麗《こうらい》に倒され、天顕《てんけん》二年（九二六）に渤海《ぼっかい》が遼《りょう》に滅ぼされた。ベトナムでは安南《あんなん》が力づくで中国から独立した。一方で吐蕃（チベット）は九世紀半ばに分裂して衰微し、中国東南方にあった南詔《なんしょう》はタイ族の建てた大理《だいり》に潰された。中国皇帝からの任命という保証を失った周辺国家は自力で国内新勢力の抬頭を防ぎきれない。辺縁《えんぺん》にある日本ですら影響を受け、衰微した平安貴族の支配力をはねのけて、地方から武士勢力が抬頭しはじめている。

18 好太王碑文《こうたいおうひぶん》は、日本軍部が改竄《かいざん》していたってほんとうか

四世紀後半、朝鮮半島北部にことのほかすぐれた王がいた。高句麗《こうくり》の好太王である。多くの戦争を勝ち抜いて国土を大いに広げたので、広開土王《こうかいどおう》とも呼ばれた。四一四年に、その子・長寿王《ちょうじゅおう》は、父の偉業を讃《たた》えようとして首都の丸都《がんと》（中国吉林省集安）に石碑を建てた。それが好太王碑である。石碑は四面で約一八〇〇の文字刻《きざ》まれているが、そのなかに古代日本人のことをさす倭人《わじん》の記事が見られる。このため、明治十七年（一八八四）に拓本《たくほん》が日本に持ち込まれた当初から、歴史学界の注目を浴びた。すなわち「百残《ひゃくざん》・新羅《しんら》は旧是《もとこ》れ属民《ぞくみん》にして、由来《ゆらい》朝貢す。而《しか》るに倭、辛卯《しんぼう》の年を以《もっ》て来りて海を渡り、百残・□□・□羅を破り、以《もっ》て臣民となす」とあり、百済《くだら》・新羅《しらぎ》はもともと高句麗の属国だったが、辛卯年（三九一）に倭が海から侵入。一時朝鮮半島南部の三か国を制圧していた、と読み取れる。このあとに高句麗軍の巻き返し、挟まれた百済・新羅の狼狽《ろうばい》ぶり、さらに大軍を率いて侵入した倭と高句麗との激突の記載があり、最終的に好太王が倭軍を追い払ったとする記事が続く。日本の古代史学界は四世紀代の中国史料を欠き、日本には八世紀に成立した文献史料しかない。そのなかで、この碑文が語る記事内容は、はかりしれない貴重な証言である。

その価値は、第一に日本の朝鮮半島への侵出を明らかにし、古代日朝外交のあり方を探る手がかりである。第二に、ここに見られるような海外派兵は九州の一地方勢力にできるはずがなく、日本に統合政権が成立していたことを窺わせる。前期古墳の分布状況も考慮すれば、四世紀半ばには大和を中

心とした中央政権が国内を政治統合していたと推定できる。この史料は、こうした推測の根拠になる。

　ところがこうした定説的な理解に対し、昭和三十八年（一九六三）韓国系の研究者から重大な疑問が投げかけられた。たとえば「倭以辛卯年来渡海破」の部分は「倭、辛卯年を以て来たる。（高句麗）海を渡りて破る」と読める。それだと、倭は朝鮮半島南部に侵攻しようとしたが、高句麗軍に破られたという意味になる、と解いた。さらにもともと解読の基礎としている好太王碑文の原本は、信用できない。碑文から拓本を採《と》る段階で、原文の文字を意図的に改竄している。改竄は拓本を日本に持ち帰る前になされたもので、実行したのは日本陸軍諜報部《ちょうほうぶ》の酒匂《さこう》景信大尉とほぼ特定できる。とうじの諜報部は、日清戦争になることを予測して諜報部員を現地に潜入させていた。酒匂はそこで好太王碑の存在を知り、すでに判読しづらくなっていた碑面に思いのままに石灰《せっかい》を塗布《とふ》させ、日本に都合《つごう》のよい意味になるように文字を改竄してから拓本に採らせた、と解釈したのである。これらの説は論議の根本を揺るがすもので、古代史学界に衝撃を与えた。誤った歴史感覚が、近代日本の朝鮮侵略・植民地化を正当化する一つの根拠ともなったことを思えば、ありえないこととともいえなかった。

　しかしその後の中国側の碑文調査では、石灰の塗布は事実だが、それは字を鮮明にする以上の造字・改作ではなかった。中国の拓本業者の思い込みによる作字はあっても、日本諜報部の意向による改竄ではない、としている。また中国社会科学院の徐建新氏も「石灰が塗布される前の原石《げんせき》段階の拓本を北京周辺で調査したが、意図的な作字はなかった」として日本軍による改竄説を否定している。

　たしかに冷静に考えれば、日本軍諜報部の意向によって自在に改竄できたのならば、倭軍が高句麗軍に敗れたという日本に屈辱的な記事をなぜ削らないで拓本を採らせたのか。辻褄《つじつま》が合っていない。

19 日本は、騎馬民族に征服されてしまったのか

昭和二十三年（一九四八）、江上波夫氏は、世界史的な広大な視角から、日本の古代王権の起源についてきわめて衝撃的な学説を発表した。それが騎馬民族征服説である。

三世紀最末期の華北《かほく》（中国北部）でまず政治的な変動がはじまり、五胡十《ごこじゅう》六国《ろっこく》が並び立った。やがて華南《かなん》でも動乱が起こり、華北・華南でそれぞれに王朝が交替するという南北朝の分裂期に入った。その影響を受けて刺激されたツングース系の北方民族は華北に攻め込んだが、その一部は東南に移動して朝鮮半島北部に侵入した。彼らがまず建国したのが高句麗《こうくり》で、一部は南下して朝鮮半島南部の馬《ば》韓《かん》に入って扶余《ふよ》族が中心になった百済《くだら》を建国した。そのさらに一部は南の洛東江《らくとうこう》流域に入って、その王である辰王《しんおう》は弁辰《べんしん》十二ヶ国を支配した。弁辰の王は百済王家などの本家筋だったのだが、「流移《るい》の人」（『魏志《ぎし》』）つまり移動性が高かった。やがて馬韓・辰韓が独立的に動いたために圧迫され、弁辰の王は朝鮮半島から海を渡って倭国《わこく》に侵入した。そしてまずは九州北部を占領し、ついで応神《おうじん》天皇のときに九州地方から大和へと侵入した。それが『日本書紀』にある応神天皇即位前の、神功《じんぐう》皇后の大和制圧の話だ、というのだ。このうち古代の朝鮮王室がいずれも北方民族の出身者であることは、たしかに事実である。またこういう経緯《いきさつ》を考えてよければ、倭王が朝鮮半島に潜在的支配権があるという、その承認を中国皇帝に執拗に求める理由も理解できる、というわけだ。

この学説をおもに支えるのは考古学的知見だが、それにもたしかに思いあたるものがある。

日本の古墳文化を二期または三期にわけた場合、四〜五世紀の間に大きな分かれ目がある。前期は弥生時代の組合《くみあわせ》式石棺《しきせっかん》・箱式《はこしき》石棺の流れで、棺・槨《かく》などを用いて埋葬している。副葬品は銅鏡・釧《くしろ》・車輪石《しゃりんせき》など宝器的・呪術的なもので、農耕民の平和時の物品である。これに対して、後期または三期区分の中期には大陸系の長持形《ながもちがた》石棺・横穴式石室が採用され、副葬品は武器・馬具類など政治的・軍事的な性格のものが多い。それは騎馬民族の特色である戦闘的な物品であり、埴輪《はにわ》馬《うま》など騎乗《きじょう》の習慣・習俗が明瞭に見られる。これは支配者・被葬者の性格が、農耕民から騎馬民族へと転換したことを示す。そのようにも理解できる。

　この学説が、日本の古代史学界に与えた影響は大きい。太平洋戦争までは皇国史観に縛られ、軍部などに抑えられたために皇室の祖先のことは論議できなかった。「天照大神《あまてらすおおみかみ》の子孫である天皇が万世一系で支配してきた」とする定説の呪縛《じゅばく》が解かれて、古代アジア大陸の大きな動きのなかで日本の歴史が説明される。その爽やかで気宇壮大《きうそうだい》な規模での立論は、なによりも自由で新鮮だった。

　しかし現在の考古学的知見は、もはやこの説を裏付けていない。騎馬民族が侵入してきたとすれば、日本全土で抗戦《こうせん》したことだろう。その反撥《はんぱつ》を抑えられるほど大量の武器・馬具は、見つかっていない。馬具・馬骨・埴輪馬などは激戦になったはずの九州北部より、東日本の方に出土例が多い。馬に乗って戦えば馬が傷つくから、防ぐために馬冑《ばちゅう》が必要だ。しかし馬の顔面につける甲は、和歌山県大谷《おおたに》古墳から出ているほかに全国で二〜三例しかない。騎乗の習慣が日本に伝わったのは確かだ。しかしそれは朝鮮半島で好太王などと戦闘を交《まじ》えれば学び取れるし、戦闘・征服によらなくとも文化は伝播《でんぱ》する。今日までの発掘成果を総合したところでは、残念ながら騎馬民族説は成り立たない。

20 崇《す》神《じん》・応《おう》神《じん》・継体《けいたい》の三王朝が興亡して劇的に王朝交替劇を繰り返したか

「大日本帝国憲法」には、「大日本帝国ハ、万世一系ノ天皇之ヲ統治ス」とあった。どの人でも親のその親……と一系で溯れ、とつぜん泥や川から湧《わ》いてきたわけじゃない。ただ、ここで万世一系というのは、神武《じんむ》天皇の創業時より連綿と皇位を継承しているという特殊な意味を込めた表現である。

徳川氏もせいぜい四〇〇年ていどの由緒しかなく、家康の前は三河《みかわ》国松平郷の小土豪にすぎない。後世に書かれた先祖の系図など、もちろん信用できない。九州地方南部の島津荘の荘官から戦国時代・江戸時代を生き抜いた大名・島津氏でも、名を辿《たど》れるのはせいぜい平安末期まで。奈良時代・平安時代の廟堂を制した藤原氏でも、確実なところとなると七世紀前半かなというていどだ。

その点、天皇家の由緒・来歴は古い。高天原《たかまがはら》や天孫降臨《てんそんこうりん》の伝承はべつとしても、また神武天皇の実在を疑ったとしても、なお大和王権の成立以来の名家であり、百数十代にわたって家督《かとく》相続の状況が実名で辿れる稀有《けう》な旧家である。第二次世界大戦前には、だれもがそう考えてきた。

ところが第二次世界大戦後、この「万世一系」の天皇系譜を疑う学説が立てられはじめた。疑う理由の第一は、大王名の不自然さにある。いま聞き慣れている反正《はんぜい》・允恭《いんぎょう》などという名は漢風《かんぷう》諡号《しごう》であって、奈良末期に創られた美称である。本人の称していた実名ではない。また大王たちの没後は、ミヅハワケ・ヲアサヅマワクゴノスクネなどという和風の諡《おくりな》名で呼ばれた。その王名をよく見ると、開化《かいか》天皇まではタラシ・ヤマトネコなど後世流行したはずの呼称が多く出てくる。半面、崇《す》神《じん》天皇・垂仁《すいにん》天皇になると名にイリが通用されていて、景行《けいこう》天皇から神功《じんぐう》皇后までの人たちにはタラシの美称が用いられる。応神《おうじん》天皇以降になると、ホムタ・オホサザキなど実名らしい呼称が並ぶ。それが安閑《あんかん》天皇からさきは、クニオシなど後世に見られない特殊な呼称が共通している。

つまり、後世に流行した呼称を名にする王は、もともと名が伝えられていなかったつまり実在しな

王名一覧

代数	漢風諡号	歴代の天皇の名	
1	神武	カムヤマトイハレヒコ	
2	綏靖	カムヌナカハミミ	（1の子）
3	安寧	シキツヒコタマテミ	（2の子）
4	懿徳	**オホヤマトヒコ**スキトモ	（3の子）
5	孝昭	ミマツヒコカエシネ	（4の子）
6	孝安	**オホヤマトタラシヒコクニオシ**ヒト	（5の子）
7	孝霊	**オホヤマトネコヒコ**フトニ	（6の子）
8	孝元	**オホヤマトネコヒコ**クニクル	（7の子）
9	開化	**ワカヤマトネコヒコ**オホヒヒ	（8の子）
10	崇神	ミマキイリヒコイニヱ	（9の子）
11	垂仁	イクメイリヒコイサチ	（10の子）
12	景行	オホタラシヒコオシロワケ	（11の子）
13	成務	ワカ**タラシヒコ**	（12の子）
14	仲哀	**タラシ**ナカツ**ヒコ**	（13の甥）
—	（神功）	オキナガ**タラシヒメ**	
15	応神	ホムダワケ	（14の子）
16	仁徳	オホサザキ	（15の子）
17	履中	オホエノイザホワケ	（16の子）
18	反正	タヂヒノミヅハワケ	（17の弟）
19	允恭	ヲアサツマワクゴノスクネ	（18の弟）
20	安康	アナホ	（19の子）
21	雄略	オホハツセノワカタケ	（20の弟）
22	清寧	シラカノ**オホヤマトネコ**・シラカノタケヒロ **クニオシワカヤマトネコ**	（21の子）
23	顕宗	ヲケノイハスワケ	（17の孫）
24	仁賢	オケ	（23の兄）
25	武烈	ヲハツセノワカサザキ	（24の子）
26	継体	ヲホド	（15の5世の孫）
27	安閑	ヒロ**クニオシ**タケカナヒ	（26の子）
28	宣化	タケヲヒロ**クニオシ**タテ	（27の弟）
29	欽明	アメ**クニオシ**ハルキヒロニハ	（28の弟）
30	敏達	ヌナクラフトタマシキ	（29の子）
31	用明	タチバナノトヨヒ	（30の弟）
32	崇峻	ハツセベノワカサザキ	（31の弟）
33	推古	トヨミケカシキヤヒメ	（32の姉）
34	舒明	オキナガ**タラシ**ヒヒロヌカ	（30の孫）
35	皇極	アメトヨタカライカシヒ**タラシヒメ**	（34の姪）
36	孝徳	アメヨロヅトヨヒ	（35の弟）
37	斉明	（皇極重祚）	
38	天智	アメミコトヒラカスワケ	（34の子）
40	天武	アメノヌナハラオキノマヒト	（38の弟）
41	持統	**オホヤマトネコ**アメノヒロノヒメ	（40の姪）
42	文武	**ヤマトネコ**トヨホヂ	（40の孫）
43	元明	**ヤマトネコ**アマツミシロトヨクニナリヒメ	（42の母）
44	元正	**ヤマトネコ**タカミヅキヨ**タラシヒメ**	（42の姉）

和風諡号

かった王と見る。崇神天皇（イリ）・応神天皇（ホムダ）・安閑天皇（クニオシ）など当時のものらしい独自の呼称をつけた王は実在性が高く、その最初の王がそれぞれの王朝を創業した人たちと見なせる。

第二に、『日本書紀』では、右の王朝創始者と見なされる人たちの登場するころに、創業を思わせるような事件が見られる。崇神天皇には御肇国天皇《はつくにしらすすめらみこと》の名が奉《たてまつ》られていて、いかにも始祖《しそ》らしい。応神天皇は胎中《たいちゅう》天皇とされ、神功皇后の腹のなかですでに即位していたとある。さらに応神天皇たちは、九州地方から東征して反対派の皇子たちを駆逐《くちく》し、畿内地方を軍事占領して大王となった。そして安閑・宣化《せんか》とその父王・継体《けいたい》の三大王は異境の越前育ちである。武烈《ぶれつ》天皇が没して大和王権の継承者がいなくなり、王室に大伴金村《かなむら》の招きで迎え入れられた。樟葉宮《くすば》（枚方市）・筒城宮《つつき》（綴喜郡）などを転々としたが、反対派の抵抗を二十年かけて排除して大和に入った。後二者は、軍事遠征をともなった話で、三者とも王朝の創業が物語られた記事としてふさわしい。

第三に、伝承されてきた宮居《みやい》や墓所の位置が、まさにそれらしい。崇神天皇系（三輪王朝）は三輪《みわ》山麓に、応神天皇系（河内王朝）は河内《かわち》平野に、継体天皇系が奈良盆地南部にあり、王朝興亡のさまがそのままわかる。

というわけで三王朝が興亡して交替したとするが、右のどの始祖も前王系の娘を娶《めと》って入婿《いりむこ》になって王系を継いだ形になっている。外国に見られるような国家間の劇的な興亡劇は、期待できない。

三輪王朝系図と近江王朝（点線内）系図

河内王朝系図

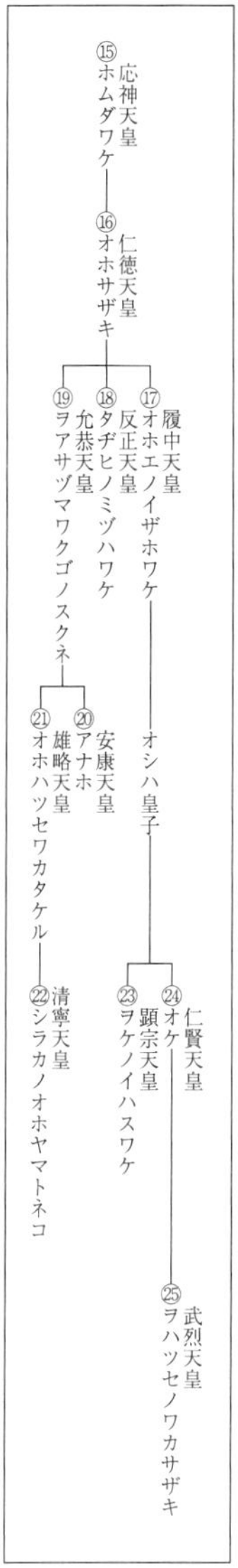

（黛弘道先生監修「日本史古代(上)」、ＮＨＫ学園発行を基に作成した）

21 ヤマトタケル伝説は、国民的な英雄の叙事詩だったといえるか

『古事記』によると、景行《けいこう》天皇には小碓命《おうすのみこと》という子がいた。父は彼の兄が食事に顔を見せないので、よく言い聞かせて出てくるようといいつけた。ところが命じられた小碓命は、兄が厠《かわや》に入るところを見つけて、手足を折って薦《こも》に包んで捨ててしまった。しばらくして父から、あれはどうしたと聞かれたので、そのままに報告した。このあまりの粗暴さにあきれ、父は西方で従わない熊曽建《くまそたける》の兄弟を征伐するよう命じて遠ざけた。

それでもこのときの小碓命は、めげなかった。新築祝いをしている宴会の場に女装して入り込み、酔ったところを刺し殺した。この勇気ある行動に感心したのか、弟の熊曽建からはその勇猛ぶりを称《たた》えられて「ヤマトタケル」の名を献上された、という。しかもその帰りには、頼まれてもいないのに、出雲建《いずもたける》まで征伐してしまった。自分が木刀を携《たずさ》えていて、自分の腰のものと交換しようといいだした。つまり木刀を渡して決闘に持ち込み、これを討った。騙《だま》し討ちである。ずるいと非難されるべきところだが、戦いとはそんなものだろう。正攻法で勝つのが「ただしい」と決まっているわけじゃないし、だいたい「ただしい戦い方」のために自軍の損害が膨大なものになるのは、統率者ならいやなはず。まぁ、そんなことはともかく、帰京した。しかし父・景行天皇と顔を合わせるいなや、ご苦労さんの声もかけられず、またすぐ東方に行くように命じられた。

行きがけに尾張国《おわりのくに》で美夜須比売《みやずひめ》と結婚を約束し、東に向かった。相模国《さがみ》（駿河国《するが》か）では草原に

誘《おび》き出されて火攻めにあったが、伊勢《いせ》にいた叔母から貰《もら》った火打《ひう》ち石で逆襲。自分の方から火を放って相手を焼き討ちにした。東京湾に差しかかり、走水《はしりみず》から海を渡ろうとしたが、海神に祟《たた》られて遭難しそうになった。そのとき妃として側にいた弟橘《おとたちばな》比売《ひめ》が身を挺《てい》して人身御供《ひとみごくう》となり、夫は危機を脱した。その後、足柄《あしがら》から甲斐《かい》・信濃《しなの》を平定しまわった。しかし帰途に伊吹山《いぶきやま》の神を怒らせ、それが祟って歩行困難となった。三重の能煩野《のぼの》までは辿《たど》り着いたものの、そこで力《ちから》尽《つ》きた。「たたなづく青垣　山隠《ごも》れる」大和の美しい風景を思い浮かべながら絶命した、という。

西国《さいごく》から帰国した直後に東方征伐に向かわされ、報《むく》われない思いと疲労感を漂《ただ》わせて「父は私に死ねと思っているのでしょうか」と嘆く気持ち。結婚を約束した女性をおいて、ついに願いを果たせない辛さ。故郷に辿り着けず、懐《なつ》かしい山河を思い浮かべつつ死ぬ悲しみ。そういうシーンは戦場にありがちで、見聞きする者とくに生きて帰れた人たちの心のなかに長く尾を引いて語り継がれる話だ。

この話は、大和王権が全国支配を推《お》し進めたさいの戦争に従った人たちの記憶がもとになっていよう。しかしもちろん、大和王権の全国制覇の戦いが一人の英雄的に担《にな》われていたはずがない。無数の戦場での駆け引きや個々の戦士の思いが、ヤマトタケルという架空の人格に凝縮させられているのだ。

では、この「大和の猛々《たけだけ》しい兵士たちの物語」は、ホメロスの叙事詩のように全国の人々にあまねく知られていたのだろうか。いや、おそらくそうでない。ヤマトタケルという名から推測して、これは大和王権の配下にいた建部《たけるべ》という氏族が伝えてきた、オラが氏族だけのヒーローだったろう。建部は九州から関東まで分布しており、大和王権の尖兵《せんぺい》となって闘った。その彼らが戦士かくあるべしとして語り継いできた話が、『古事記』『日本書紀』に戦士の代表として採用されたのである。

22 「仁徳《にんとく》天皇陵があるんだから、仁徳天皇は実在するんでしょ」でいいのか

ひと昔前に「たかきやにのぼりてみれば煙たつ　民のかまどはにぎはひにけり」（『新古今集《しんこきんしゆう》』）といえば、仁徳天皇のことだなとだれでも分かった。仁徳天皇は山頂から村々を見渡したが、食事の支度に忙しいころなのに、民家の竈《かまど》から煙が立ち上らない。「貧しくて食事がとれないのか」と思い、課税を止めさせたという。そうした仁政《じんせい》の故事《こじ》を偲《しの》び、左大臣・藤原時平《ときひら》が作った歌である。

その仁徳天皇だが、「仁徳天皇はいたんだよ。だってあの大きな仁徳天皇陵があるじゃないか」という人がいる。それでは、話の順序が逆さである。

古代天皇の陵《りょうぼ》墓を簡単に一覧できるのは、『延喜式《えんぎしき》』である。そこには、天皇陵の名・規模・位置のほかに、その陵墓を守衛する戸の数がずらっと記されている。

その記事によると、仁徳天皇陵は「百舌鳥耳原《もずみみはらの》中陵《なかつみささぎ》」（兆域《ちょういき》東西八町×南北八町）で、その北陵（東西三町×南北二町）が反正《はんぜい》天皇陵、南陵（東西五町×南北五町）が履中《りちゅう》天皇陵とされている。南北に三陵が連なっているなかで、現在の仁徳天皇陵（大山古墳《だいせん》）は中央にあってかつもっとも規模が大きい。いまの仁徳天皇陵ならば、『延喜式』の記す姿にほぼあっている。しかし反正天皇陵はもう違っている。現在の北陵は南北に長い姿をしているのに、『延喜式』の記事では東西に長いとある。現在の三陵がほんとうに『延喜式』の記事に相当するものか、ほかにも疑問がある。

未調査でくわしくは明らかでないが、『全堺詳志《ぜんかいしょうし》』（一七五七年成立）に記された仁徳天皇陵の石棺

蓋《ふた》の寸法は津堂城山《つどうしろやま》古墳と一緒で、五世紀前半ごろのものである。第二周濠《しゅうごう》部から出土した円筒埴輪《はにわ》や墳形部位比率や造《つく》り出《だ》しなどの古墳型式からは、五世紀後半のものとみなされている。伝仁徳天皇陵古墳出土（ボストン美術館蔵）の環頭大刀《かんとうたち》・鏡・三環鈴《さんかんれい》などは韓国の武寧王陵《ぶねいおうりょう》の出土品に似ていて、前方部石室内の甲冑・ガラス皿などは六世紀前半あたりのものかという。どうもいつごろの古墳なのか、その時代観がはっきりしていない。

このような状態だから、『古事記』『日本書紀』『延喜式』に記されていた陵墓と、いま眼の前にあるその名前の天皇陵が、同じものだとはいえない。それなのに『延喜式』が記していた陵墓とは違うかもしれないのに、同名の陵墓だからというだけで、疑わずに受け入れているのが実情だろう。

さらに、いやそもそも古代に『古事記』『日本書紀』が成立したとき、その編纂者たちがただしくその天皇の陵墓を指定できていたという保証がない。『古事記』『日本書紀』『延喜式』などの記録にある天皇陵を、「いまのこれに当たる」とかりにただしく確定できたとしても、「だから、それがほんとうのその天皇の陵墓だ」とまではいえないのだ。というのも『古事記』『日本書紀』は七世紀後半から八世紀の、『延喜式』は十世紀時点の天皇陵の認識を記しているにすぎない。もともとどんなにただしく指定しようとしたって、神武《じんむ》天皇も綏靖《すいぜい》天皇も実在しないのに、天皇陵が指定されているではないか。それは『記紀』の記述のつごうにあわせて、古代国家が無理に陵墓を決めていたことを意味する。これでは、たとえどんなに史料通りに探してみても、ただしいはずがない。「仁徳天皇陵があるのだから、仁徳天皇はいた」などと、とうていいえないのだ。「神武天皇陵や開化《かいか》天皇陵などと呼ばれる古墳があるから本人は実在する」という論理は、間違いである。

さてそれはそれとして、さきほどの『古事記』『日本書紀』『延喜式』記載の天皇陵と現在指定されている天皇陵との実態の食い違いは、どうして起きたのだろうか。

このきっかけは、江戸時代とくに幕末になって尊王攘夷派《そんのうじょういは》が台頭し、その発言力で天皇の権威が復活してきたことにある。江戸幕府は彼らの声に押されて、荒れはてていた天皇陵の修復・保全を図ることとなった。しかし保全・修復すべき天皇陵がどれなのか、はっきりしていなかったのだ。

たとえば神武天皇陵は『延喜式』に「畝傍山《うねびやま》東北陵」とある。元禄《げんろく》十年（一六九七）からの調査で、江戸幕府は塚山《つかやま》をそれとした。しかし幕末になると丸山・ミサンザイ（神武田《じんむだ》）をも候補に加え、結局ミサンザイに指定を改めた。つまりどの地域にも多数の古墳があり、どれだか分からなかったのだ。消滅した古墳もあるはずだし、この選定に信憑性があるとはとても思えない。

また『古事記』『日本書紀』には、たとえば「春日率川坂本陵《かすがのいさかわ》」（開化天皇陵）とある。『延喜式』でも「春日率川坂本陵　在大和国添上郡。兆域……」という記述になっているが、このていどの地名表示では、いまのどれにあたるか漠然としすぎていてわからない。「古墳なんて、目立つから分かるでしょ」というかもしれないが、いまある古墳は古代からあった古墳のすべてといえるわけじゃない。都づくりや墾田開発などによる削平で、また近現代の住宅造成でも、いくつもの古墳が消滅させられた。それは間違いのない事実である。それでも尊王派の意向を無視できず、江戸幕府は地名伝承や学者の意見をもとにして、ともかくそのときあった古墳のなかから陵墓を選定した。神武天皇陵の場合には、造成・復原工事をしやすかったことが決め手となって指定を受けた、と推定されている。そんなていどの「確認・指定」だったのだ。明治政府も基本的にこれを受け継いだが、こんな事情だからぶれやすく、指定替えもしばしば起きた。

平成三年五月、奈良県橿原市の見瀬丸山《みせまるやま》古墳の内部を撮《と》った写真が公開された。それによると、横穴式石室の中心部（玄室《げんしつ》）は奥行き十二×幅三・八〜五・一×高さ四・四米《メートル》と推定される。天井《てんじょう》は一〇〇トンの巨石らしい。石室の手前には六世紀後半ごろの、奥には六世紀末から七世紀ごろの石棺が納められていた。ただ配置が不自然で、順に納めれば手前が新しくなるはずなのに逆転している。

この見瀬丸山古墳は、じつは江戸幕末に天武天皇・持統天皇合葬陵に指定されていた。明治十四年（一八八一）に野口王墓《のぐちおうぼ》古墳に指定替えされたため、陵墓参考地に格下げされたものだ。

こうして指定・指定替えを繰り返すような経緯を辿《たど》っていたのだから、今日の精密さの高まった学問的水準では承認できない天皇陵があちこちにあっても、すこしも驚くものでない。

継体天皇陵だとて、継体天皇の没年が六世紀中葉だというのに、墓域から出た埴輪《はにわ》は五世紀後半のものである。これでは継体天皇の陵墓のはずがない。さきほどの見瀬丸山古墳は、この古墳の時代観から、早くから「これこそが欽明《きんめい》天皇陵」いや「宣化《せんか》天皇陵では」という意見が学界で対立していた。今回の石室の内部写真によって、欽明天皇陵とする見方が強まっている。欽明天皇は欽明天皇三十二年（五七一）に没し、妃・堅塩媛《きたしひめ》が推古天皇二十年（六一二）二月に没して桧隈《ひのくま》大陵に葬られた。そのとき堅塩媛の兄弟・蘇我馬子《うまこ》は、その権力の大きさを誇示するために、あえて欽明天皇の棺《ひつぎ》を取り出し、奥に堅塩媛を入れたのではないか。この古墳がそうしたすさまじい馬子の執念を物語っているとすれば、考古学的知見をテコにして文献史料が数倍おもしろく読めそうだ。

23 中国史書に載《の》る倭《わ》の五王がこの天皇だって、どうやって決められたの

倭《わ》の五王は、五世紀から六世紀初頭にかけて中国南部にあった王朝につぎつぎ使者を派遣して、朝貢《ちょうこう》した。その朝貢の見返りとして、あいついで倭王に任命されたのであった。

その五人の王とは、『宋書《そうじょ》』『南史《なんし》』によると讃《きん》・珍・済《せい》・興《こう》・武《ぶ》となっているが、『梁書《りょうじょ》』では賛・彌《み》という王名もみえる。だから、五王でなく、七王いたようにも見える。しかし讃と賛は、じつは同じ意味である。「珍・彌」ではだいぶ違うと思われるかもしれないが、同じ字と考えてよい。珍の異体字の珎と、彌の簡体字の弥は、筆で書けば似ている。つまり、写し間違えただけらしい。

さて讃（賛）は、中国の永初《えいしょ》二年（四二一）に中国南部にあった宋王朝にはじめて朝貢し、安東将軍《あんとうしょうぐん》・倭国王《わこくおう》に任命された。安東将軍とは第三品の人の就く官職であり、優遇されているようにも見える。しかし隣国の百済《くだら》は、日本より一階高い鎮東《ちんとう》大将軍にすでに任命されていた。中国から見てどの国がより自分の役に立つかという判断基準でランクづけしたもので、国力などを客観的に判断したわけでないが、東アジア世界での序列となれば、日本はやはり一段低い地位にあったろう。

讃は元嘉《げんか》二年（四二五）にも遣使したが、元嘉七年に通交したのちに没した。かわって、元嘉十五年には讃の弟・珍（彌）が宋に朝貢し、使持節都督倭《しじせつととくわ》百済《くだら》新羅《しらぎ》任那《みまな》秦韓慕韓六国諸軍事《しんかんぼかんろっかこくしょぐんじ》・安東大将軍《あんとうたいしょうぐん》・倭国王《わこくおう》と自称してみた。この自称が通用すれば、日本だけでなく、朝鮮半島南部の軍事的保護権を中国から公認され、高句麗《こうくり》・百済と同格になれる。そういう希望を掲《かか》げて、自称してみせたのだ。

倭の五王の系譜

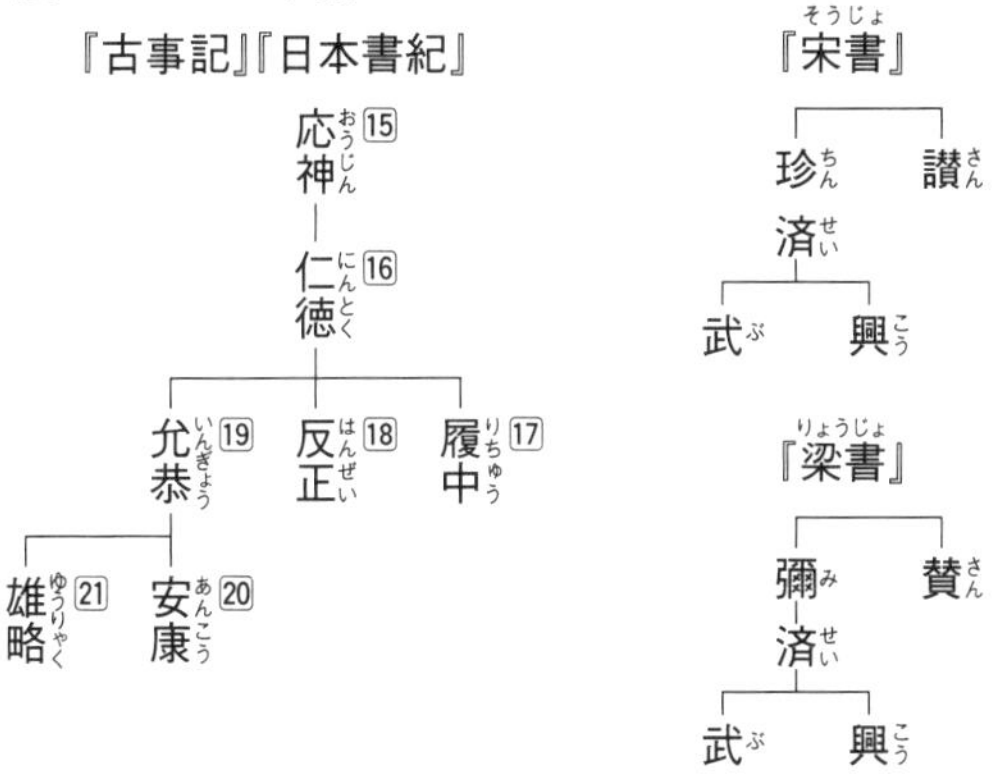

倭の五王の遣使記事

中国		倭
東晋 420	413	倭国王、東晋《とうしん》に遣使（晋書《しんじょ》）
	421	讃《さん》、宋に遣使（425年も）
宋	430	倭国王、宋に遣使。
	438	珍《ちん》、宋に遣使。安東将軍倭国王となる
	443	済《せい》、宋に遣使。安東将軍倭国王となる
	451	済、使持節都督《しじせつととくわ》倭・新羅《しらぎ》・任那《みまな》・加羅《から》・秦韓《しんかん》・慕韓《ぼかん》六国諸軍事安東将軍倭国王となる
	460	倭国王、宋に遣使。
	462	興《こう》、宋に遣使。安東将軍倭国王となる
	477	倭国王、宋に遣使。
479	478	武《ぶ》、宋に遣使。使持節都督倭・新羅・任那・加羅・秦韓・慕韓六国諸軍事安東大将軍倭王となる（宋書）
斉 502	479	武、鎮東《ちんとう》大将軍となる（南斉書《なんせいじょ》）
梁	502	武、征東大将軍となる（梁書《りょうじょ》）

しかし、宋にとっては百済との関係の方が大切である。珍は安東将軍・倭国王に止《とど》められた。ついで

元嘉二十年、珍にかわって済が朝貢し、これも安東将軍・倭国王にされた。元嘉二十八年になって、済は使持節都督倭新羅任那加羅秦韓慕韓六国諸軍事・安東大将軍に任命され、念願の大将軍に就任できた。済は大明《だいめい》四年（四六〇）にも遣使したが、大明六年・昇明《しょうめい》元年（四七七）には済の子・興が王となった。宋は先例によって、興をまずは安東将軍・倭国王に任じた。

その興が没して、昇明二年に興の弟・武が宋に遣使した。武は使持節都督倭百済新羅任那加羅秦韓慕韓七国諸軍事・安東大将軍・倭国王で開府儀同三司《かいふぎどうさんじ》と自称した。朝貢の実績もないのに最初から大将軍号を求め、百済の軍事的支配権まで要求したのである。というのも、これにさきだつ蓋鹵王《がいろおう》二十一年（四七五）、百済は高句麗に王都の漢城《かんじょう》（ソウル市）を落とされ、蓋鹵王が戦死してしまった。百済滅亡のこの危機にさいし、武は高句麗を挟み撃《はさう》ちにして百済を助けようという話を宋にもちかけた。宋にはその意思がなかったが、倭王の存在価値を重くみて、はじめての朝貢のときから使持節都督倭新羅任那加羅秦韓慕韓六国諸軍事・安東大将軍・倭国王に任じたのである。昇明三年にその宋も滅亡し、武は建元元年（四七九）に宋にとってかわった南斉《なんせい》に朝貢して鎮東大将軍に、天監《てんかん》元年（五〇二）に南斉にかわった梁から征東大将軍に任ぜられた。

こうして五人の大王があいついで中国に遣使したのは、朝鮮半島南部とくに百済・新羅などに支配権・利権が潜在的にあることを国際的に認めさせることにあった。倭王讃の遣使の直前まで、倭国は百済・新羅に軍事侵攻を繰り返していた。ところが四世紀末から五世紀初頭にかけて高句麗軍としばしば激突し、けっきょく完敗した。百済・新羅はとうぜん高句麗の意のままに動くようになり、日本との関係は薄れた。この軍事的な失敗を外交で取り返すのが遣使の目的だった。「いまは現実には影響力を持っていないが、朝鮮半島南部に潜在的に日本の権益がある」といいたかった。それを高句麗・百済などの上に立つ東アジアの盟主・中国王朝に公認して貰いたかったのである。

さて、中国相手にこうした輝かしい足跡を残した五王だが、彼らはいったいだれなのか。

これに答えるのは、とてもむずかしい。ともあれ『記紀』と比較してできた定説はつぎのようだ。讃は応神《おうじん》天皇・仁徳《にんとく》天皇・履中《りちゅう》天皇のいずれか。応神天皇では、実名・誉田別《ほむたわけ》の誉と讃の和訓《わくん》が通じる。また仁徳天皇の実名・大鷦鷯《おおさざき》のサザの読み、履中天皇の実名・去来穂別《いざほわけ》のザも讃に通じる。珍は仁徳天皇か反正《はんぜい》天皇か。『宋書』では珍を讃の弟とするが、『記紀』では応神天皇・仁徳天皇とも弟は即位していない。讃の子とすれば、履中天皇・反正天皇が候補になる。そのうち反正天皇の実名・瑞歯別《みずはわけ》の瑞は、弥に似ている。済は允恭《いんぎょう》天皇だろうか。允恭天皇の実名・雄朝津間稚子宿禰《おあさづまわくごのすくね》の朝・津の字形または語意（津・済は渡し場のこと）が似ている。興は済の子だから安康《あんこう》天皇で、実名・穴穂《あなほ》のホ音が興に通じる。その弟の武は、安康天皇の弟・雄略《ゆうりゃく》天皇。雄略天皇の実名・大泊瀬幼武《おおはつせわかたける》の武を採《と》ったものだ、というのが根拠なのだ。しかしこれらの人物比定は、かなりいい加減である。あるときは字形、あるときは音・訓、あるときは語意で、「『記紀』の天皇から時代観のあう王を探せ」という前提によるこじつけである。もともと応神天皇と仁徳天皇は同一人物とみられるし、『記紀』の大王たちが実在していないかもしれない。『記紀』の系譜はそれほど信用できるのか。また学者たちが修正した『記紀』の新しい年代観は、ほんとうにただしいのか。疑問は果てしなくある。

もっとも「倭王に任命されに行くなんて国辱《こくじょく》だ」と考える人は、『記紀』にある大王たちではなく、北九州地方の独立的な王が遣わしたとする説を立ててもいる。

24 石上神宮のへんな形の七枝刀は、だれがなんのためにくれたの

菅政友《かんまさとも》（一八二四〜九七年）は、明治七年（一八七四）に天理市石上神宮《いそのかみじんぐう》の大宮司となり、神宮の宝庫を整理していた。そのなかに長さ七十五《セン》チで、刀身からたがい違いに左右三本づつの枝を伸ばした錆《さび》だらけの六叉刀《ろくさとう》を発見した。目をこらすと、その赤黒い鉄錆のしたに金色の象嵌《ぞうがん》文字が看取《みと》れる。その銘文を読んでみようと、やや手荒らながら鑢《やすり》などで研《と》ぎ出しにかかった。その結果、刀身の表に三十四文字・裏に二十七文字あったことが確認できたが、あまりの大事にひるんだのか、菅はそのメモを秘匿《ひとく》した。このメモがやがて太政官修史局の星野恒《わたる》の手に渡り、彼の論文「七枝刀考《しちしとうこう》」（「史学雑誌」三十七号、一八九二年）に載せられたことでその存在が人々にやっと知られた。

さてその六十一文字の銘文だが、いま確実に読める字が四十九、消滅した字が四、一部線画が残るものが八字ある。記載内容は、表が「泰（和？）四年（五？）月十（六？）日丙午正陽《へいごせいよう》、百 練《ひゃくれん》の（鉄の？）七支刀を造る。（以て？）百兵を辟《さ》く。供供たる侯王《こうおう》に宜《よろ》し。□□□□作る」、裏が「先世以来、未《いま》だ此《こ》の刀有らず。百滋（王？）と世（子？）奇生聖（音または晋？）、故に倭王の旨《むね》と為《し》て造り。後世に伝へ示さむとす」である。一説だが、以下のように読み解ける。泰和《たいわ》四年（三六九）の吉日に、よく鍛練した刀を作成した。これはたくさんの敵をも退《しりぞ》ける力をもつ立派な刀だ。恭《うやうや》しき侯王のためには宜しかろう。このような名刀はかつてないものだ。百済王と世子《せいし》（太子）が、倭王の命令をうけて作成した。後《のち》の世まで伝え示そうと思う、となる。

刀形の特色から思いされること。それは『日本書紀』神功《じんぐう》皇后摂政《せっしょう》五十二年条の記事で、百済《くだら》の使者・久氐《くてい》が「千熊長彦《ちくまながひこ》に従って来た。七枝刀一口・七子鏡《ななこのかがみ》一面と種々の重宝《ちょうほう》を献《たてまつ》った」とある。ここに見られる七枝刀が、この刀剣ではないか。そう思って、従来は百済王の献上品と見なしてきた。

しかし『日本書紀』の語る世界観が疑われ、古代の日朝関係を見直すなかで多くの異説が唱えられている。二説ほど紹介すると、第一に、百済から倭に下賜されたとする説がある。この刀は百済王・世子が作って日本にもたらしたのは事実だが、「供供たる侯王」は「百済の一諸侯である倭王」の意味である。だから「倭王の旨と為て造り」ではなく、倭王・旨という人物のために、彼が百済に服属したのを好感して造り与えたと読む。そうだすれば、百済王からの下賜刀となる。とうじの日本の国際的評価は百済王より半格下だ。刀剣の献上など百済王に要求できるはずがない、とする。

第二の説では、『日本書紀』にある百済王の献上とは、経由させただけのこと。贈った主体は中国の東晋《とうしん》だったと見る。高句麗《こうくり》は三四二年に中国東北部の前燕《ぜんえん》に敗れ、西進政策から南下政策に転換した。そして三六九年に百済に侵入したが、二年後には百済の方が高句麗領に侵攻。高句麗王・故国原《ここくげん》王は討死《うちじ》にした。この戦勝への報復に備え、百済は三七二年に東晋に朝貢して鎮東将軍・楽浪太守《らくろうたいしゅ》に任命された。銘文を「百済王と世子が生を聖晋（東晋）に奇（寄）せたるが故に、倭王旨（讃）の為に…」と解釈して、そのさいに百済は東晋が造った下賜刀を仲介して倭王に渡した、とするのだ。

ただし三六九年前後に、倭王が百済王からとくに刀剣を賜与されるだけの理由はない。また朝貢してもいない国に対し、中国が刀を下賜するはずはない。とすると、高句麗軍の脅威にさらされた百済が、倭王の協力を得ようという外交戦略を立てて、下手《したて》に出て刀剣を献上してきた可能性はある。

25 古代人が胸に懐いた建国の父とはだれだったのか

著名な古代歌謡集である『万葉集』は、この歌ではじまる。

泊瀬《はつせ》朝倉宮《あさくらのみや》に天の下治《おさ》めたまふ天皇の代　大泊瀬稚武《おおはつせわかたける》天皇

天皇の御製歌

籠《こ》もよ　み籠持ち　ふくしもよ　みぶくし持ち　この岡に　菜摘《なつ》ます児　家聞かな　名告《なの》らさね　そらみつ　大和の国は　おしなべて　我こそ居《お》れ　しきなべて　我こそいませ　我にこそば　告らめ　家をも名をも　（巻一・一）

巻頭を飾るこの名誉な歌の作者は、大泊瀬稚武天皇つまり雄略《ゆうりゃく》天皇とされている。しかしほんとうに雄略天皇の歌というわけではない。春の歌垣《うたがき》で気に入った娘を見つけ、呼びかけたときの男の歌である。男が娘に名を聞いて、娘が名を答えれば、娘もその男を気に入ったという意味になる。だれの口からも出そうな歌で、そうとう広く流布《るふ》していた著名な歌だから収録されたのだろう。題詞《だいし》はあとから付けられたもので、歌の内容だけで判断するならことさらに天皇御製とすべき歌でもない。しかもこれに続く第二首は舒明《じょめい》天皇の作歌で、その間一五〇年も歌がないことになってしまう。

さらに、日本最古の仏教説話集に『日本霊異記《りょういき》』がある。その上巻・第一縁《えん》の話もそうだ。話は、少子部栖軽《ちいさこべのすがる》が雄略天皇の命令で雷《いかづち》を捕まえに行かされるという荒唐無稽《こうとうむけい》な筋立てである。これも命令者がとくに雄略天皇でなくてよい話だが、この天皇のこととされている。そしてこれも、第二縁は欽《きん》明《めい》天皇のときの話である。その間は、最長なら一〇〇年も何の話も伝わっていないことになる。『万葉集』にせよ『日本霊異記』にせよ、古くからの歌や物語を列記《れっき》しようとする気持ちが働いている。でも、揃いも揃って、そのはじまりをなぜ雄略天皇のときのこととするのか。とても偶然と思えない。では偶然でないのなら、どうして雄略天皇を冒頭にもってくるのだろう。

そこで、つぎのような説が出てくる。すなわち「雄略天皇こそ『建国の父』『初代天皇』だった」と古代宮廷の人たちが思っていたのだ、と。

よく知られているように、『日本書紀』『古事記』では神武天皇が初代の大王、建国の父となっている。『記紀』の話では、地上界の支配のために、高天原より瓊瓊《にに》芸《ぎ》命が降《くだ》された。その子が海神の娘・豊玉比売《とよたまひめ》と結ばれ、天と海の支配権が結合された。磐余彦《いわれひこ》つまり神武《じんむ》天皇は、その孫にあたる。磐余彦らは三代住んだ日向《ひゅうが》を出て、瀬戸内から紀伊半島の南から入って大和の長髄彦《ながすねひこ》を倒し、橿原宮で即位した。この話が一般に流布していたのならば、建国の父は神武天皇とされていただろう。

そういえば『日本書紀』には、もう一人の建国の父がいた。それは崇《す》神《じん》天皇である。崇神天皇は、その御肇国天皇《はつくにしらすすめらみこと》という名を献上されている。徴税制度を創設したり、全国制覇のために四《し》道《どう》将軍を派遣したりしていて、建国の父らしい業績が記されている。それに『日本書紀』の祖《そ》型《けい》となった『旧辞《くじ》』の記事も、崇神天皇からはきゅうに内容が豊かになっている。世間の人に知られていた、実在性の高い人物ともみられてきた。しかし神武天皇も崇神天皇も、古代宮廷でもっとも権威を認められた『日本書紀』に書かれているとはいえ、『日本書紀』編者の観念の世界で描かれた「建国の父、初代ならばこうでなくては」という理想の天皇像にすぎないのかもしれない。

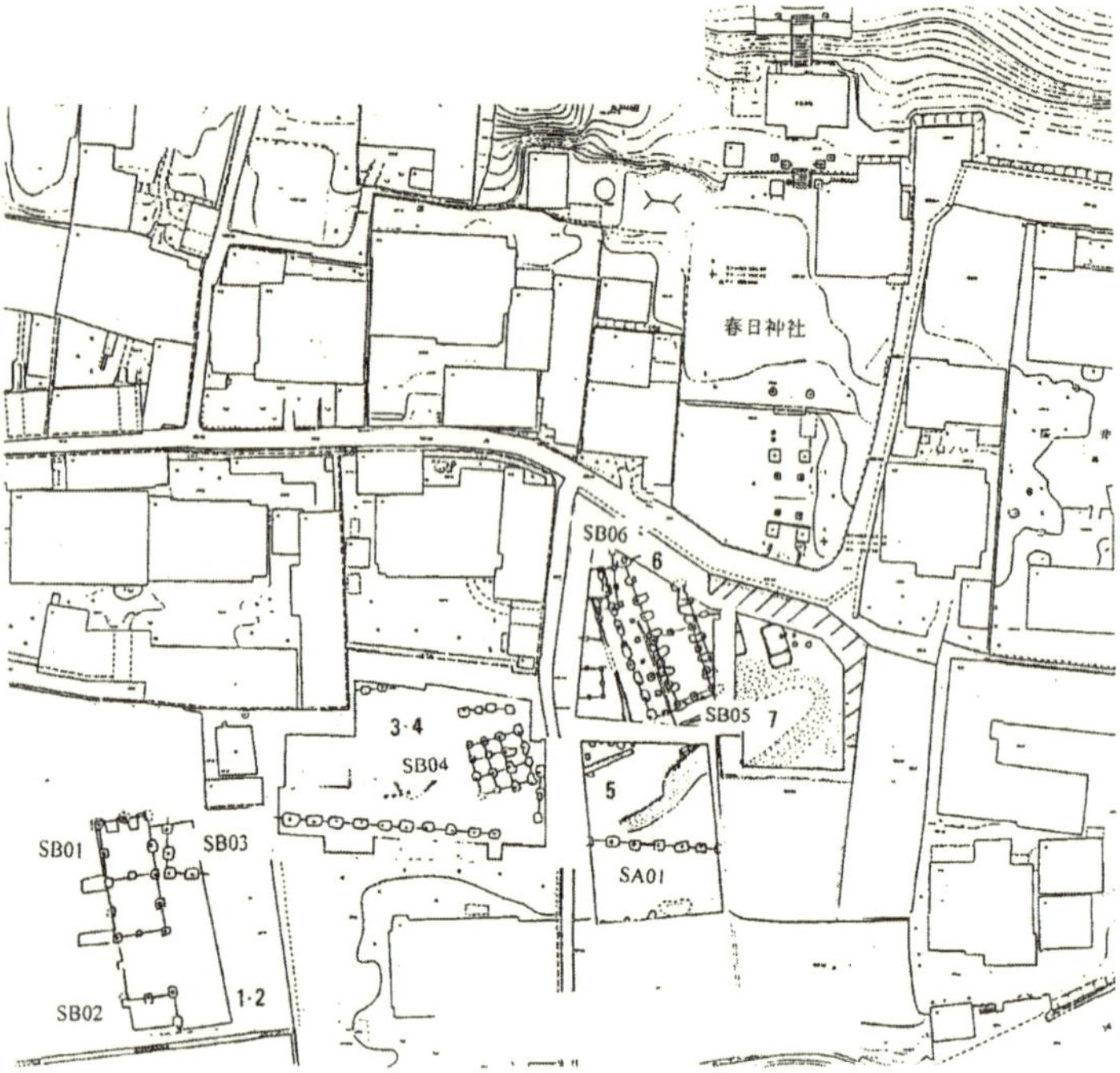

雄略天皇の泊瀬朝倉宮址とされる脇本遺跡の発掘調査図
（前園実知雄氏「脇本遺跡と泊瀬朝倉宮」より）

これに対して、雄略天皇のイメージはちょっと違う。編纂物である『記紀』には、雄略天皇像にとくに建国の父とみなすべき記事などない。しかし雄略天皇が生きていた同時代の歴史を記した中国の『宋書《そうじょ》』倭《わ》国伝《こくでん》には、倭王武《ぶ》つまり雄略天皇が「みずから甲冑《かっちゅう》を身につけて、山川を渡り歩き、休む暇もなかった。東は毛人《えみし》を五十五国も征伐し、西は衆夷《しゅうい》を六十六国も征服し、渡って海の北で九十五国を平らげた」などと国内平定戦の成果を報告し、百済《くだら》を窮地に追いやっている高句《こうく》麗《り》を東西からいっしょに挟《はさ》み撃《う》ちにしませんかと提案までしている。まさに意気軒昂《いきけんこう》な軍事指導者の勇姿が浮かんでくる。それに埼玉稲荷山《さきたまいなりやま》古墳出土鉄剣には「獲加多支鹵《わかたける》大王」、熊本江田船山《えたふなやま》古墳出土大刀《たち》にも同じような王名が見られた。獲加多支鹵は大泊瀬稚武のワカタケル、すなわち雄略天皇だとされている。この二本の刀剣の銘文は、地方豪族が服属してきたときに、雄略天皇の王宮に労力奉仕にきたことを証明するもので、刀剣は奉仕の見返りに大王から下賜されたものという。雄略天皇は、日本の東西の豪族を意のままに大和に呼びつけ、杖刀人《じょうとうじん》（護衛官）・典曹人《てんそうにん》（事務官）にとこきつかっていたのだ。つまり雄略天皇は、伝説でない本格的な業績をともなっている、建国の父に価する英雄的大王だった。国土の基礎を固め、支配の根本を作り上げたこの英雄の記憶は、『記紀』がどう描こうとも、古代人の胸のなかに長く残った。はるか伝説上の国土創成神などだれでもいいが、建国の父ならば雄略天皇でしょ。『万葉集』『日本霊異記』の編著者の念頭にも読み手にも、そういう諒解があったからこそ、雄略天皇の話を巻頭に持ってきた。「有史《ゆうし》以来の話を纏めている」というスタイルを取るならば、その冒頭には雄略天皇をもってこなければ、聞き手の気持ちがおさまらない。その意味で、雄略天皇こそ古代人の実感できる確信できる初代の大王だったのである。この説には、すごく説得力がある。

26 埼玉稲荷山《さきたまいなりやま》古墳出土鉄剣は、だれがだれに賜与したものか

埼玉県行田市《ぎょうだし》の埼玉古墳群は五世紀後半〜七世紀前半に築かれたもので、武蔵国北部に君臨した武蔵国造《むさしのくにのみやつこ》の一族の墳墓《ふんぼ》だろうとされてきた。昭和四十三年（一九六八）、遺跡公園として整備するなかで、このなかの稲荷山古墳が発掘された。遺体を納めた木棺を安置する場所には丸石が敷き詰められていたが、これを礫槨《れきかく》という。その礫槨の後方部中央で、ひとふりの刀が発見された。それから十年後、腐食が激しくなった刀を保存処理しようとして、錆《さび》だらけの鉄剣のなかから古代の金象嵌《きんぞうがん》による銘文を見つけたのである。

銘文は一一五文字あった。内容の大半は氏族の系譜で、主人公の乎獲居臣《おわけのおみ》が祖先以来の系譜を記した上で、この鉄剣を作った動機を記したものだ。作成は辛亥《しんがい》の年。乎獲居臣のはるか祖先の意富比垝《おおひこ》以来の八代の系譜が記され、その子孫の乎獲居臣が、獲加多支鹵《わかたける》大王の寺（宮）が斯鬼宮《しきのみや》にあったときに杖刀人《じょうとうじん》の首領となって（獲加多支鹵大王の）天下の統治を補佐した、とある。

いったい、この獲加多支鹵とはだれなのか。また辛亥年とは、何年のことか。そして何の目的で、どこで作成されたのか。議論百出となった。

古墳や礫槨の築かれたのは五世紀後半〜六世紀前半と見られるから、そうなると辛亥年は四七一年か五三一年かどちらかだ。獲加多支鹵がワカタケルと読めれば、雄略天皇の諱《いみな》（実名）・大泊瀬幼《おおはつせわか》武《たける》と合うから、四七一年がいいことになる。もっとも『記紀』によれば雄略天皇の大王宮は泊瀬朝《はつせあさ》

埼玉稲荷山古墳を前方部側より望む

倉宮《くらのみや》にあったとされていて、斯鬼《シキ》（大和国磯城《しき》）ではない。また辛亥年が四七一年だったとしても、そのときが雄略朝であったという確証もない。しかし『記紀』の朝倉宮は狭い地域としているが、広く受け取れば大和国磯城の範囲には入っている。たとえていえば「池袋の」サンシャインというときもあれば、「東京の」サンシャインとも表現するだろう。また雄略天皇を倭王・武とすれば、前王・興は四六二年に南朝・宋《そう》に遣使しているが、四七七年は不明である。四七八年は武が遣使している。四七一年を雄略天皇の時代と見ても、食い違いはしない。こうして「辛亥年＝四七一年」「獲加多支鹵＝雄略天皇」説は、いちおう許容できる範囲にある。

　つぎにこの剣を作った目的だが、雄略天皇かその周辺が作らせたものと見る。杖刀人として武力でガードマンの役を務《つと》め、長く奉仕した。その武蔵の豪族（のちの武蔵国造家）の御曹司《おんぞうし》に対して、彼が故郷に帰還しようというときに、記念品として賜与したもの。これがいまの定説的な理解だろう。

一一五文字の銘文は異例の長文であるが、見ようによっては寡黙《かもく》ともいえる。重要なことについては語ってくれていないから、異説も少なくない。

たとえば遺物の年代について、考古学的調査ではどちらとも決めかねる。とくに考古学的年代の尺度は、土師器《はじき》・須恵器《すえき》の年代順を基準としている。鉄剣自体の年代ではなく、いっしょに出土した須恵器の編年で年代が測られている。須恵器の年代順はたしかに十年単位で分かっているが、それは中央でのこと。中央で作製された須恵器がある地方に伝わるまでには時間がかかるが、それがどれくらいかかるものか、まったく不明である。その点では「辛亥年＝五三一年」説にもまだ可能性がある。もし五三一年なら、大王は欽明天皇である。欽明天皇は磯城島《しきしま》金刺宮《のかなさしのみや》に宮を置いていて、銘文にある斯鬼の名と合う。ただ欽明天皇には天国排開広庭《あめくにおしはらきひろにわ》という諡名《おくりな》は伝わるものの、諱《いみな》（実名）が知られていない。獲加多支鹵という大王名に合うかどうか、確めようがない。ともあれ、欽明天皇だとて候補の一つである。また「シキ」は大和国磯城だけではなくて、河内国志紀にも、武蔵国（埼玉県）にも志木がある。そこで、埼玉の志木に関東地方だけを束《たば》ねる在地の大王がいたと見なして、それに奉仕していた豪族が記念に造った鉄剣とする説もある。剣の作者はだれか。下賜されたものか、奉仕した臣下つまり乎獲居本人が自分の記念に造ったものか。さらに乎獲居はほんとうにこの古墳の主（被葬者）なのか、その子孫が墓の主か。鉄剣はどういう経路で古墳に納まったのか。不確定な点が多い。

乎獲居直《あたい》（臣でなく、直と解読）を古墳の被葬者とみて、それが武蔵国造家の祖だったと見る説もある。しかし姓の部分を臣《おみ》と読むと、中央豪族に阿倍《あべ》氏という意富比垝《おおひこ》（大彦）を祖とする氏族がある。阿倍氏が系譜と職務の由来を記した鉄剣を造っていて、それを手にした枝族が稲荷山古墳の被葬者となった。あるいは阿倍氏が、阿倍氏に従属する関係にあった武蔵国北部の在地豪族に授けた、などともいえる。これではつぎつぎと新解釈が登場して、まとまりがつかない。

とはいえ、とうじの国内情勢では中央の大王に対抗して関東地方で対等に大王を名乗れる者がいたとも思えない。また鉄刀への金象嵌はかなりの高度技術で、その技術水準は関東地方でまだ得られない。おそらく、大和で製作して下賜したものだとする学説の根本は揺《ゆ》らがないだろう。ただ、古墳の主（被葬者）と鉄剣の注文主と銘文中の乎獲居の関連については、とても定説が得られる状態にない。ともあれ、江田船山《えたふなやま》古墳出土大刀の銘文とあわせて、五世紀後半の大和王権の全国支配体制のあり方を推測する根拠ともなる重要な論議で、避けては通れない古代史のキイ・ポイントとなっている。

27 磐井《いわい》は反乱というべきか、それとも戦争とすべきか

『日本書紀』によれば、継体《けいたい》天皇二十七年（五二七）近江毛野《おうみのけの》は大和王権の命令をうけ、六万の兵を率いて九州に向かった。目ざしていたのは朝鮮半島だったが、手前の九州北部の国造《くにのみやっこ》・筑紫《つくし》磐井の反乱にあい、行く手を阻《はば》まれた。この事件が筑紫国造磐井の乱である。

大和王権が近江毛野を送ろうとしたのは、朝鮮半島南部の加羅《から》（任那《みまな》）諸国を救援するためだった。加羅諸国と日本がどういう関係だったのか定説がないが、最近の大韓民国金海《キンメイ》市・大成洞古墳から出土した巴形《ともえがた》銅器・勾玉《まがたま》などから見ると、加羅と日本とには深い地域交流があったようだ。大和王権からしばしば政治顧問団が派遣され、加羅地域の諸国連合体の結束に一役買い、日本との間にも緩《ゆる》やかな盟約関係が保たれていたらしい。

ところが六世紀前半になると、加羅の東隣りにある新羅《しらぎ》が国力を増大させてきた。新羅と国境を接する加羅諸国のなかには、優勢になってきた新羅に将来性を感じて、新羅と好《よし》みを通じる動きも出はじめた。日本は古くからの友好国・百済《くだら》の軍事援助を受けて、新羅の台頭を封じようと計画したが、百済は北方の高句麗《こうくり》からの侵略に悩まされていた。困っていた百済は、むしろ高句麗に奪われた領土の分を南隣りの加羅諸国の土地を奪うことで穴埋めしようと策した。日本がこれに同意した（いわゆる任那四県割譲）ため、加羅諸国では日本への不信感が高まった。加羅諸国は日本を見限り、つぎつぎと新羅に通じはじめた。こうした朝鮮半島南部の動揺を抑えて、加羅地域の南加羅《ありひしのから》（金海市周

辺）・喙己呑《とくことん》（慶尚北道慶山付近）などから新羅勢力を駆逐《くちく》することが、近江毛野派遣の目的だった。

一方で新羅は、制度改革などを通じて国力を伸ばしていたものの、加羅諸国軍・日本軍などと正面からぶつかって雌雄《しゆう》を決することには消極的だった。できれば本隊と衝突せず、有利な地歩を一つ一つ固めていきたい。そこで全面戦争の危機を避けるため、日本内部に働きかけて、離間策《りかんさく》を講じた。まず目をつけたのが、筑紫の豪族・磐井だった。大和王権の言いぐさに不満を漏《も》らしていることを聞きつけていたのだろうか、磐井に賄賂《わいろ》などを贈って大和王権に背《そむ》くよう働きかけた。

結果として磐井は、大和王権の派遣した物部麁鹿火《もののべのあらかい》軍の前に敗れた。だが、これで新羅は時間稼ぎができた。日本は磐井の制圧に力を使ったため、朝鮮半島どころでなくなった。動きがとれなくなっている日本の狼狽《ろうばい》ぶりを横目で見ながら、新羅はやすやすと加羅地域を併呑《へいどん》した。磐井は賄賂に目が眩《くら》み、二〇〇年かけて築いた日本の朝鮮半島経略を台無《だいな》しにした張本人、と目されてきた。

さて、筑紫磐井が、国造という大和王権の地方組織の一長官となって服属していたというのならば、たしかにこれは服属の約束に違《たが》う反乱といえる。しかしとうじの大和王権の地方支配システムは、それほど整備されていたのか。地方豪族との関係は明瞭な上意下達関係でなかった、とみる向きも強い。

まず第一に、部民《べのたみ》制・氏姓《うじかばね》制など大化前代の社会組織についての研究が進んだ。その結果、いまは大和政権が各地に置いたという国造は、七世紀前半あたりがはじまりだと考えられている。つまり六世紀前半の大和王権には、国造制を全国的に施行して上下関係を明示できるだけの力量がまだ備わっていなかった。それなら磐井は筑紫国造でなく、国造でないのなら大和王権の下僚《かりょう》でなく、反抗は対等な戦いであって、乱といわれる筋合《すじあ》いでない。磐井は進駐してきた近江毛野に「ともとして肩を

筑紫磐井の墓かとされる岩戸山古墳（八女市）の衙頭部分にたつ石像碑

すり肘《ひじ》を触れながら、共通の器《うつわ》で食事をした仲じゃないか」（『日本書紀』）といい、若いころに近江毛野とともに大和の王宮に出仕した記憶を持っている。しかしそれは政治的駆け引きの一場面であり、大和に出仕しているからといって、大和王権の要求をすべて受け入れるつもりなどなかった。

　第二に、この時期の地方豪族は独立性の高い動き方をしており、独自の外交を行なっている。中央の大和王権とも同盟関係を持っていたが、それは数多くある外交政策の選択肢の一つで、ほかの勢力との同盟とても自由に行なえていた。例えば敏達天皇十二年（五八三）、火葦北《ひのあしきた》（国造）刑部《おさかべの》靫部《ゆげいべの》阿利斯登《ありしと》の子・日羅《にちら》が朝鮮半島から来朝したという。日羅は百済の官位制度の第二級・達率《だつそつ》位を受けていて、自分の名乗りのなかに加えている。九州地方北部の地方豪族が、百済の臣下にもなっているわけで、重複する外交関係をじっさい選択できていたのだ。各豪族の領地は独立国であり、独自な外交戦略を持ちえた。中世ヨーロッパの騎士たちは、今日はAの領主に仕え、あしたは契約しているBの領主のために戦う。それに近いことが、この地域では選択できていたのかもしれない。

さて筑紫磐井は九州地方北部から中部にかけて勢力を張り、ここを軍の通路・物資の補給路としたい大和王権と友好関係を結んでいた。そこに新羅が、自分の国と連携しないかと誘ってきた。磐井は新羅の興隆のさまをよく知っていたから、伸び盛りの新羅との善隣・友好関係を好んだ。しかし大和王権は親百済・反新羅の方針を変えない。筑紫勢力と新羅との軍事同盟は大和王権に見過ごせない事態なので、九州地方北部の奪取を目ざして磐井との戦いとなった。それが真相ではなかったか。

ともあれ国造制成立以前の地方豪族の半独立的な外交的な立場を認めて、六世紀の大和王権と地方豪族との関係を見直そうとする動きが強まり、そのなかで磐井の乱の再評価が進められている。

28 継体《けいたい》天皇は、越前《えちぜん》・近江《おうみ》・尾張《おわり》の軍勢をもって王位を簒奪したのか

五〇七年の春、ここは越前国（福井県）三国《みくに》である。五十八歳になっていた男大迹《おおど》王は、大和王権の首脳・大伴金村《おおとものかなむら》の訪問をうけていた。金村は「大和王権では武烈《ぶれつ》天皇が大王となっておられました。しかし乱暴なお方で、嫡系の跡継《あとつ》ぎが絶えてしまいました。そこで臣下一同で協議し、男大迹王さまにお願いしてみようと……」とでもいったらしい。「大和にきて、大王になってくれ」と頼まれた。

男大迹王は使いを遣して中央の政情を確認させた上で、この話を受諾した。やがて三国を発《た》ち、大和に入ろうとして山背《やましろ》・河内《かわち》への道を順調に辿《たど》っていた。河内の樟葉《くすば》宮（大阪府交野《かたの》市《し》）で早くも即位礼をあげて継体天皇となったが、そこでなんと五年も待たされた。ついで筒城《つつき》宮（京都府京田辺市）・弟国《おとくに》宮（京都府乙訓郡）にも滞まり、大和国に入って磐余玉穂《いわれのたまほ》宮（奈良県桜井市）に着いたのは、就任要請を受けて二十一年（七年ともいう）ののち。継体天皇はもう八十歳に近くなっていた。

以上の筋書きは、『日本書紀』の記事によるものだ。書いていても、ひじょうに不自然である。大和王権の中心地でないところで、重臣たちといっしょに顔合わせすることもなく、大王に即《つ》いてしまってよいものか。奈良盆地を本拠とする大和王権にとっては、河内はやはり異境である。そんな所で、大王や王権中枢にとって重要な意味のある即位礼を、なぜ急いで執《と》り行《おこ》なうのか。もちろん人々の動揺を止《とど》め、政治の安定のために急ぐこともありうる。しかし河内から大和にいたる道のりでまだ二十一年も費やすのだから、安定のために役立ったとはいえない。

これを辻褄合《つじつまあ》わせの作り話とみて、継体天皇は大和政権を乗っ取った簒奪者《さんだつしゃ》と見る説がある。武烈天皇が悪逆の限りを尽くしたので、大和王権内部に混乱が起きた。ある者は大王は大王だといい、ある者は武烈天皇を排除しろという。またある者は絶望してほかの地に去った。そうした混乱につけ込んで、越前・近江・尾張などを基盤とする地方豪族の首長・男大迹王が大和に攻め込んだ。そして二十一年間の抗争のあげく、大和王権を制圧した。そういう経緯が隠されているのだとする。

継体天皇が簒奪王だとする説の一つの根拠が、応神《おうじん》天皇五世孫と称している彼の系譜への疑いである。五世王は、『日本書紀』が作られた奈良時代にはたしかに皇族と扱われた。大王家の近親者として貴種の範囲に数えられる。そのぎりぎりの系譜を主張させているところに、作為《さくい》がある。「五世孫」といえば、一世代に五人ずつ皇子がいれば、五世代で三一二五人の皇子ができる。どうせ確かめようがないし、嘘でもばれない。しかも前の王朝に連《つら》なる者としておけば、大和王権側も受け入れやすい。この系譜の創作は継体天皇がしたのか、『日本書紀』編者が万世一系に整えるときにしたのか、それは両説あろう。そのいずれだろうと、そういうずるがしこい計算が働いている系譜だとする。

ところが、継体天皇のこの系譜を裏付ける史料が見つかっている。『上宮記《じょうぐうき》』に継体天皇の系譜が引かれ、そこには応神天皇から継体天皇までの王名が記されている。しかも用字法からすると、『日本書紀』編纂の時代より古い時代の史料のようだ。応神天皇の五世孫だとする説は、どうやら『日本書紀』編者の作為でなかった。「継体天皇が偽物《にせもの》の系図を掲《かか》げて大和に乗り込んだ」とはなお考えられるが、おそらくそうでなかろう。二十一年間も大和入りを阻《はば》まれたのを力づくで制圧したことになるなら、いまさら偽装しても意味がない。それでもなお称しているのだから、五世王は嘘でなかろう。

29 古代にも「安閑《あんかん》・宣化朝《せんか》」と「欽明朝《きんめい》」の南北朝時代があったのか

『日本書紀』によれば、継体天皇十五年（五三一）、大王・継体天皇が没した。享年《きょうねん》八十二歳だった。継体天皇は近江《おうみ》に生まれたが、すぐに父・彦主人王《ひこうし》に死別し、越前《えちぜん》・三国《みくに》で育てられた。そこで五十七歳まで過ごし、その間に尾張草香《おわりのくさか》の娘・目子媛《めこのいらつめ》をはじめ東海地方・近江などの土豪《どごう》と広く婚姻関係を結んでいった。当時の王族出身の豪族としては、成功した暮らしだったろう。

しかし大和王権で、大王の嫡系の跡継《あとつ》ぎが絶えた。紆余曲折《うよきょくせつ》はあったが、彼は請《こ》われて大王となり、前王系の仁賢《にんけん》天皇の娘（手白香《たしらか》皇女）を娶《めと》って入婿した。それが旧勢力が受容する条件だったろう。

さて、その継体天皇没後の大王位は、だれが継ぐのか。

北陸地方にいたときに嫡妻だった尾張目子媛との間には、勾大兄王《まがりのおおえ》・檜隈高田王《ひのくまのたかだ》らがいた。彼らはすでに十分成人していて、とうじとしては老齢の五十歳が間近だったはずだ。大王の嫡妻所生でしかも年長ならば、かれらが一番手の候補である。つぎに前王系に連なるために継体天皇が政略結婚した手白香皇女が天国排開広庭《あめくにおしはらきひろにわ》を生んでいる。やや年若だが、第三番手候補となる。その予測通り、まずは勾大兄王が安閑天皇となり、安閑天皇が二年で没すると、ついで檜隈高田王が宣化天皇となった。これも治世四年で没したので、天国排開広庭が立って欽明天皇となった。欽明天皇はその後三十二年間天下を治《おさ》めた。『日本書紀』の通りに理解して、何の問題もないように見える。

しかし『日本書紀』の記事をよく検討すると、継体天皇のあとに不自然な二年間の空位が見られる。

また『日本書紀』では、百済《くだら》の聖明王《せいめいおう》から欽明天皇への仏教公伝《こうでん》が壬申《じんしん》年（欽明天皇十三年／五五二年）になる。ところが『元興寺伽藍縁起并流記資財帳《がんごうじがらんえんぎならびにるきしざいちょう》』『上宮聖徳法王帝説《じょうぐうしょうとくほうおうていせつ》』など『日本書紀』より成立が早いと見られる史料では、仏教公伝はそろって戊午《ぼご》年のことと記されている。かつての宮廷の記録は、元号《げんごう》を知らない時代なので、甲子《かっし》・乙丑《いっちゅう》と続く六十年で一巡する干支《かんし》を用いて書かれていた。干支での表記は間違えるはずがないと考えれば、仏教公伝については戊午年に伝わったとすべきだ。ところが仏教を伝えたときの相手方の名を間違えるはずもない。この伝えをともに生かそうとするとこうなる。戊午年は、『日本書紀』に当てはめると宣化天皇の在位三年目だが、欽明天皇の治世でもあった、と。それに『上宮聖徳法王帝説』では、欽明天皇の在位期間を四十一年間としているから、逆算するとその即位年は五三一年になる。この年は継体天皇の死没した年であり、欽明天皇は継体天皇のあとすぐに即位していたのだ。整理すると、継体天皇の没後、まず前王系の血をひく欽明天皇が、大和王権下の保守的な豪族に擁立されて即位した。継体天皇を受け入れたときの条件が手白香皇女との結婚だったのだから、その間の子を大王にするのは当たり前でしょう、というわけだ。しかし継体天皇の嫡流を自任《じにん》する安閑天皇・宣化天皇は、この措置《そち》を拒否した。二年間の調整工作が破綻し、ついにべつの宮廷を開いて対抗した。前後八年間ほど内部で葛藤劇があったが、宣化天皇の死没によって二朝が統一されて混乱は収拾された。そういうことだったのだ。

　この王権内の混乱はほかの記事にも窺える。『日本書紀』が引く「百済本記《ほんぎ》」には、「日本の天皇と太子・皇子は、ともに亡くなったという話だ」とある。後継者もふくめて殺害されたと読める記事で、これが安閑朝・宣化朝の族滅を意味するのならば古代版南北朝の貴重な証言となる。

30 聖明王《せいめいおう》からもたらされた仏教は、どこが嬉《うれ》しいことなのか

六世紀半ば、日本に仏教が公伝された。しかしそれ以前から、民間レベルには仏教が入っていたと思われる痕跡がある。大阪府堺市の聖《ひじり》神社古墳群二号墳や陶器《とうき》千塚《せんづか》二十一号墳（古墳後期後半、六世紀）などのカマド塚がその遺跡だ。後者には楕円形の床面があり、丸太が合掌組《がっしょうぐ》みにされていた。その上に壁スサを混ぜた粘土を塗りつけて窯《かまど》仕立てとし、遺骸を収めて火葬していた。窯業技術の知識を転用した、りっぱな火葬施設である。ここには、早くからそうした信者集団が住んでいたらしい。

土葬では魂が肉体から離れてもまた帰ってくるから、死体を保存しておこうと考える。しかし火葬は、魂が離れたら戻ってこないとして、焼き棄ててしまう。この二つでは没後の世界観が根本的に異なる。もちろん火葬は、仏教思想の影響である。この火葬施設が須恵器窯《すえきがま》と同じなので、ここは渡来系の陶作部《すえつくりべ》氏のものらしい。火葬の例はほかにも大阪府茨木市・和泉市、兵庫県小野市などに見られ、陶作部だけでなく多くの渡来人が母国からの信仰をそのまま持ち込んでいたと思われる。

この仏教が、朝鮮半島南部の百済《くだら》国から公伝《こうでん》した。『日本書紀』は欽明天皇十三年（五五二）とするが、『上宮聖徳法王帝説《じょうぐうしょうとくほうおうていせつ》』『元興寺《がんごうじ》伽藍《がらん》縁起《えんぎ》并《ならびに》流記《るき》資財帳《しざいちょう》』にある五三八年のことだったろう。

ところで西洋史には「公伝」にあたる言葉がない。宗教は個々人の心情にかかわることで、国家間・政府間が授受する問題でないからだ。それは宗教を特殊な社会観と見ればそうだが、合理的な科学観を基盤にした一つの哲学大系の授受と見れば、公伝も非常識でない。現代人は「科学理論ですべ

ての自然現象が合理的に説明できる。霊的な力や世界など信じない」といいきる。しかし現代人が確信しきってそういうように、古代の宗教家も「この教えですべての現象が合理的に説明できる。ほかの理論は間違っている」といえたろう。その意味では、現代は「科学という名の宗教理論」がまかり通っているのだ。科学は「分かるものだけを合理的に説明しよう」として成立したもので、分からないことはないなどといってない。ともあれ古代東アジア世界では仏教が最高の文化理論で、とうじもっとも合理的と信ぜられた科学観が背景にあった。経典は科学全書であり、哲学全書だったのである。

さて、聖明王は、そうした大切な文化財を日本に渡して、高度な文化内容を教えようとしたのだ。これは利敵行為である。大和王権には垂涎《すいぜん》の的《まと》であるが、その交換条件はいったい何だったのか。

欽明《きんめい》天皇十三年（五五二）、百済は東隣りの新羅《しらぎ》に国土の北半を奪われた。その新羅と対決するため、日本からの援軍を求めたのである。現代ならば百科全書と引き換えに軍事支援要請など持ちかけたりしないが、古代ならありえた。高度な文化は技術の高度化をもたらし、高度な軍事力を作り出す。また財貨・文化財を創出して、経済力をつけるもとともなるからだ。

明治政府は、国家百年の計として国民への教育を掲げた。そのとき多くの国民は労働力の減少を嫌がり、学費を出し惜しんだ。だが政府は、目先の物作りの技術だけでなく、即効性が期待できない基礎学問での人材育成に金を惜しまなかった。しかもその基盤づくりのために幅広い文化育成をめざした義務教育制度をためらわずに整えた。その教育の成果が、現代日本の経済発展を支えてきた。継体《けいたい》天皇七年（五一三）には百済の段楊爾《だんように》が五経《ごきょう》博士《はかせ》として来日し、五経の講義を通じて文化を伝授している。文化というのは価値ある輸出品であり、古代では政治的取引きの材料となりえたのである。

31 蘇我稲目《そがのいなめ》・物部尾輿《もののべのおこし》は、崇仏《すうぶつ》論争がきっかけで仲が悪くなったのか

『上宮聖徳法王帝説《じょうぐうしょうとくほうおうていせつ》』によれば、五三八年（宣化《せんか》天皇三／欽明天皇七）、百済《くだら》の聖明王《せいめいおう》から金銅釈《こんどうしゃ》迦《か》仏《ぶつ》一軀《く》、幡蓋《はたきぬがさ》・経論が贈られ、仏法を広めて礼拝《らいはい》するよう伝言があった、という。仏教公伝である。

『日本書紀』では、大王・欽明天皇はただちに群臣を集め、彼らに「西蕃から献ってきた仏」を国教とすべきかどうか議論させた。大臣《おおおみ》の蘇我稲目《いなめ》は「西蕃の諸国では、みんなが礼拝している。日本だけがどうして背《そむ》けましょう」と世界の趨勢を説《と》いて賛成した。大連《おおむらじ》の物部尾輿《おこし》は「今、蕃神なんか拝んだら、国《くに》つ神の怒りを受けますぞ」と反対した。激論が闘わされたもの双方が譲らず、欽明天皇は「では心から願っている稲目に授けることにして、試しに礼拝させてみよう」とし、仏像・経論を蘇我稲目の個人的信仰の範囲に止めようとした。しかし問題は尾を引く。稲目は向原《むくはら》の自宅を寺にして仏像を安置したが、その年にちょうど疫病が蔓延した。尾輿は怪しげな仏像を拝礼したのが病因だとして、仏像を難波堀江《なにわのほりえ》に投げ棄て、寺を焼いてしまった。ここに大臣・大連という宮廷の二大頭目の衝突がはじまった、という。

そうだろうか。というのは、両者にとって仏教導入問題などさほど大きな問題でなかったはずだ。

蘇我氏は、斎蔵《いみくら》・内蔵《うちくら》・大蔵のいわゆる三蔵を管理する経済官僚として頭角を現してきた氏族である。財務運営にあたっては読み書き・事務処理に堪能な人たちを必要としたが、とうじそんな能力のある人たちといえば、大半は渡来人だった。彼ら渡来人と日常的に接触すれば、彼らが信仰している

仏教を知っていただろうし、同時に仏教が他の信仰を邪魔するものでないことも知っていたろう。またとうじとしては高い科学理論を背景とした仏教を受け容れることは、拒みがたい世界の趨勢であり、時間の問題だということも分かっていたろう。しかし、そうだから自分が信仰を積極的に広めたいと い願っているわけでもなかった。一方の仏教の導入反対派だが、その中心者はむしろ中臣《なかとみのかまこ》鎌子であった。中臣氏は神々と人を仲介し、神々の声を聞くのが家職である。もともと日本の神々の世界には大きな欠陥があった。というのは氏族は自分たちの祖先神を持つが、各氏族がそれぞれに祖先神を持つだけで、国家レベルで精神的に統一できる信仰がなかった。国家的な精神統一のためにあらたに仏教を導入し、すべての氏族員を帰依《きえ》させる。そうすれば統一した宗教行事ができ、国家的に一つになれる。しかしそうされては中臣氏の価値が低下するから、保守的な物部尾輿を味方にして反対を唱えて貰ったのだ。物部氏の家職は裁判・軍事などであり、仏教導入の結論などどちらでもよかった。

崇仏論争とそれに続く仏教迫害の話は大きな対立点だったように見えるが、これは『日本書紀』のこの部分が『元興寺伽藍縁起并流記資財帳《がんごうじがらんえんぎならびにるきしざいちょう》』などにあるような仏教者側の資料をもとに書かれたからで、最高権力者が口角泡《こうかくあわ》をとばし、摑《つか》みかからんばかりの論争をしていたかのように見えるのだ。

ほんとうは、崇仏論争などとうじの蘇我・物部両氏にとって重要な争点でなかった。かれらの対立点は、むしろとうじ衰退していた加羅《から》（任那《みまな》）復興の方法論にあった。

古代の朝鮮半島には、北半部に高句麗《こうくり》、南東部に百済《くだら》、南西部に新羅《しらぎ》があり、南部中央に日本と深い提携関係にある加羅地域があった。しかし六世紀に入るとこの住みわけのラインが動きはじめた。新羅が強盛になって西から加羅諸国を圧迫し、高句麗も南下して百済を圧迫しはじめた。日本はすで

に数百年にわたって百済と軍事同盟関係を保っており、その助勢を受けながら加羅諸国の結束とその防衛を図ってきた。しかし、もはやその構図の見直しの時期がきていた。

ややのちのことだが、欽明天皇十五年（五五四）に百済の聖明王は新羅と戦って敗死した。欽明天皇二十三年には新羅の攻勢により、加羅諸国が滅亡する。仏教公伝・崇仏論争は、まさにこの直前のことだった。こういう緊迫した朝鮮半島情勢を前に、大和王権中枢部では加羅諸国を防衛するためにどの国と提携するか、論議が白熱していただろう。特定の氏族と外国勢力との親疎・友好関係について定説はないが、あえていえば蘇我氏は高句麗との提携を考えていたふしがある。高句麗は中国東北部から沿海州《えんかいしゅう》に領土を広げていたが、北辺は隋《ずい》や強力な騎馬隊を持つ突厥《とっけつ》と対峙《たいじ》しており、南辺は新羅に国境をしばしば侵《おか》されて困っていた。このために日本にも使者を送り、新羅を牽制してくれるよう要請してきていた。日本が南から新羅を牽制すれば、新羅は高句麗への攻撃がしづらくなり、高句麗は北辺での隋・突厥との戦いに専念できるからだ。蘇我稲目の父は高麗《こま》という名で、稲目は大伴狭手彦《さでひこ》の連行した高句麗出身の二人の娘を妻とし、高句麗とは縁がある。稲目の子・馬子も高句麗僧・恵便《えべん》を近づけている。その後、推古《すいこ》女帝が隋に遣使すると、馬子は独自に新羅使を引見して親新羅策に転じる気配《けはい》を見せるが、どのみち百済との提携を打ち切って加羅を復興させる戦略を立てていた。しかし物部氏は、おそらく従来の親百済路線の継続を主張していたのだろう。稲目が「百済の衰亡と腐敗の実態を知ってるのか。いいようにされちゃってさ」といえば、尾輿が「何をいう。数百年の知己《ちき》を棄てて、ときどきにコロコロと提携先を変えるようなご都合《つごう》主義では、国家百年の計はどうなる。外交の信義を疑われるぞ」と。ほんとうは、こうした罵《ののし》る声が飛び交《か》っていたのではなかったか。

32 先代大王の王宮《おうきゅう》はなぜ継《つ》がれずに、毎回変えられてしまうのか

『古事記』『日本書紀』などによると、古代では大王（天皇）の代ごとに王宮が遷されている。例えば、安閑《あんかん》天皇は勾金橋《まがりのかなはし》宮、宣化《せんか》天皇は桧隈廬入野《ひのくまのいおいり》宮、欽明《きんめい》天皇は磯城嶋金刺《しきしまのかなさし》宮を王宮としている。先代や父王の王宮を継がず、大王の代がかわるごとに遷都を行なっている。なかには舒明《じょめい》天皇のように、飛鳥岡本宮・田中宮・厩坂《うまやさか》宮・百済《くだら》宮と四度も宮を遷した例があるほどだ。それでも平城京では七十年も宮を動かさなかったから、王宮が固定されたように見える。しかしこの時代でも動かしていた。天皇の居場所は中宮・西宮・東院などの名称が見られて、前代の天皇の場所とはこまかく異なっている。小規模とはいえ、王宮を遷していたのだ。それは現代でもそうで、近時、昭和天皇から今上《きんじょう》天皇へと代替《だいが》わりした。そのさいには、皇居の内部を改築した。不便さとか腐朽とかの事情もあろうが、変形していてもこれが遷宮の習慣の名残りなのである。

では、いったいなんのために繰り返し宮を遷すのか。これにはいろいろな解釈がされてきた。

古代の習俗が反映している、とする学説がある。

例えば古代の家族生活の形がその原因だとする見方である。結婚するといっても、古代では通《かよ》い婚である。男が女のもとに通いつづけ、子どもは女のもとで育てられる。父と子は別居で、母と子の同居が基本だった。そうなると嫡子であっても父方とは疎遠で、父方の王居には近づかない。大王に指名されたときは、王子たちは母のもとで即位するから、王宮は母方の実家を転々と渉《わた》る。それが王宮

の変遷の根本的な理由だ、という見解だ。この説を裏付けるものとして、雄略天皇の実名は大泊瀬幼《おおはつせわか》武《たける》で、その王宮の地名も泊瀬（初瀬）がつく。名が重複するのは、幼育されたときの宮をそのまま王宮にしているからだ。こうして父とは異なる場所が王宮になる、と解釈された。

あるいは、こういう説もある。

通い婚はたしかにされていたが、古代でも終生通い婚のままではない。やがて父と母は同居する。そのときは、身分的に父が高い場合は、原則として母子とも父方に引き取られる。したがって、父と子は同居していたはずだ。にもかかわらず父の宮居を継がないのは、父王の死穢《しわい》を嫌ったためだろう、という見方だ。

さらに、政治・経済的な観点を重く見る見解もある。民衆支配をより強化したり、より大王と関わりの深い豪族との連携をはかり協力を求めようとして、王宮居をその近くに遷す、というのだ。また地方とを結ぶ交通路との関係、税物《ぜいもつ》などの輸送に便利な土地を選定するための措置《そち》だ、ともいう。

さらに建築学的な見地からの説明もある。とうじは宮殿建築物といっても、掘立柱建物が多かった。土中に穴を掘って柱を埋め込み、その固定された柱によって屋根が支えられていた。しかし柱の根本部分がとりわけ腐りやすく、耐用年数はせいぜい二十年である。だから在位期間が長くなれば建物の耐用年数を越えるから、王宮を再建築するために遷都せざるをえない、という。

諸説が乱立しているが、筆者は死穢を避ける意味が根底にあると思う。

だが欽明・敏達《びだつ》・推古・舒明・斉明《さいめい》などの各天皇では一代で二・三回の遷都をする例があり、それはそのときどきの事情によるのだろう。どの時代も貫《つらぬ》いて通用する原則など、見つからないと思う。

33 氏族っていうのは、ほんとうの血縁集団というわけじゃなかったの

長い歴史の流れのなかで、社会集団が纏まっていく原理は二つある。それは血縁と地縁だが、古く遡るほど血縁の方がつよく働くという。この血縁集団は、どうやって作られたのだろうか。

江戸時代まで、六歳までに死没した子は水子《みずこ》つまり流産と同じに扱われた。魂が定着していないからとかいわれてきたが、ようするに病気に堪えられないのだ。江戸時代には、乳児まで入れると、出生児が十人いるとすると六歳までに三人が失われ、十六歳まで生きられるのは五～六人だった。さらに成人女性の四人に一人は、出産のために死亡していたらしい（鬼頭宏氏『人口から読む日本の歴史』講談社）。江戸時代でもそうならば、食糧事情と保健衛生状態が苛酷だった原始時代には、出生数を増やすことがなによりの課題だった。恋愛などは夢のまた夢のことで、一婦に多夫が通じ、一夫が多婦に交わった。子の父は特定できず、母と子の関係しか確かでなかった。そこでまずは母系原理の血縁集団が成立した。同一の血を有している集団、氏族共同体の登場である。

日本にもたぶんこうした原始的な段階があったろうが、古代の氏はそういう古典的な母系の血縁集団でなかった。男性原理の父系の血縁集団であり、しかも大和王権下の支配者集団だけに通用した集団原理であった。ウヂは古代語で udi と発音され、語源は「内・生み血・生み路《ち》・産み筋《すじ》」などが候補だが、日本語の d と韓国語の l が対応関係にあるので韓国語の「ul（族）」がもとかもしれない。蒙古・トルコ（キルギス）・ツングース・ブリヤートにも同根の語があり、そのどれも父系の親戚に

ついての呼称だけに用いられている。この流れにある日本のウヂは、つまり父系原理の血縁集団なのだ。では「ウヂは祖先を同じくする父系の血縁集団」とみていいのか。それがそうともいえない。『新撰姓氏録《しんせんしょうじろく》』によると、例えば阿倍（朝臣）氏は孝元《こうげん》天皇の子・大彦《おおひこ》の後裔とある。その大彦は、ほかに膳臣《かしわでのおみ》・阿閇《あへ》臣・狭々《ささ》城山君《きのやまのきみ》・筑紫国造《つくしのくにのみやつこ》・越《こし》国造・伊賀《いが》臣らの祖となっている。この六つの氏族は枝別《えだわか》れしたところであらたに固有の祖を立てて、それぞれ別の氏を名乗っているが、ともあれ阿倍氏の同族である。また多治比《たじひ》（真人）氏も、宣化《せんか》天皇の子・賀美恵波《かみえば》（上殖葉）王の後裔で、この枝族に偉那公《いなのきみ》という同族がいる。系譜上は、ともかくそういうことになっている。

しかしこの氏族関係はかなりインチキくさい。

田辺（史《ふひと》）氏を例にとろう。田辺史の末裔が藤原不比等《ふひと》の養育に当たり、その氏の姓《かばね》である史が不比等の名のもとになった。この挿話で著名な氏である。田辺氏は『新撰姓氏録』に豊城入彦《とよきいりひこ》（崇神《すじん》天皇の子）の四世の孫・大荒田別《おおあらたわけ》命の後裔とあるが、渡来系の多く住む河内国飛鳥戸郡《あすかべぐん》に族員・田辺史伯孫《はくそん》がいて、姓からも渡来系の氏族と知られる。ところが天平勝宝《てんぴょうしょうほう》二年（七五〇）、田辺史難波《なにわ》は同族と称して、群馬の雄・上毛野君《かみつけののきみ》の氏姓を貰ったのだ。大阪に本拠をおく渡来系氏族と群馬の土着豪族。出身も性格も異なる二つの氏族がどうして同族として結び付けられたのか。それは朝鮮経営への関わりで生じたらしい。上毛野氏はたびたび朝鮮半島に派遣され、そのときに田辺氏が通訳・交渉に動員されていた。二氏はこの関わりから同族関係を結び、中央政界への影響力の拡大をはかった。田辺史がより上のところに祖先名を捏造し、上毛野君の系譜と繋ぎ合わせたのだ。こうしてみると、氏族は祖先をともにする父系の血縁集団ではない。そういう建前で集まった擬制的な血縁集団である。

34 古代東国の庶民でも、夏の家と冬の家を持っていたんだって

考古学調査の魅力の一つは、文献史料であきらかにできない具体的なイメージが、いとも簡単に与えられるところだ。古代農民の生活を描写するとき、文献では山上憶良《やまのうえのおくら》の貧窮問答歌《びんぐうもんどうか》の一節をよく引く。そこには「伏せ盧《いお》の　曲げ盧の内に　直土《ひたつち》に　藁《わら》解き敷《し》きて」（『万葉集』巻五・八九二）とあるから、地面まで屋根を葺《ふ》きおろした竪穴式《たてあなしき》半地下の住居というイメージになる。古墳時代も奈良時代の庶民も、縄文時代以来変わらぬ生活を送ってきたのかと思ってしまう。しかし、それは違った。

かつて古代都市・ポンペイはイタリア南部のナポリ湾岸にあって栄えていたが、七九年八月二十四日に壊滅した。ベスビアス火山がとつぜん噴火し、その火山礫《れき》・火山灰などに覆《おお》われて消えたのだ。それが十八世紀半ばに発掘され、城壁・神殿・壁画・円形劇場などが当時のままに出現した。日本のはこれほど広くないが、そうしたことがおきた。群馬県子持村《こもちむら》の黒井峯《くろいみね》遺跡・西組《にしぐみ》遺跡がそれである。古墳時代の六世紀中ごろにおきた榛名《はるな》山の二ツ岳の噴火で大量の軽石《けいせき》・火山灰が撒きちらされ、火砕《かさい》流《りゅう》も周辺を襲った。村は二㍍《メートル》以上のあつい堆積物の下に埋まり、人々の記憶からは消え去った。それが昭和五十七年（一九八二）からの発掘で、この世にふたたびその姿をあらわした。

黒井峯遺跡は榛名山北東十㌔《キロメートル》にあり、吾妻《あづま》川に面した河岸段丘《かがんだんきゅう》上に位置する。一戸は五〜六軒くらいの家で構成され、周囲には柴垣《しばがき》が巡らされていた。それが現在まで七単位分出土している。その中のある単位の居住用家屋には、平地式建物のほかに、憶良の歌にあるような竪穴式住居があ

った。主流は平地《ひらち》式建物で、五×六《メートル》くらいの平面の内部には柱が立っていない。つまり壁の力で支えられている。内部には壁ぎわに木組《きぐ》みか篠竹《しのだけ》などを敷き詰めて作られた寝床（土座）のあとがあり、竈などもあった。一方の竪穴式住居は面積五×六《メートル》で、深さが一・五《メートル》。屋根は土屋根といって、茅で葺いた屋根に土を載せ、さらに茅で覆っている。竪穴を掘って出た土は穴の周囲の周堤帯《しゅうていたい》をつくるもとになり、この堤が葺き下ろした屋根の下から入ろうとする風を遮断する。竪穴式住居はあるにはあったが、厳寒の冬をこすための特別な居住設備だったのだ。

　黒井峯遺跡の北二〇〇《メートル》のところにある西組遺跡からも、やはり柴垣で囲まれた古代の戸が発掘されている。そこには十棟分の建物跡があった。平地式建物は六棟で、うち三棟は円形のサイロの形をしている。高床式建物は二棟で、穀物などの倉庫だったろう。居住用建物はどれも同じようなつくりである。いままで、東日本に平地式建物が普及するのは遅いといわれていた。しかしまさに百聞は一見に如《し》かずで、そのイメージは完全に払拭されてしまった。

　これらの遺跡からは、数棟の家畜小屋も見つかっている。切妻《きりづま》屋根の下には外壁がなく、内部を三〜五部屋にわける間仕切りがあるだけ。そして小屋の外には排泄溜めとみられる溝や窪みがある。その排泄物の脂肪酸分析から、なかに牛が飼われていたことがわかった。彼らにそんな資力などないとかつてはみなされてきたが、古代東国でも広く牛耕が行われていたのである。また建物の脇や柴垣の外にもかなりの面積の畑があり、麦・鳩麦・豆などが栽培されていた。

　十万平方《メートル》の遺跡のうちのまだ三割しか発掘されていないが、六世紀中ごろの農村の全容を目にできる日も近そうだ。

35 「帰化」人ではなく、渡来人ならいいのか

古代史上の表現となると、言論界・出版界は神経質に「帰化《きか》」という言葉を避けてきた。しかし、現代のことになると「関取《せきとり》の小錦《こにしき》が帰化した」とか「サッカーのラモス・瑠偉《るい》が帰化した」と平気で使っている。たしかに現代ではただの法律用語でしかないが、この人たちは帰化のほんとうの意味を知らないのかと耳を疑ってしまう。

このもとは古代中国にある。古代の中国人の自己中心的で尊大な観念であり、中華思想の副産物である。中華思想は三世紀末の『三国志《さんごくし》』に見られるが、そのおこりはもっと溯った西周《せいしゅう》あたりかといわれている。中国中原《ちゅうげん》にもともと住んでいた漢《かん》民族は、高い黄河《こうが》文明を創《つく》り出したことで知られる。その高い文化をもとに支配領域を拡大していったが、拡大とともに接することとなる辺境異民族からは、格好の掠奪《りゃくだつ》の対象とされた。異民族の激しい侵攻に悩まされた漢民族の人たちは、民族的団結の理念として漢民族の絶対優位を前提とした世界秩序についての思想を掲げた。自分たちの居住している所こそが世界の中心・中華である。そこにはすぐれた皇帝がおり、人が人である要件となる礼儀の整った社会が営まれている。そこの人々だけが、徳の高い皇帝のもとに文化的な生活ができている。しかしどんな皇帝の徳も、あまりに遠い辺境にまでは届かない。辺境の荒れた土地には、窮迫し礼教を弁《わきま》えず、禽獣《きんじゅう》以下の生活をする野蛮人が住んでいる。そういう観念世界の構図ができあがった。

そこに、帰化という思想が発生する。非文化的な野蛮人の住む辺境から、皇帝の徳治に包まれた中

国国内に居を移す者がいたらどうするか。野蛮な人たちのなかにも、すぐれた皇帝のもとで暮らしたいという者がいよう。またすぐれた皇帝の徳に接したならば、そこに住みたいと願うのが人の心のとうぜんな動きである。もちろん野蛮人が住んでいる辺境からくる者が、中国皇帝以上にすぐれているはずがなく、だれもが皇帝の徳を慕《した》うから中国に入ってくるのだ。それ以外の動機で、入国してくるはずはない。つまり王「化」に「帰」依したいわけだから、その行為は帰化と表現される。

日本はもちろん中国から見れば東辺の野蛮人（東夷）の国だが、日本は中国から律令《りつりょう》制度などを導入しているうちに、この中華思想を吸収してしまった。そして日本を中華とした小さな中華主義をとった。客観的には対等な立場と見られる渤海《ぼっかい》や朝鮮諸国との通交でも、日本という中華への朝貢だったと記している。そして『日本書紀』では、帰化という語句をたくさん散りばめた。年代順では、早くは垂仁《すいにん》天皇二年条に見られ、大加羅《だいから》国の都怒我阿羅斯等《つぬがのあらしと》が「日本国に聖皇がいると聞いて、帰化した」とある。また推古《すいこ》天皇三年（五九五）に、高句麗《こうくり》の僧・慧慈《えじ》が来朝して、聖徳太子の仏教上の師となったというくだりに「高句麗の僧慧慈が帰化した。そこで（聖徳）太子の師とした」とある。

こうした『記紀』にある用語を日本史の叙述でもそのまま使っていたが、これに対して第二次世界大戦後に国内外から批判が起きた。

もともと、日本の国内要因だけで歴史が発展してきたわけじゃない。東アジア世界全体のなかで、日本の国内政策の意味を捉えようとする動きが強まり、さらに東アジア世界では日本が朝鮮三国より一ランクが低く扱われたことも分かってきた。そうしたなかで、「戸籍が整備」され「国家が成立」してこそはじめて「帰化」が成り立つ。国家形成のおそい日本では、渡来した人たちが一緒になって国家を作っている段階なのだから、帰化という表現は穏当でない、との意見が出された。日中・日韓の学術交流もさかんになり、そのなかで「帰化の実態もないのに、中国・朝鮮からの渡来人を帰化人と呼ぶことは、『記紀』の歴史観で歴史を見ることになる」と批判を受けた。戦前の日本は古代の蕃《ばん》夷《い》思想を信じ込んでいたから、日本が東アジアに侵略してもそれが正当だと思えてしまった。そのことの反省も底にあって、歴史学界・教育界・出版界は帰化人を渡来人へと改めたのである。

筆者はその趣旨の大半に賛成するが、ある歴史段階での思想表現として帰化の語を棄て切れない。「帰化」の言葉に当たる実態がないのは事実である。だがそれならば、中国でもそんな実態などどこにもありはしない。商売のために中国に渡った人も、政略の必要から心ならずも中国に移住した人もいただろう。そもそも帰化という観念は、じっさいに渡来してくる人たちの側ではなく、受け入れる側の人たちのしかもそのトップ数人が一方的に思いこめば成り立つものである。

「帰化」は、戸籍が成立してもいない国家未成立の日本にはいえる資格がないという。しかし「国籍の変更」という規準には意味がない。国籍の変更などという感覚は近代的なもので、前近代ではその国に住み続けていればいつでもその国の人になる。また戸籍制度の有無も規準にならない。戸籍のない時代・戸籍のない国家などいくらでもある。現代のアメリカ合衆国でも戸籍などありはしない。日本では、延暦《えんりゃく》二十三年（八〇四）に渡来系の和家麻呂《やまとのやかまろ》が中納言《ちゅうなごん》になった。彼の薨伝《こうでん》には「蕃人が相府《しょうふ》（内閣）に入ることは、ここからはじまった」（『日本後紀』）と書かれていて、百済《くだら》武寧《ぶねい》王の子・純陁《じゅんだ》太子《たいし》の後裔《こうえい》という血筋は蔑視《べっし》の対象とされていた。宮廷人がそう思いこみ、それで物事に差を付けてきたような特殊な言葉を、ただ渡って来たという意味しかない渡来の語に換えてしまうとする。それでは律令制成立とともに小中華帝国となったと自負《じふ》し、蕃夷観をもって国交を展開してきた日本の国家意識は無かったことにされてしまう。筆者は、歴史上の文化遺産としてなら、この表現は許されてよいと思う。

さらに、「渡来」人という用語は適切でない。筆者（「検証・帰化人と渡来人」『古代の神々と王権』所収）も指摘したが、水野祐《ゆう》氏（「古代日朝関係と『帰化人』」）も、渡来人ではそこに住み続ける意思がふくまれないと批判している。たしかに歴史用語として定着させるとなると、「渡来」では二つの欠点がある。一つはいま書いたが、もう一つは二世代目からは渡来人に当たらないことだ。古代日本でいう帰化系は、その子孫にも長く引き継がれていく特殊な呼称である。

そこで住み続ける意思を表現しようと、「朝鮮からの『移住民』」〈山尾幸久氏〉という案が出された。移住民なら住み続ける意思は伝わる。だがこれも渡来一世《いっせい》だけに合う言葉で、日本国内で生まれた二《に》世《せい》・三世は移住民でない。渡来から五世代も経った氏族を移住系氏族と表現されては、かえって論議が混乱する。

そこで荒井秀規《ひでき》氏（「古代相模の『渡来人』と『帰化人』」）では、すべてを渡来人という歴史用語でくくり、そのうち王権・政府が帰化と見なした人を帰化人としたら、という。しかし帰化といえる資格を持つ王権・国家はいつ成立した、とするのか。権力組織の充実ぶりや外交交渉の内容などを指標としても、その段階づけなどでの異論は多い。統治組織や国土を持ったクニなら弥生初期からあり、卑弥呼《ひみこ》は魏《ぎ》と国交している。国家の完成度をどう量《はか》るかで、渡来と帰化の境目は一〇〇〇年も動く。帰化という指標を定めるものの成立の指標が問題となり、解決策になっていない。

36 隼人《はやと》は、大和王権にどうやって反抗心を表したか

くわしい経緯は略すが、弟の彦火火出見尊《ひこほほでみのみこと》（山幸彦）は兄の釣り針を見失い、兄からどうしても元の釣り針を返せと要求された。山幸彦は海神の宮に赴き、釣り針を取り戻した。ことのなりゆきを聞いた海神は兄の悪意を受けることを心配し、懲《こ》らしめようと考えた。そこで山幸彦に兄が貧しくなるような呪文を教え、さらに潮乾珠《しおひるたま》と潮満珠《しおみつたま》を持たせた。この珠には水を統御《とうぎょ》する機能がある。ほどなく山幸彦は地上に戻った。兄が高田を作れば自分は下田《しもだ》に、兄が下田に作れば高田に作った。ところが兄の方は水がいつもこなくて、作物はことごとく枯れた。弟の方はかならず豊作になる。海神が統御しているからである。兄はおもしろくなく思い、腹いせのために弟に戦いをしかけてきた。そこで二種の珠を駆使《くし》し、兄を溺《おぼ》れさせまた救った。兄は降伏し、ついに山幸彦の臣下になることを願った。隼人たちが宮廷で演ずる隼人舞は、この溺れたときのしぐさを演じているのだ、という話である。

『古事記』『日本書紀』によれば、隼人《はやと》の祖は火闌降命《ほすせりのみこと》つまり海幸彦である。この話をまともに信じれば、隼人の祖は高千穂に降臨した邇邇芸命《ににぎのみこと》の長子である。神武《じんむ》天皇の祖父の兄つまり大伯父《おおおじ》に当たる。しかし九州の隼人が大王家の遠縁の親戚に当たるなど、とても考えられない。むしろ隼人たちは、相手が大和王権から律令国家に変わってもなお激しく抵抗しつづけている。

隼人の住む日向《ひゅうが》・大隅《おおすみ》・薩摩《さつま》の地に大和王権が手を伸ばしてきたのは、いつだったか。たぶん、五世紀前半あたりだったろう。その五十年後、あきらかに畿内政権つまり大和王権の影響

を受けた前方後円墳《ぜんぽうこうえんふん》が見られるようになった。宮崎県延岡《のべおか》市に浄土寺山古墳（全長三十四・五メートル）・天下北古墳（全長七十九メートル）が成立し、やや南の児湯郡新田原《こゆぐんにったばる》でも下屋敷《しもやしき》一号墳（全長二十七メートル）が築かれる。ずっと南にさがった大隅半島の曽於郡《そおぐん》志布志《しぶし》町に飯盛山《いいもりやま》古墳（全長八十メートル）、同郡大崎町に天子ケ丘古墳（四十八メートル）・横瀬古墳（全長一三五メートル）、また肝属郡《きもつきぐん》東串良町にも唐仁《とうじん》大塚古墳（全長一三七メートル）などができている。前方後円墳という墳形は、もともと大和地方かまたは吉備地方あたりに発生したものである。少なくとも、隼人の地ではあきらかに自分たちの文化じゃないとわかる代物《しろもの》だった。それがこの地に導入されたということは、地元の支配層が大和王権の圧力に屈した現実をまざまざと見せつけられるものだった。

しかし支配層がいかにまるめこまれて屈服しようと、下部の者まで「右に倣《なら》え」と付き従いはしなかった。その抵抗の証拠は数々ある。まずは隼人たちの墓の造り方だ。一般の隼人たちは、三種類の墓を造っていた。第一は熊本県南部・鹿児島県西北部で、ここには地下式板石積《いたいしづみ》石室墓がある。地下に石室を掘

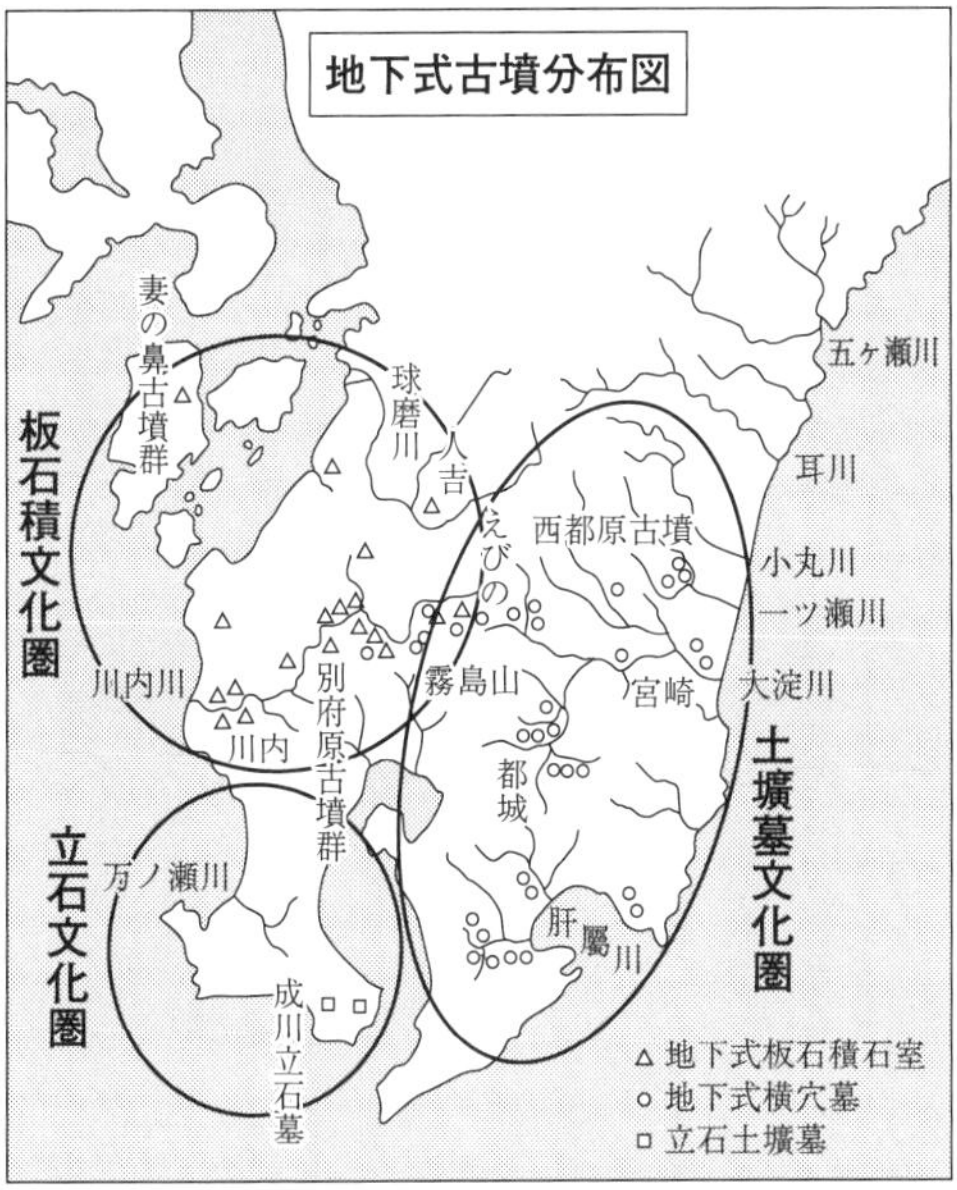

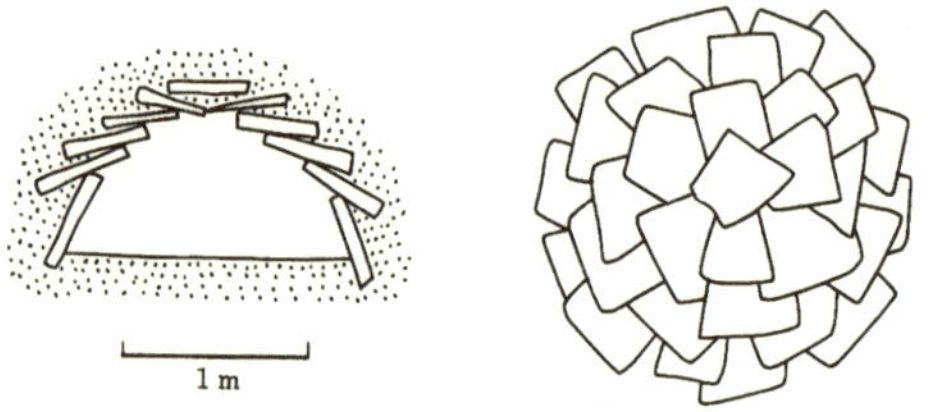

地下式板石積石室模型図
（井上辰雄氏『熊襲と隼人』教育社より）

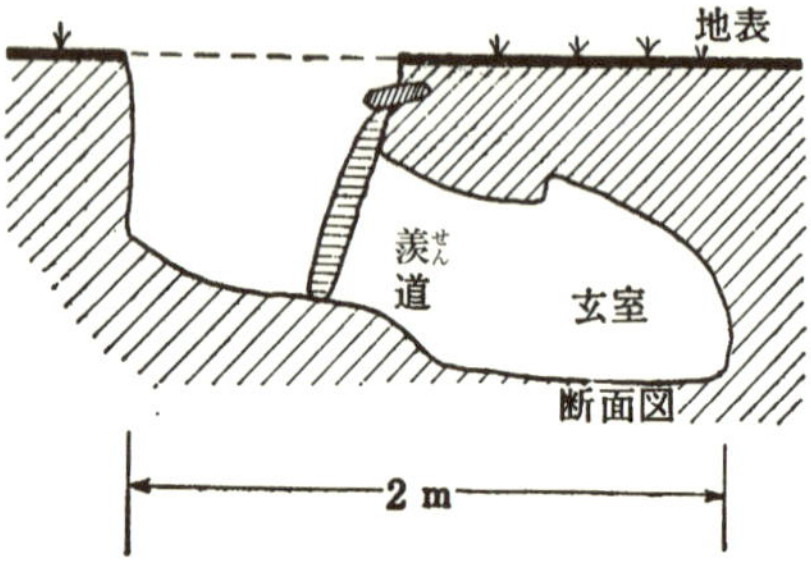

地下式横穴（地下式土壙）墓断面図
（中村明蔵氏『熊襲と隼人』評論社より）

り、石室の天井を板石を持ち送ってドーム状にする。第二は薩摩半島南部。ここでは立石土《たていしど》壙墓《こうぼ》がある。そして第三は宮崎県中部・南部と鹿児島県東部。ここには地下式横穴墓《おうけつぼ》がある。竪穴を掘り、それから横穴を掘る。地下式横穴墓も地下式板石積石室墓も地表には出ない、いわば地下活動だ。なかでも地下式横穴墓は、律令国家の目を逃《のが》れて、八世紀まで作られつづけた。また『続日本紀《しょくにほんぎ》』によれば、文武《もんむ》天皇二年（六九八）には辺境を視察しにきた政府の国覓《くにまぎ》使《し》が脅《おど》され、養老《ようろう》四年（七二〇）には大隅国守が殺害されている。隼人の抵抗心は、そう簡単に消えるものではなかった。どうやら隼人神話の挿入は、「神話で優遇しとくから静かにしていてよ」という願いだったようだ。

第二章
飛鳥時代

01 飛鳥っていうのは、どこからどこまでのことなの

明日香村は、大和王権下に首都が置かれていた地域として著名である。時代区分として使われ、飛鳥時代という言葉もある。飛鳥時代というのは、崇峻《すしゅん》天皇五年（五九二）十二月に推古《すいこ》天皇が豊浦《とゆらの》宮《みや》で即位してから和銅《わどう》三年（七一〇）三月に元明天皇が平城宮（京）に遷都するまでの一二〇年間のことで、飛鳥地方とその近傍に王宮がほぼ連続して置かれたからそう名付けられた。

「なぜ飛鳥・明日香と書き、どう書き分けているのか」という質問をよく受けるが、その答えはなかなかむずかしい。アスカという日本語に、明日香という漢字があてられた。もちろんあてる漢字は安宿でも、亜春歌でも、アスカという和訓《わくん》が読みとれれば表記はなんでもよかった。飛鳥は、その意味ではアスカと読めないが、これはアスカという地名の枕詞《まくらことば》だからである。つまりアスカという音を聞くと、古代人には鳥が飛び交《か》う風景が思い起こされた。そこで「飛ぶ鳥のアスカ」という成句《せいく》ができたのだ。そのうち「飛ぶ鳥の」とはじめると、「アスカのことね」といわれてしまうようになり、もう「飛鳥」と書いただけでアスカと読むようになった。こうして明日香でも飛鳥でも、アスカと読めるように、いやみんなが読むようになってしまったのである。こうしたことはほかにもあり、春日《かすが》は「春の日のカスガ」だったが、もうカスガのもとの字がわからなくなっている。日本は、読みがニッポンかニホンかでかつてもめていたが、じつは和訓はヤマトである。「日《ひ》の本《もと》のヤマト」つまり「日出《い》づる処《ところ》」の意味であって、「東から昇ってくる太陽の下《もと》にあるヤマト」である。

現代の明日香村はもちろんその故地《こち》にあたるのだが、いまの範囲とはだいぶ異なっている。いまの明日香村は、昭和三十一年（一九五六）七月に高市郡《たかいちぐん》高市村・阪合《さかあい》村と飛鳥村が対等合併してできた新村である。飛鳥村の名のままでは吸収合併に見えるというので、明日香村という新しい名の村に三村が寄り集まる形とした。だからいまの村域の大半は、かつての飛鳥でない。近鉄飛鳥駅は、明日香村内のなかのただ一つの駅なので飛鳥駅と命名したそうだが、古代飛鳥の地とは関係がない。

さて、では古代の飛鳥はどこにあたるのか。

それは、きわめて狭い範囲である。『古事記』『日本書紀』などで飛鳥の名のつくところを逐《お》っていくと、近《ちかつ》飛鳥八《や》釣《つり》宮・飛鳥真神原《まかみがはら》・飛鳥苫田《とまだ》・飛鳥岡の傍・飛鳥板蓋宮《いたぶきのみや》・飛鳥河辺行宮《かわべのかりみや》・飛鳥岡本宮・後飛鳥岡本宮・飛鳥川原宮・飛鳥浄御《きよみ》原宮《はらのみや》という飛鳥を冠した地名が見られる。つまり八釣・真神原・苫田・岡・岡本・浄御原・川原・河辺の地だけが、古代に飛鳥といわれていた地域である。八釣は大原の西側にいまも地名があり、真神原は飛鳥寺の所在地。岡は天理教会などがある所で、川原は川原寺が建っている。つまり甘樫《あまかしのおか》丘山頂から東南の眼下に一望できる飛鳥川東側の一帯で、南北一・六×東西〇・八キロメートルの狭い所が飛鳥である。ということは、川原寺の南の橘寺は飛鳥でない。推古天皇が即位した豊浦宮も小《お》治田《はりだ》（小墾田）宮も、飛鳥とつかないから、これも飛鳥でなかった。

飛鳥はいまでは奈良盆地の南端で、不便なところとなっている。しかしかつては北に難波《なにわ》と伊勢《いせ》を結ぶ横大路《よこおおじ》が通り、南は紀伊《きい》、北は直線道で大和北部・山背《やましろ》などと結ばれる交通の要衝《ようしょう》であった。しかもすこし奥まっていて防衛的な観点からもよい場所で、高みにあるために土地が乾いてもいた。古代豪族の本拠地もほど近く、長い間ここに都が置かれるにふさわしい立地条件を備えていた。

02 推古《すいこ》女帝が即位したのは、金の力に助けられたの

推古天皇は、日本の天皇（大王）史上最初の女帝である。もちろん邪馬台国には女王・卑弥呼《ひみこ》がいたが、『魏志《ぎし》』倭人伝《わじんでん》でも「その国、本《もと》また男子を以《もっ》て王となし」とあり、弥生中期でもすでに男王が常識になっていた。卑弥呼もそうだが、女帝は適当な男子がいないときの特別な処置であった。男子がいないとは、大王家内と臣下たちが揃って推挙《すいきょ》できる男子候補者がいないという意味である。

推古女帝の即位についても、そうした事情があった。欽明《きんめい》天皇の子・敏達《びだつ》天皇が没し、後継の用明《ようめい》天皇は二年で病没。大王位に名乗りをあげた欽明天皇の子・穴穂部《あなほべ》皇子は蘇我馬子《そがのうまこ》に制圧され、その弟・泊瀬部《はつせべ》皇子は崇峻《すしゅん》天皇となったものの、馬子に暗殺された。こうして大王候補は、欽明天皇の孫世代に移った。だが、敏達天皇の子・押坂彦人《おしさかのひこひと》皇子は病没し、竹田皇子も病弱。用明天皇の子・厩戸《うまやど》皇子（聖徳太子）には王位継承の資格とみなされている大兄《おおえ》の称号がなく、大王としては若すぎた。

そこで欽明天皇の娘で、かつ敏達天皇の皇后ともなっていた額田部《ぬかたべ》皇女、つまり推古女帝に白羽の矢が立った。彼女はすでに大王家の長老であり、裏面から政界を見渡してきた。とうじもっとも政治をよく知っている人と見なされ、期待されたのである。そうした政治的な実力があったのは認めるとしても、なぜ彼女がはじめての女帝となったのだろう。

じつは彼女が登場するちょっと前にも、女帝になりそうだった人がいる。春日山田《かすがのやまだ》皇女といい、安閑《あんかん》天皇の皇后である。宣化《せんか》天皇四年（五三九）十月、宣化天皇が七十三歳で没した。その跡継《あとつ》ぎが問

題となっていた。継体《けいたい》天皇は、越前《えちぜん》から大和王権の大王に迎えられた。その時点で安閑天皇・宣化天皇はすでに高齢で、孫でさえ跡を継げるほど大きかった。しかも継体天皇の大王就任にあたっては前王系への入婿《いりむこ》が条件とされたので、継体天皇は仁賢《にんけん》天皇の娘・手白香《たしらか》皇女を皇后とし、さらに子の安閑天皇・宣化天皇も仁賢天皇の娘を正妻とした。こうした経緯のために継体天皇の没後は、安閑天皇・宣化天皇の宮廷と、継体天皇の嫡妻・手白香皇后の子である天国排国広庭《あめくにおしはらきひろにわ》皇子（欽明天皇）の宮廷とが、並立してしまった。宣化天皇の没後、欽明天皇は安閑・宣化朝との和解を持ちかけ、大王位を安閑天皇の妻・春日山田皇女に預けようとした。「自分は幼くて知識が浅く、政治に熟達していない。政務に明るい皇后に政務の決裁をお願いしたい」といい、「彼女に政権を移譲する」と提案した。しかし皇后は「人々はいまやあなたの登場を待っている」と答え、これによって欽明天皇のもとでの宮廷統一が実現した。もし春日山田皇女が引き受けていれば、彼女が最初の女帝となっていた。

こうした事態は雄略天皇のあとにも起きた。履中天皇の娘・飯豊青《いいとよあお》皇女は、億計《おけ》王（仁賢天皇）・弘計《をけ》王（顕宗《けんぞう》天皇）が播磨《はりま》で発見されるまで、事実上女王として葛城《かつらぎ》の高木角刺宮《たかぎのつのさし》に君臨していた。

王系を確実に繋いでいく女子の政治力。乱世のなかで、それが評価される時代になっていた。もちろん政治的な力量という資質も大切だが、いま一つ欠かせないものがある。それは財力だ。額田部皇女が大王となれたのは、私部《きさきべ》という拠《よ》って立つ基盤を持っていたからである。私部は皇后の地位に付属し、経済基盤ともなり、各種労働力の供給源にも、武器を持たせれば軍事力ともなった。これが発言の裏付けとなって、政治力を高めた。こうした力の裏付けがなければ、仲裁も調停も無視され、女帝の任務など果たしえなかったろう。ただの「女帝候補」と推古「女帝」の差は、そこにあった。

03 馬子《うまこ》の前で、猪の話だけは御法度《ごはっと》ですよ。まさかまさかの大コンプレックス

古代最強の権臣《けんしん》といえば、大臣《おおおみ》の要職にあった蘇我馬子《そがのうまこ》だろう。政敵だった大連《おおむらじ》・物部守屋《もののべのもりや》を、用明《ようめい》天皇二年（五八七）に河内《かわち》・渋川《しぶかわ》に追いつめて討ち滅ぼした。さらにその直後に擁立した大王・崇峻《すしゅん》天皇でさえ、崇峻天皇五年（五九二）に東漢駒《やまとのあやのこま》をつかわして暗殺してしまったのだから。そこまでやるかというほどすごい、力任《ちからまか》せの恐怖政治である。

その権力は、国内だけでならば、主筋にあたる大王（天皇）家の力を超えていた。恐れるものはなにもなく、大王家の固有財産の割譲を迫るほどだった。推古《すいこ》天皇三十二年（六二四）十月、馬子は、「葛城県《かつらぎのあがた》は、元来自分の本居《うぶすな》（氏族発祥の地の意味）である。その地の名を自分の姓名《かばね》としている。だからこれを自分に譲ってもらいたい」と迫った。大族・葛城氏は、五世紀前半、朝鮮半島で葛城襲津彦《そつひこ》が活躍した。襲津彦の娘・磐之媛《いわのひめ》は仁徳《にんとく》天皇の皇后となり、履中《りちゅう》天皇・反正《はんぜい》天皇・允恭《いんぎょう》天皇の三代の大王の生母であった。しかし五世紀後半の大臣・円《つぶら》の時に、眉輪《まよわ》王を匿《かくま》って雄略《ゆうりゃく》天皇と対立。葛城本家は雄略天皇に討滅され、いっきょに没落した。没落してひさしい葛城本家に、「そろそろ没収地を返還してやれよ」というのなら話もわかる。その枝族にすぎない蘇我氏に渡すいわれなどない。葛城県だって、皇室領に設定されてからすで久しい。推古天皇は「私は渡したいけれど、後世の人が『愚かな婦人』と謗《そし》るだろうから…。大臣も、のちのち不忠といわれようし…」という気弱な弁解で、はなはだ歯切れが悪い。筋を通すのにも一苦労で、それほど怖がられた人物だったのである。

その馬子にも弱点があった。背が短くて、小太りで猪首《いくび》。その身体的な特徴を、とても気にしていたらしい。それをからかわれると、どうしても許せなくなる性格だったようだ。

敏達《びだつ》天皇十四年（五八五）八月、敏達天皇の殯《もがり》（埋葬までの遺体安置・仮葬儀所）の庭で、大連・物部守屋と出くわした。そのときに守屋は、背丈のわりに長い大刀《たち》を佩《お》びている馬子の姿を見て、「まるで猟矢《ししや》で射られた雀みたいだ」と嘲笑《あざわら》ったのだ。馬子はこれを聞いてもちろん怒って、守屋が病気のせいか小刻みに体を震わせながら大王の棺の前に立つのを見て、「体に鈴をかけてみたら面白かろう」とやり返したという。週刊誌でもあったら、格好のゴシップ・ネタというところだ。

また崇峻天皇五年、山猪を献上された崇峻天皇が「この猪の首を斬るように、自分の嫌いな男の首を斬りたいものだ」といった。この呟《つぶや》きが、崇峻天皇の妃・大伴小手子《こてこ》を経て馬子に伝わった。通報した小手子も、聞いた馬子も、この言葉は崇峻天皇が馬子を殺したいという意味でいったのだと悟《さと》れた。だから馬子は、東漢駒に命じて大王を暗殺させたのである。「猪の首を斬りたい」と表現したことが、自分のことをさしていると分かる。馬子はそれほど自覚していたのである。

自分の外見をからかい・嘲笑われたからといって、二度と口が利《き》けなくなるように殺してしまうというのは短絡な発想だ。だが、馬子は体型コンプレックスの強い男だったようだ。

『日本書紀』には、人の身体的な特徴をもって悪しざまにいう例があまりない。反正天皇は「御歯の長さ一寸二分、上下等《ひと》斉しく、既に珠を貫《つらぬ》けるが如し」（『古事記』）とって、長い立派な歯をもつことから瑞歯《みずは》別《わけ》大王と呼ばれた。これは歯槽膿漏《しそうのうろう》が進んでいるという警告ではなく、誉《ほ》め言葉である。

ともあれ動物の名を付けてもよいが、猪・蜘蛛《くも》などの動物に例えられるのは侮蔑《ぶじょく》、と感じたようだ。

04 石舞台《いしぶたい》古墳は、蘇我馬子《そがのうまこ》の墓としてもいいの

飛鳥には、石舞台という名所がある。三十個以上の花崗岩《かこうがん》を組み合わせて作られたもので、石室《せきしつ》の大きさは長さ七・七×幅三・五×高さ四・七メートル。石室に入るための道（羨道《せんどう》）は、長さ十一×幅二・五メートルもある。全長十九メートルにも及ぶ石室であり、全国屈指《くっし》の大規模な埋葬施設である。

この石室は、横穴式古墳の主体部にあたる施設である。遺骸は石棺などに入れられるが、その石棺を納めておく、古墳ではもっとも重要な部屋である。かつてはもちろん、この石室の周囲は盛《も》り土《つち》で厚くまた堅く覆《おお》われていたはずである。それがどういう事情か分からないが、大半の土が剝《は》がされてしまい、おおもとの石組みだけが露出してしまったのである。この石組みの形がまるで村芝居の舞台のようだったので、いつしか「狐なんかが、あそこの上で踊っていたわよ」「そうそう、おれも見たぜ」とかの無責任な噂がたった。そこで、石舞台と名付けられたということになっている。

この古墳の遺構は、ふるくから六世紀末から七世紀初頭に権力をふるった大臣《おおおみ》・蘇我馬子の墓といわれてきた。というのも、このあたりの地は島庄《しまのしょう》と呼ばれているからだ。『日本書紀』によると、馬子は推古《すいこ》天皇三十四年（六二六）五月に死没し、桃原墓《ももはらのはか》に葬られたとある。また、彼の家は飛鳥川のほとりにあった。その庭には小さな池があって、その池のなかに小さな島が築かれていたので、時《とき》の人は馬子のことを「島の大臣」といったという。だから、ここをいまも島庄というわけで、その地に島大臣の墓があるのならば、まさに話がぴったり合う。

たびかさねての発掘調査のなかで、いろいろなことがわかってきた。

この石室はいまはもちろん空だが、かつてはすこし石棺のかけらが残っていた。凝灰岩《ぎょうかいがん》製の家形《いえがた》石棺だったようで、その形は石舞台古墳の南側に復原展示されている。この時代観が七世紀前半あたりとされていて、馬子の墓として矛盾しない。だから馬子の墓だとまではいえないが、さらに馬子とみなしうる根拠がある。

第一に、いまの古墳は下段部しかなく、その形は東西五十五×南北五十二メートル《メートル》の正方形に近い。この上段の墳丘は円形となっていたようで、上円下方墳《じょうえんかほうふん》つまり粒状のアーモンド・チョコレートのような形状だったらしい。この墳形であれば、それには天地の支配者という中国の思想が反映している。円形は天空・天上界《てんじょうかい》の意味で、下の四角は国土・地上界を意味し、国土が天空を載せた形である。つまり全世界の支配者であることを表した形象だというわけだ。これだけの規模の古墳であれば、生前から着手されたものだろう。大王家の王宮の置かれた明日香の眼前で、世界の支配者であることを標榜するような不遜《ふそん》な古墳が造れる。それは、巨大な権力を握った人つまり蘇我馬子に違いない。

第二に、石舞台古墳には空濠《からぼり》と外堤がめぐらされており、墓域は東西八十一×南北八十三メートル《メートル》となる。この範囲を調査すると、石舞台古墳の下層からはいくつもの古墳のあとが出てくる。古墳造営時に、きれいに削りとられてしまったのである。ところがその消滅させられた古墳というのが、石舞台古墳築造の四半世紀前くらいに造営されたばかりのものなのだ。その古墳に葬られた人の近親者もまだ健在だったろうに、その憤慨・悲哀をものともせず破壊させた、人もなげな人物。そんな横暴が許されるのは、だれだろう。やはり石舞台古墳の主のイメージは、蘇我馬子に限りなく近いようである。

05 寺院造営には、信仰の聖域と軍事施設の両面があったんだって

寺院でほんらいいちばん大切な施設は塔である。寺院は、もともと釈迦《しゃか》の骨（舎利《しゃり》）を納めた卒塔婆（ストゥーパ）を崇拝・信仰するところにはじまったからだ。

日本で最初の本格的寺院建築は、飛鳥の法興寺《ほうこうじ》（飛鳥寺）だった。用明《ようめい》天皇二年（五八七）、大臣《おおおみ》・蘇我馬子《そがのうまこ》は次期大王の擁立をめぐって、大連《おおむらじ》・物部守屋《もののべのもりや》と争った。馬子は敏達《びだつ》天皇の皇后・額田部《ぬかたべ》皇女を奉じて、守屋の擁した穴穂部《あなほべ》皇子・宅部《やかべ》皇子を殺し、さらに逃げる守屋を追いかけた。しかし物部氏は名だたる武門の棟梁であり、大王の親衛軍としてまた大和王権の全国制圧の尖兵《せんぺい》となって数々の戦功をたててきた家である。本拠地の河内《かわち》・渋川《しぶかわ》（東大阪市渋川町）に戻ると、激しい抵抗を見せた。そのなかで、蘇我馬子・厩戸《うまやど》皇子（聖徳太子）は仏の加護を祈願し、守屋を滅亡させた暁《あかつき》には寺院を建立するからと心に誓約した。おかげで守屋の忠実な側近・迹見赤梼《とみのいちい》が裏切って主人（守屋）を射殺するという奇跡的な事件が起こった。物部軍はこれで瓦解《がかい》した。馬子はこのときの誓いを忘れず、飛鳥衣縫造《あすかのきぬぬいのみやつこ》祖の家のあとに寺を建立し、仏法興隆のなかの二字をとって法興寺と命名した。

その法興寺は、奈良県明日香村・飛鳥寺安居院《あんごいん》のあたりにあった。飛鳥寺境内などが発掘調査されて一塔三金堂というめずらしい伽藍配置が発見されたが、この配置は高句麗《こうくり》清岩里廃寺《せいがんりはいじ》・百済上五里《くだらのかみごり》廃寺などの影響らしい。塔の心礎《しんそ》（心柱を据えるための礎石）の舎利孔《しゃりこう》には、建久《けんきゅう》七年（一一九六）の火災後に埋納された舎利・玉類・金鐶・金銀延板《のべいた》のほか、銅製馬鈴《ばれい》・鉄製挂甲《けいこう》などの武器具も再埋

納された。これらはかつて古墳に副葬された品々で、これを寺院に埋めたのは、寺院造営が古墳と同じ意味つまり権力の象徴となっていたからである。つづいて紀寺《きでら》・久米寺《くめでら》・山田寺など、各氏族は競って造寺に乗り出した。聳《そび》え立つ寺の塔は、信仰のためでなく、権力を象徴する施設と見られたのだ。

それだけではなく、寺院の造営にはさらに軍事的な意味あいもあった。

皇極天皇四年（六四五）に中大兄《なかのおおえ》皇子・蘇我石川麻呂《そがのいしかわまろ》らが、乙巳《いつし》の変を起こした。かれらは大臣《おおおみ》・蘇我入鹿《いるか》の屍《しかばね》に蓆《むしろ》をかけ、宮殿の前庭に引きずりだした。おりしも降《ふ》り出した雨にうたれ、庭は入鹿の血で赤く染まったという。中大兄皇子らは、子を殺された蘇我蝦夷の報復攻撃を予想し、同志を率いて飛鳥寺に入った。出家するためじゃない。「城として備える」つまり砦として立て籠もるつもりだったのだ。そして飛鳥寺から甘樫丘にいる蝦夷のもとに、降伏の勧告書とともに入鹿の屍を届けた。

同じようなことは、大化《たいか》五年（六四九）にも起きている。右大臣となっていた蘇我石川麻呂は、蘇我日向《ひむか》の讒訴《ざんそ》により、謀反《むほん》を疑われた。石川麻呂は中大兄皇子の舅《しゅうと》にあたるが、政治の世界ではイザとなれば関係ない。石川麻呂は大王（斉明天皇。ただし実権者は中大兄皇子）からの使者に謀反の虚実につき尋問され、「返事は、直接大王の御前で申し上げたい」と主張した。それで疑いを深くされたか、中大兄皇子は追討を指示した。石川麻呂はかねて氏寺として山田寺（桜井市山田）を建造中だったが、興志《こごし》・法師《ほうし》・赤猪《あかい》の三人の子とともに山田寺に入った。石川麻呂は「自分が寺に来たのは、安らかな終焉を迎えるためだ」といったというが、そうではあるまい。山田寺の発掘調査によれば、塔・講堂に先立って回廊と金堂が完成している。この建築の手順では回廊が作業の邪魔となるが、軍備を優先しているのだ。寺院はいつの時代でも軍事要塞であり、防戦・籠城できる場所とされていた。

06 冠位十二階は、いったいどこが画期的な制度だったのか

冠位十二階は、推古《すいこ》天皇十一年（六〇三）に採用された、大和王権の位階制度である。授けるべき冠の名に儒教の五常の徳目である仁・礼《らい》・信・義・智をつけ、最上階には賢者のもつべき徳を載せている。それぞれの階を大小に分けて、大徳冠から小智冠までの十二の冠位にしている。

冠は、徳冠が紫、仁冠が青、礼冠が赤、信冠が黄、義冠が白、智冠が黒で、大小の別は布地である絁《あしぎぬ》の色の濃淡で示されていた。白の濃淡は区別しづらかろうが、材質の違いなどで差をつけたのだろうか。この仁・礼・信・義・智の順は陰陽五行説の木・火・土・金《ごん》・水に対応しており、色もこの木・火・土・金・水に照応させて青・赤・黄・白・黒の順となっている。双方の対応は完全に合っていて、これは中国の知識を借用したものと見られる。

もっとも『日本書紀』に記載されているというだけでは、とうじのものかどうか疑われる。しかしこのことは『隋書《ずいしょ》』倭国伝《わこくでん》（岩波文庫本）にも見られ、「内官に十二等あり、一を大徳といい、次は小徳、次は大仁、次は小仁、次は大義、次は小義、次は大礼、次は小礼、次は大智、次は小智、次は大信、次は小信、員に定数なし」とある。隋の同時代に、日本国内で実施されていたことは疑えない。ただしよく見ると順序はちょっと違っているが、これは伝言ゲームでのご愛敬《あいきょう》というところだろう。

この制度には厩戸《うまやど》皇子との関わりが記されていないから、もともと推古女帝の発案で、かねて中央集権化策に尽力してきた蘇我馬子《そがのうまこ》が同意したものと考えてよかろう。

さて、この制度で画期的なところはどこなのだろう。

その第一は、相手との格差が視覚的に分かることだ。相手の被《かぶ》っている冠を見れば、自分との上下関係やその間の等級差がたちどころに分かる。

従来は、その本人の顔を知らなければ、すれ違った人はだれであり、どのくらいの地位の人か見当もつかなかった。いま私たちが首相の顔を知っているのは、テレビジョンのニュースや新聞の報道写真によるものだ。かつての二・二六事件（一九三六年）では、襲撃した陸軍青年将校たちは岡田啓介首相の顔を知らなかった。だから首相官邸にいて応対に出た人を首相と勘違いして殺したのである。大石内蔵助《くらのすけ》らも吉良上野介《きらこうづけのすけ》の顔を知らなかったから、刀の傷のあるなしで主君の怨敵《おんてき》と判断していた。

ところが、この冠のおかげで、確実に相手の地位が分かる。軍隊では、上意下達の関係が重要で、上官への絶対服従を求められる。そういう組織では、肩章《けんしょう》に示される星の数などで、相手を知らなくとも敬礼するよう求められる。相手の地位を視覚的にわからせることは、一定の秩序を導入するさいには重要な仕事だ。室町後期の下剋上《げこくじょう》を止めるため、戦国大名たちは衣服・持ち物に身分差をことさらに設けた。見ただけでわかるという身分上の差別が、古代社会にはじめて導入されたのである。

第二に、冠位は特定の個人に対して与えられ、終生不変でも世襲されるものでもない。降格された例はないが、制定の趣旨からいえば自在に昇降する可能性をもち、大和王権が期待するものにどれほど貢献したかが評価の基準とされた。

これまで大和王権内での序列は、姓《かばね》の差異で表現されてきた。姓の名で表される内容は、大和王権成立時の参加の仕方、大和王権との連係の内容、服属時の彼我《ひが》の格差など、ようするに大和王権とはじめて接触したときの状態がそのまま尾を引いたものだ。大和王権創業時に王権を支えた氏族はたとえば臣《おみ》姓であり、大王家の家政機関から出身した氏族は連《むらじ》姓。渡来系氏族は造《みやつこ》・史《ふひと》・村主《すぐり》などの姓で、征服された地方豪族は直《あたい》姓を与えられる。そうした来歴が反映されていたから、その意味でおおまかな序列があった。ただし地方豪族の出身でも吉備氏・出雲氏などのように臣姓の者もいて、けっして明解ではなかった。また姓をつけられたときの格付けは、いまとなっては古すぎて、七世紀初頭の氏族の現実の力量と違っていたであろう。没落したり分解した豪族もあり、勃興した豪族もあった。また氏族も一丸《いちがん》ではなく、本宗家と傍流家とがせめぎあって、それぞれに活躍の場を求めているという状態もあった。さらに伴造《とものみやつこ》氏族はいままで軍事・祭祀・裁判・配膳・屯倉《みやけ》管理など原則として氏の名として負っている職務をこなせばよく、それ以外の仕事をする場面も与えられず、その働きが評価される制度もなかった。それがこの制度が創案されたことで、氏族の本業を離れて、王権に対して個人単位での働きぶりを評価される道も開かれたことになる。

そういう趣旨ではあったが、氏族を離れた一個人が活躍する場などそうは与えられない。小野妹子《おののいもこ》は大礼冠から大徳冠に、鞍作止利《くらつくりのとり》も大仁冠へと昇進した。妹子は二度の遣隋使の任務を果たし、止利は飛鳥寺釈迦三尊像《あすかでらしゃかさんそんぞう》の鋳造の新技術が評価された。これは冠位制定の趣旨が反映した例である。しかし多くの場合は、各氏族が七世紀初頭にうけていた姓のランク付けを基にした自動的な授位で、個人といってもじっさいは氏族の代表者である氏の上や傍系の有力者がそれ相応の冠位をうけるのが実情だった。すなわち臣・連姓のうちの有力豪族の構成員が徳冠、臣・連姓の中堅氏族の構成員が仁冠、それ以下の姓の氏族の構成員が礼冠から智冠を割りふられた。

ちなみに大徳冠をうけたのは、境部《さかいべ》雄摩侶《のおまろ》（蘇我馬子の甥）・大伴咋子《くいこ》と小野妹子であった。やや意地悪くいえば、旧態然《きゅうたいぜん》とした氏姓制度を個人評価の冠位制度で再包装してみせただけだった。

しかも欠陥だらけだった。制度の適用範囲は畿内周辺とごく周辺国の豪族の氏族員が対象とされているだけで、また王族もそうだが、蘇我氏など大夫層《まえつぎみ》（閣僚クラス）には、冠位が授けられなかった。頂点にたつ蘇我氏が冠位制度の適用外になるのでは、そもそもの制度実施の価値が薄れてしまう。けっきょく冠位十二階は、律令官位制度と対照すれば正四位上から少初位下までの人を対象としたもので、のちの三位以上にあたる人たちの冠位は決められていなかった。大王家の王族や蘇我氏など閣僚クラスの豪族たちは、四位以下の事務官僚をコントロールする側に立っていたともいえる。

そうではあるが、最初の試みはそうしたものだ。消費税だって、はじめは三％で、それが五％となり、いまや十％が取り沙汰されている。やがては欧米並みとかいって、十九％を目指すのだろう。だから、消費税を導入するかどうか、つまり直接税と間接税の比率を見直すかどうかが、問題の焦点となっていた。冠位制度でいえば、序列をはっきりさせることを目的とする冠位制度を受け入れるかどうかが問題の焦点だった。だれがどこに着くかや、その結果がとりあえず旧態然としているかは、たいした問題じゃないのだ。中央集権体制作りの前提または一環として、大王または国家に個として奉仕する官僚機構を産み出そうとした企図がここにはある。それを評価しなければいけない。

このあと階数は、大化三年（六四七）に十三階、同五年に十九階、天智天皇三年（六六四）に二十六階、天武天皇十四年（六八五）に四十八階となった。階数が多すぎて昇る意欲が持てないと不満が出たらしく、大宝元年（七〇一）の大宝令では三十階に減らされている。

07 憲法十七条は、ほんとうに廷臣《ていしん》たちの前に出されたの？

十七条憲法は、「一に曰く、和を以て貴《とうと》しと為《な》し」ではじまる。そこには大王家中心の社会秩序が記されていて、眼前に確乎《かっこ》としてある氏族《しぞく》制度を消し去る方向性が示されている。

たとえば十二条には「国司・国造は、百姓《おおみたから》から税をむさぼりとってはならない。国に二人の君はなく、民に二人の主はいない」とあるが、とうじは中央豪族や地方国造が半独立的に土地・人民を治めていた。こんなことをいわれたって、だれも受け付けちゃくれない。また十四条には「人の知識が自分よりまさるのを喜ばず、才能が自分より優れていればねたむ」というが、廷内の仕事は各豪族による分掌体制が整っていた。生まれ落ちた所の氏族が負《お》っている父祖以来の職掌を、自分の天職とせざるをえない。才能があるかないかとか「あっちの仕事がやりたい」などと考える時代じゃなかった。

そうしたときに、偉大なる厩戸《うまやど》皇子（聖徳太子）にはそのさきが見えたという。それならばまさしく時代を超えた比類ない思想家で、大化改新・律令体制確立への導火線に火をつけたといってよい。

しかし、この憲法はほんとうに発布され、蘇我馬子《そがのうまこ》など廷臣たちの目に触れていたのだろうか。

推古《すいこ》天皇十二年（六〇四）ごろにこの憲法を出したところで、遵守《じゅんしゅ》される雰囲気などまるでなかった。用明《ようめい》天皇二年（五八七）には大臣《おおおみ》・蘇我馬子と大連《おおむらじ》・物部守屋《もののべのもりや》との政界トップの軍事衝突が起こり、五年後に馬子は崇峻《すしゅん》天皇を暗殺。大王になり手のないなかで、とりあえず故敏達《びだつ》天皇の皇后・額田部《ぬかたべ》皇女が即位し、厩戸皇子を摂政とした。しかし眼前には大権力者・馬子が立ち塞《ふさ》がり、有形・無形の圧力を加えている。そんなとき、大王家だけが有利になるどんな法令が出せようか。憲法八条に「群卿百寮《ぐんけいひゃくりょう》たちは、朝早く出仕して、遅くに退出しなさい」とあるが、舒明《じょめい》天皇八年（六三六）大派王《おおまた》が馬子の子・蝦夷《えみし》に勧告した。ちかごろ官吏の朝参《ちょうさん》（出勤）の時間がいい加減だから、出勤を卯《う》の始め（午前六時）、退庁を巳《み》の後（午前十時）としよう、といったのだ。しかし蝦夷はまったく無視した。朝廷に早くきて神（大王）の声を聞く気持ちなど、さらさらなかった。

「いやそういうなかで、あえて憲法を出した太子は偉い」ともいえる。老獪《ろうかい》な権力者に立ち向かう純粋な若者に、思わず拍手する気持ちにもなる。しかし現実にこれを馬子に示せば、厩戸皇子の命が危《あや》うい。各人を氏族構成員という出身母胎《ぼたい》から切り離し、大王からの命令にどれだけ忠誠度があり、達成度があったか。それを個人単位で評定されるのでは、大氏族を背景としてきた意味がなくなる。蘇我氏は開明派だが、いまげんに大氏族の実力を背景にしてのし上がってきている。中央集権化は望んできたが、大氏族としての利害はそれに優先する。これでは自分の権力基盤が崩されてしまう。その一方で大王家の権威だけが拡大する。総合的に見て、とうじの蘇我氏にとっては敵対行為である。

これを突きつければ、暗殺もありうる。なのに馬子はなぜ何も反応しないのか。筆者は、憲法は朝廷に示されなかったと思う。厩戸皇子が示そうとしたら、側近は「上様《うえさま》ご乱心」とばかりに肘《ひじ》を抑え、袖をひっぱってとめるだろう。それに『日本書紀』には「皇太子、親《みずか》ら肇《はじ》めて憲法十七条作りたまふ」とあるが、冠位十二階のように「行《おこな》ふ」とはない。つまり憲法は厩戸皇子作でないか、または皇子の作だが筐底《ひってい》に秘されたまま上宮王家《じょうぐうおうけ》に伝えられたか、である。安藤昌益の『自然真営道』のようにとうじの人には知られず、『日本書紀』に載せられてはじめて知られた業績だったのではないか。

08 三経義疏《さんきょうぎそ》は、朝鮮系の僧侶の著作を買い上げたものだったの

厩戸《うまやど》皇子（聖徳太子）は、仏教に造詣の深い人物として知られている。推古《すいこ》天皇二年（五九四）に三宝興隆《さんぽうこうりゅう》つまり仏教を盛んにしようという詔が出されたのは、彼の献策によるものだろう。

『日本書紀』によると、推古天皇十四年、厩戸皇子は推古女帝に勝鬘経《しょうまんぎょう》・法華《ほけ》経を講義したとある。これは演説だけだが、『聖徳太子伝補闕記《ほけつき》』には推古天皇十九年に勝鬘経義疏、同二十一年に維摩《ゆいま》経義疏、同二十三年に法華経義疏が作られたとある。これが『三経義疏』である。

勝鬘経は、阿踰陀《あゆた》国の王妃で在俗の信者である勝鬘夫人が、釈迦《しゃか》の言説を承《う》けてその教えを説《と》いたもの。維摩経は、インドの大富豪で在俗信者の維摩詰《ゆいまきつ》が、出家の修業者に空《くう》の真義と菩薩《ぼさつ》の実践を教えた話。法華経は仏教に帰依《きえ》する人々が等しく救済されると説く大乗《だいじょう》の根本経典である。厩戸皇子はこの三経の本文に義疏つまり正しい注釈をつけ、そのさいかなり独創的な解釈を施したといわれている。解釈に困っているときには、金人《きんじん》が現われて作業を助けたという著名な逸話もある。

その解釈が独創的だという例を、二つ示そう。『維摩経』本文では「大なる幸福もなく、小さな幸福もない」「益をなさず、損もなさない」とあるのを、「聖者に施捨すると大きな幸福をうるとか、凡夫に施したから損するということはない」と注《しる》している。しかしインド人ならば、出家・修行僧に施す方が俗界の貧者に施すより功徳があると考えるはずだ。『法華経』では「静かな場所での修禅」を勧めているが、「常に坐禅を好む小乗の禅師に近づくなという意味だ」と反対の解釈である。在俗者

の宗教を重視した、王族らしい解釈である。こうした独創性とともに、『法華経義疏』巻頭に「此れ大委国上宮王《おおやまとこくじょうぐうおう》の私集、海の彼《かなた》の本に非ず」と記されているので、太子真撰・真蹟説が唱えられている。

それなのに、厩戸皇子が『三経義疏』を書いたとすることを疑う人は多い。

第一に、『日本書紀』には、厩戸皇子が『義疏』を作ったとする記事がない。『義疏』が初登場するのは、天平《てんぴょう》十九年（七四七）の『法隆寺伽藍縁起幷流記資財帳《ほうりゅうじがらんえんぎならびにるきしざいちょう》』のなかに「右、上宮聖徳法王御製者」と見えるのが早い。史料的に信頼度の高い『上宮聖徳法王帝説《じょうぐうしょうとくほうおうていせつ》』には「慧慈《えじ》が、太子の作った三経義疏をもって帰国（高句麗）した」とあるが、残念ながらこの部分の成立は奈良〜平安時代である。成立してから一〇〇年も知られなかった書物というのは、偽書《ぎしょ》かとまず疑いをいれるのが穏当《おんとう》だ。とくに奈良時代の法隆寺には聖徳太子を崇敬《すうけい》してやまない僧・行信《ぎょうしん》がいて、太子関係と称して由緒の怪しい資財をつぎつぎ持ち込んでいた。第二に、『日本書紀』には太子が勝鬘経・法華経を講義したとするが、維摩経だけは見えない。『維摩経義疏』には初唐の人である杜正倫《とせいりん》の書いた『百行章《ひゃくぎょうしょう》』が引かれているが、これは厩戸皇子が没して三十六年後の書である。これらは偽書とみる説の根拠となる。

どうやら『法華経義疏』は梁《りょう》の光宅寺《こうたくじ》の僧・法雲《ほううん》の『法華義記』を下敷きにして江南系の学説を並べたもので、『勝鬘経義疏』は敦煌《とんこう》で発見された「奈・九三」の『勝鬘経義疏』系統の本を手本にした著作である。また『維摩経義疏』には僧肇《そうちょう》の『注維摩経』などの祖本《そほん》があるらしい。このように考えると、日本の『三経義疏』は、おおよそ中国の研究書の祖述《そじゅつ》である。中国で作られた注釈書の孫引《まごび》きともいえる。ただ文中には、中国人の書いた漢文としては考えがたい誤記もある。そこで朝鮮系の留学僧の手になるものが手放され、それを日本人が市場で買って持ち込んだものと推測されている。

09 ええっ、国書を紛失したァ！ 流刑《るけい》寸前になっていた小野妹子《おののいもこ》

推古《すいこ》天皇十五年（六〇七）七月、推古女帝は、小野妹子を遣隋使《けんずいし》に任命した。対中外交は、中国の天監《てんかん》元年（五〇二）に梁《りょう》の武帝が倭王・武（雄略《ゆうりゃく》天皇）を征東将軍《せいとうしょうぐん》に任じて以来、すでに百年ほど絶えていた。こうした長い空白期間のせいで、国際感覚を失なったのだろうか。妹子の携《たずさ》えた国書は、隋《ずい》の煬帝《ようだい》を怒らせた。

というのは、『隋書《ずいしょ》』倭国伝《わこくでん》（岩波文庫本）によれば、日本の国書は「日出《い》づる処《ところ》の天子、書を日没する処の天子に致す、恙《つつが》無きや」と書き出され、対等な姿勢で中国皇帝に呼びかけていた。落日に例えたことは問題じゃない。日の出の勢いに対する落日・日没を気にしたとするのは、隋の最期《さいご》を知りすぎた早トチリ。煬帝が怒ったのは、天子から天子へとして日中関係を対等であるとする不遜《ふそん》な物《もの》言《い》いにあった。すべての周辺国は、世界の中心（中華）にいる皇帝の徳を慕って朝貢《ちょうこう》する。皇帝は恩恵を施して朝貢国を徳化しつつその秩序を守る。東アジア世界では、中国に対してどの国も臣下の礼をとるという冊封体制《さくほうたいせい》が通用していた。中国皇帝からすれば日本は皇帝の臣下として倭王《わおう》と名乗るのが常識だから、不機嫌になるのはあたりまえだ。煬帝は「蛮夷《ばんい》の書無礼なるもの有らば、復《ま》た以《もっ》て聞《ぶん》する勿《なか》れ」と鴻臚卿《こうろけい》（外務大臣）に命じたというが、こんな怒らせるような国書をよく皇帝のところまであげてしまったものだ。日本の国書はまったく非常識で、異星人からの書簡かとさえ思ったろう。

しかし推古女帝は、この国書に大王家の命運を託していたのだ。

崇峻《すしゅん》天皇を殺されたあと、大臣《おおおみ》・蘇我馬子《そがのうまこ》の権勢は強大だった。なにしろ大王位にあった崇峻天皇が馬子の放った刺客《しかく》に暗殺されても、その馬子を処罰できないのだから、大王家の権威などあったものじゃない。そこで推古女帝は国際外交での地位を確認・高揚させ、大王の権威を復活させようとしていた。もちろん倭王となって隋から国王の地位を公認されれば、倭王の血脈は隋王朝によって保障される。臣下筋の者がクーデタでとって替わろうとしても、隋帝がこれを承認しないからだ。これで最低限の大王家の血脈は維持できるが、さらに偉大なる中国皇帝に対等儀礼で話しかけられれば、日本国内での大王の権威が増す。対中外交からひさしく離れて国際感覚が麻痺《まひ》したといわれようと、対等外交が表面的にでも通用したならば、蘇我氏も大王の権威を見直すだろう、という賭《かけ》だった。

ところで『隋書』倭国伝には、開皇《かいこう》二十年（六〇〇）、倭王の阿毎多利思比孤《あめたりしひこ》が阿輩雞彌《おおけみ》（大王）と称して隋の文帝《ぶんてい》に使者を送ったとある。使者は日本の政治・風俗を問われて「倭王は天を兄とし、日を弟としている。日の明けないうちに神まつりして天の声を聞き、日の出とともに弟に政務を委《ゆだ》ねる」と答えた。皇帝はこの未開な政治形態を聞いて、不合理だから改めよと訓戒《くんかい》を与えたという。『日本書紀』は八世紀の編纂物だが、『隋書』の記事は皇帝付きの役人が毎日とる「起居注《ききょちゅう》」という記録をもとに編纂されていて、精確度は格段に高い。だから妹子に先立つ遣隋使がいたわけで、推古女帝は国内改革に失敗したから隋に遣使したのでない。むしろ仏法興隆・冠位十二階・憲法十七条などの国内改革に先駆《さきが》けて遣使していたのだ。また国際感覚が麻痺していたから対等外交を持ち出したのではなく、国書にはそれなりの国内事情が反映していたのである。

さて、第二次遣隋使にあたる小野妹子は命懸けで国書を奉呈して帰国し、推古女帝の思惑をともあ

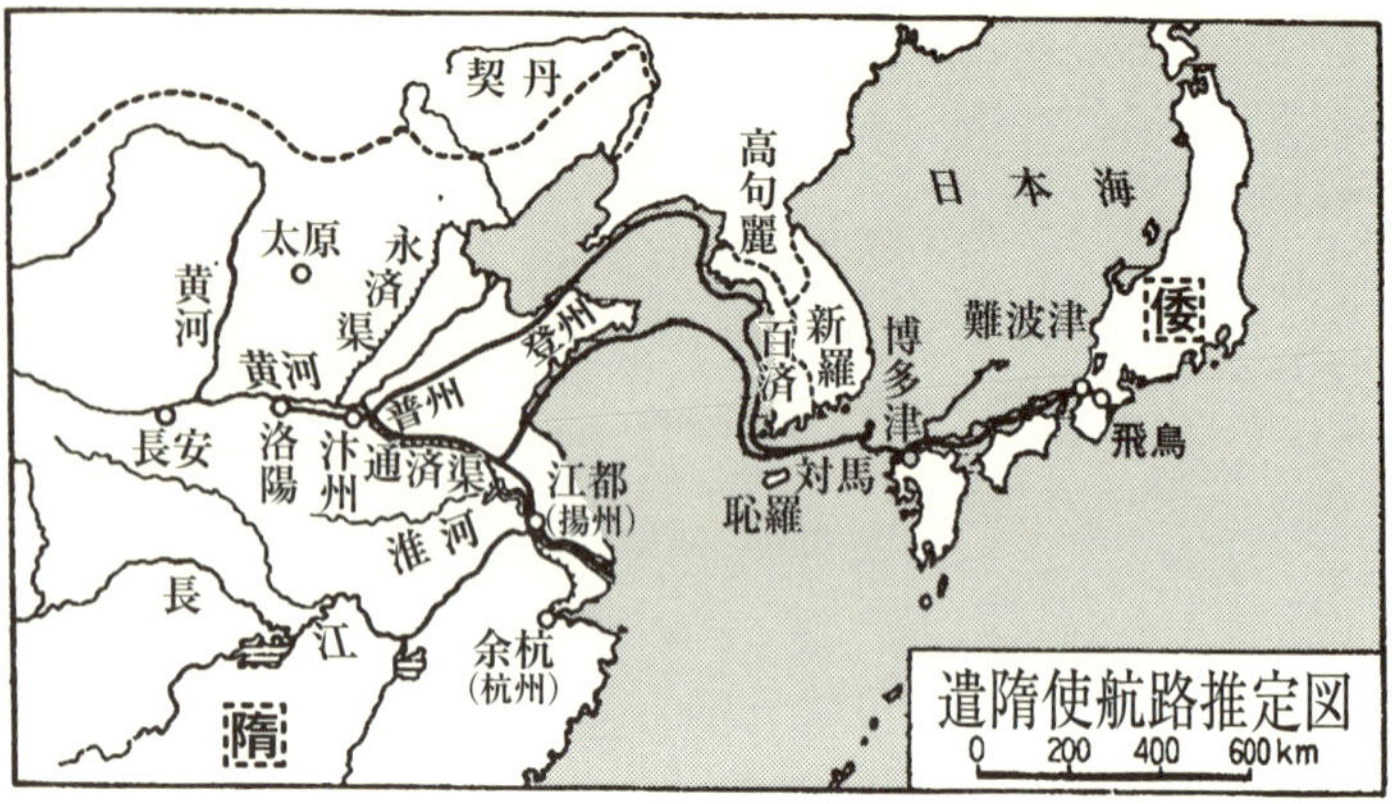

れ実現した。大活躍といってよく、冠位十二階でもたしかに昇格している。だがその一方で重大なミスを冒《おか》して、処罰を議論されていたという。というのは、帰国途中で隋の皇帝・煬帝の国書を紛失したからである。たしかに外交使節として遣わされたのに、「相手国の国書をなくしました」では済むまい。

　このことはもちろん朝廷の会議にも取り上げられた。妹子は「私の帰国にあたり、たしかに隋の帝から国書を授かった。しかし百済《くだら》国を通《とお》った時、百済人が探しだして掠《かす》め取ってしまった。そのためにここに奉ることができない」と事情を説明した。これに対して群臣は「使者というものは、死ぬような目にあっても任務をまっとうすべきものだ。なんという怠慢をしでかして、大国（中国）の国書を失うようなことになったのだ」と非難し、妹子の流刑を決めようとした。しかし推古天皇は、「妹子に罪はあるが、軽々しく罰すべきでない。大国の客人（裴世《はいせい》清《せい》）たちの耳に入れば、まずいことになろう」として、罪を問わずに赦免《しゃめん》してやった。これが『日本書紀』の記している顚末である。

　しかし、真相は違ったろう。妹子は国書を奪われたのでなく、自分で海中に捨てたのだ。というのは、煬帝は対等儀礼の国書を喜ぶはずがなく、返書では日本の態度を非難していたはずだ。これをそのまま持ち帰ったら、推古女帝の顔が潰れる。逆にもしこれがなければ、あの国書が通用したかのように思われる。大王・推古女帝の力は偉大で、中国皇帝と対等に口がきけた大人物のように見せられる。そう判断して、妹子は国書を投げ捨てた。推古女帝には妹子を処罰できるわけがなく、機転をきかせた妹子を大命《たいめい》を発して救った。帰国する妹子を送って来日した隋の鴻臚寺掌客の裴世清も「皇帝、倭王（皇）を問ふ」ではじまる国書をもたらしたが、こちらはとうじの国際秩序にあう常識的で温和な外交文書で、日本を非難する内容でなかった。妹子の命懸けの機転に、女帝はホッとしたことだろう。

10 聖徳太子《しょうとくたいし》は、斑鳩宮《いかるが》で泣きながら余生《よせい》を送ってたんじゃないの

聖徳太子（厩戸《うまやど》皇子）は、推古《すいこ》女帝のもとで摂政《せっしょう》に就任。実質的には、飛鳥の宮廷を主宰《しゅさい》したといわれてきた。卓抜した政治的先見性を発揮。中央集権国家の創造を目指して、推古天皇十一年（六〇三）に冠位十二階を制定し、翌年憲法十七条を作成したという。

しかし、ときはなにしろ蘇我馬子の全盛期。吹雪《ふぶき》の舞うなかに咲く一輪の梅のようなもの。冠位十二階は、徳・仁・礼・信・義・智の各冠位を大小に分け、十二冠を作って分与する。氏族の力の大小でなく、個人的な才能・功績で授与し、昇降させる趣旨だった。しかし結果的には臣連《おみむらじ》などの高い姓《かばね》の者が高位を独占。氏姓《うじかばね》制度の秩序をただ追認《ついにん》するにすぎなかった。しかも、国政を論議・決定するような有力氏族（大夫層《まえつぎみ》）は冠位授与の対象にならず、冠位を授ける側だった。上がこれでは、冠位制を制定してもその趣旨は死んだも同然となった。

また憲法十七条の内容も、時代風潮とかけはなれている。「三に曰く、詔《みことのり》を承《うけたまわ》りては必ず謹め。君をば則《すなわ》ち天とす。臣をば則ち地とす」といっても、そう思ってもらえるくらいなら崇峻《すしゅん》天皇は蘇《そ》我馬子《がのうまこ》に殺されはしなかった。「十二に曰く、国司・国造《くにのみやつこ》、百姓らに斂《おさめと》ることなかれ。国に二の君非《な》し。民に両の主無し」というが、統一税制もないなか、国造以外に農民に課税できる者などない。「八に曰く、群卿百寮《ぐんけいひやくりよう》、早く朝《まい》りて晏《おそ》く退《まかり》でよ」とある。しかし舒明《じょめい》天皇八年（六三六）、大派王《おおまた》が蘇我蝦夷《えみし》に「官吏の朝参（勤務）時間につき、出仕を卯《う》の始（午前六時）、退庁を巳《み》の後（午前十時）

としよう」と提案したが、無視されている。こんなふうなのが、目の前の現実だったはずだ。

　国内改革に絶望した聖徳太子は、政治の中心地である飛鳥を去って、失意のうちに平群《へぐり》・斑鳩宮に隠退し、それ以降はなんの改革案も出さないで暮らした。早く生まれすぎたのが悲劇といわれる、卓越した皇子。こんなところが、まぁだいたいいままでいわれてきた聖徳太子像である。

　ところが奈良盆地・河内《かわち》平野などの古道の研究が進み、平群・斑鳩の位置づけは大きくかわった。奈良と河内・難波《なにわ》を結ぶ古道は、三本ある。藤原宮の北を通る横大路《よこおおじ》を西にとり、河内飛鳥をへて丹《たじ》比道《ひみち》につながる二道。越えるのは、穴虫《あなむし》峠か竹内峠かになる。その北には竜田《たつた》道がある。都祁山道《つげのやまみち》が奈良盆地中央を横断し、斑鳩で大和川の北を通過。河内で大津道に接続する。斑鳩は、とうじの外交の玄関にあたる難波大津に直行する位置にあり、かつ南を流れる大和川は隋使《ずいし》・裴世清《はいせいせい》も通行する水路である。水上交通をも制する枢要な地であって、交通の要衝にあたっている。すなわち斑鳩宮は、百済《くだら》・新羅《しらぎ》・高句麗《こうくり》など朝鮮半島諸国や隋などとの外交交渉の結果をいち早く得て大王家としての対策をたてさせたり、指示を仰いで動くための中継基地だったのだ。厩戸皇子は、大王家のいわば竜田出張所の運営を任されていたのである。

　厩戸皇子が斑鳩に上宮王家の本拠をおいたのは、推古女帝の考える国際戦略の一環として海外への積極的な外交政策をとるために打たれた布石。失意の上でなく、むしろ積極策だったと見る説がいまや主流である。斑鳩は難波と飛鳥、つまり海外と国内を両方を睨《にら》む絶好の位置と評価されている。

　そういえば、いまも奈良県磯城《しき》郡三宅《ぐんみやけ》町の屏風《びょうぶ》から伴堂《ともんどう》にかけて、附近の地割《ちわ》りに斜行する直線道が残っている。太子《たいし》道《みち》とよんでいるが、北に延長すれば斑鳩の東に至り、南に延長すれば小治田《おはりだ》宮

厩戸皇子の斑鳩宮址に建てられたという夢殿

へと繋がる古道だ。まさに推古女帝と厩戸皇子の意思は、直線的に結ばれていたのである。

そしていま一つ、厩戸皇子を斑鳩に派遣した大事な理由がある。

それは、大王家による仏法の都の造営、つまり法隆寺《ほうりゅうじ》（斑鳩寺）の建設である。

仏教に無理解とされてきた大王家として、汚名返上・名誉挽回のために法興寺《ほうこうじ》とおなじく仏法興隆から二字をとって法隆寺と名付けた。用明《ようめい》天皇の病気平癒《へいゆ》が名目とされているが、命名の由来《ゆらい》から窺えるように、厩戸皇子には大王家が仏法興隆の主導者となるための仏都創出事業を託したのである。

従来、仏教興隆の担い手といえば、稲目《いなめ》・馬子ら蘇我氏の独擅場《どくせんじょう》だった。馬子は仏法興隆から二字をとった法興寺（飛鳥寺）の建造に着手し、仏教指導者としての道をすでに歩みはじめていた。もちろん大王家もといいたいところだったが、欽明天皇は国教化を拒絶し、つづく敏《び》達《だつ》天皇は『日本書紀』に仏教を信じていないと明瞭に書かれている。それに対して蘇我氏の血縁者だったせいか、馬子の姪《めい》にあたる推古女帝や、甥《おい》にあたる用明天皇は仏教に理解があった。厩戸皇子は篤信者《とくしんしゃ》とされる用明天皇の子であるから、仏教に理解があった。しかも厩戸皇子は馬子の娘《むすめ》婿《むこ》でもある。

　こういう濃厚な姻戚関係にあるのだから、蘇我馬子に仏教界を率《ひき》いさせてもよさそうだが、そうはいかない。どんな深い血縁関係にあろうとも、大王家の一員である推古女帝・厩戸皇子と大臣家の蘇我馬子とでは立場が異なる。大臣家だけが力を伸ばせば、反比例して大王家は衰えていく。崇峻天皇を馬子に暗殺され、大王家の権威は地に堕ちている。さらに新政策の目玉となる仏教導入についても主導権を取られてしまっては、馬子に国政の全権を奪われてしまう。そこで推古女帝は仏法興隆の詔を出し、斑鳩に厩戸皇子を遺して仏法の都を花開かせて主導権を奪い返そうとしたのである。

11 鞍作《くらつくりのと》止利《り》作の釈迦《しゃか》三尊像《さんそんぞう》は、法隆寺《ほうりゅうじ》の本尊《ほんぞん》じゃなかった

斑鳩《いかるが》の里といえば、法隆寺だ。その鐘の音を聞いては、正岡子規《しき》の「柿くへば鐘が鳴るなり法隆寺」（『子規句集』岩波文庫）を口ずさむ。句の前書きに「法隆寺の茶店に憩《いこ》ひて」とあるので、茶店を探したりしちゃって。寺の築地塀《ついじべい》にそって藤ノ木古墳にゆくのも、幸田文《こうだあや》が建て直しに執念を燃やしたという法輪寺《ほうりんじ》をへて、慶雲《けいうん》三年（七〇三）建立の白鳳寺院・法起寺《ほっきじ》への道を辿《たど》るのもよい。

さて、この法隆寺の西院伽藍《さいいんがらん》の金堂《こんどう》の正面中央には、大きな舟形光背《ふながたこうはい》を背に、台座の上に結跏趺坐《けっかふざ》した本尊・釈迦三尊像が祀《まつ》られている。北魏《ほくぎ》様といわれる馬面《うまづら》というかやけに面長《おもなが》で生硬《せいこう》な表情が特徴の仏像だ。目は、杏仁《きょうにん》形・唇は仰月形といわれる彫りの深い造りである。

この像の作者は鞍作止利。光背銘文には「法興三十一年十二月、鬼前太后（間人皇女《はしひと》）が崩御《ほうぎょ》された。翌年正月二十二日、上宮法皇《じょうぐうほうおう》（聖徳太子）が病に罹《かか》って困り果てた。……時に王后王子等は諸臣と深く愁いを感じて、ともに願を発した。仏法の力に縋《すが》るために、王身の釈迦像を造る」とあり、つまり推古天皇三十一年（六二三）鞍作止利に命じて聖徳太子等身大の釈迦如来像を造らせたという。

止利は著名な仏師だが、本人の作品と分かっているのは飛鳥寺の釈迦三尊（現存は一軀《く》）と、この本尊だけである。彼の祖父は司馬達等《しばたっと》、父は多須奈《たすな》である。達等は中国・南梁《なんりょう》からの渡来一世で、継体朝に来日したらしい。仏教を保護した蘇我馬子に親しみを感じたようで、馬子が自宅の東方に仏殿を営んで大会設斎すると、斎食の上から仏舎利が得られたといって献上。馬子の側近となっていた。

多須奈は、用明天皇のために出家し、南淵《みなみぶち》・坂田寺の木造丈六仏《じょうろくぶつ》・挟侍《きょうじ》菩薩を造った。仏教に縁が深い家で、また名に冠した鞍作つまり馬具製造にかかわる鋳造技術が造仏に転用できることもあって、彼はようやく需要の増えてきた仏師の道に転向したらしい。

こういうふうに記すと、いや記さなくともだが、見学するほとんどの人は金堂のまん中に鎮座しているこの釈迦如来三尊像を本尊だと思って拝む。しかし由来を考えれば、それは勘違いである。

法隆寺は、もともと用明天皇の病気平癒のために発願された。病気平癒のためだから、造られたのはとうぜん薬師如来だった。その像は、金堂正面右手にある。薬師仏の光背銘には「池辺大宮治天《いけべのおおみやにあめの》下《したしらしめしし》天皇（用明天皇）が病気になられたとき、それは丙午《へいご》年つまり五八六年（用明《ようめい》天皇元年）である。のちの推古《すいこ》天皇と聖徳太子（厩戸《うまやど》皇子）とをお召しになって誓願なさり、『私は病いを治《なお》したいと願うので、寺を造り、薬師像をお作りしようと思う』といわれた。しかしいまお亡くなりになって造れないので、推古天皇と聖徳太子が用明天皇の遺命を受けて、推古天皇十五年にやっと完成させた」とあり、もともとは用明天皇自身が発願《ほつがん》したのだが、完成前に死没。臨終にさいして兄妹関係にある額田部《ぬかたべ》皇女（推古天皇）と子・聖徳太子に遺言《ゆいごん》して、造営事業の継続を託したのであった。

この経緯を考えれば、寺の本尊はどうしても薬師如来でなければなるまい。

しかし後年、聖徳太子信仰が盛んになってしまい、うつし身・等身大といわれる釈迦三尊像に比重が移り、本尊は法隆寺建立の主《あるじ》の像にすり替わってしまった。また推古天皇らが作らせた当初の本尊・薬師如来像は天智《てんじ》天皇九年（六七〇）の法隆寺全焼時に燃えてしまったらしく、再鋳造であることも価値を下げている原因のようだ。

12 法隆寺《ほうりゅうじ》の伽藍《がらん》は再建されたのか、もともと二つ並んでいたのか

『日本書紀』によると、天智《てんじ》天皇九年（六七〇）四月に法隆寺は全焼した。「夜半之後《あかつき》に、法隆寺に災《ひつ》けり。一屋も余ること無し。大雨ふり、雷《いかづち》震《な》る」とあり、落雷によるものと思われる。そういう記事がちゃんとあるのに、それでもなお長いこと聖徳太子の創建当時のままの建物と信じられてきた。それは、いったいどうしてだったのか。

再建でないとする根拠は、①現在の法隆寺西院伽藍《さいいんがらん》には、火災にあった様子がない。もし焼失後の再建ならば、伽藍の地中に焼け土があるはずだが、まったく出土しない。②伽藍建築の規準尺は高麗《こま》尺《じゃく》。再建ならば後世の唐尺《とうじゃく》が適用されるはず。③建築様式が古様で、飛鳥期にふさわしい。雲形肘《くもがたひじ》木《き》・卍《まんじ》崩しの勾欄《こうらん》など、のちには使われない古様な形式がみられ、白鳳・天平形式に先行するつまり飛鳥形式の建築物である。

非再建とした上で『日本書紀』の史料を解釈してみると、全焼したという記載は、干支《かんし》一巡あげた推古《すいこ》天皇十八年（六一〇）の創建時に法隆寺の一部に火災事故があって、それが誤って入れられたものだろう。編纂物にはありがちなことだ。むしろ天平期にできた『法隆寺《ほうりゅうじ》伽藍《がらん》縁起《えんぎ》并《ならびに》流記《るき》資財帳《しざいちょう》』などには、天智天皇九年の火災記事が見えない。これは政府に提出した伽藍の由緒書であり、「伽藍全焼」などという大事件が書き落とされるわけがない、などとするのである。

しかし再建論を展開する人たちは、①『日本書紀』の記事を疑う理由がない。『伊呂波字類抄《いろはじるいしょう》』と

いう古辞書には「和銅《わどう》年中、法隆寺造立」という記事が見られ、再建されたことが明記されている。②高麗《こま》尺は土木建築に長く用いられており、「再建なら唐尺が使用されたはず」とはいえない。③建築様式が古様かどうかという論議は、印象論であって決め手にならない、などと反論した。

こうして明治二十年（一八八七）あたりに始まった論争はしだいに白熱化し、昭和十四年には再建論者の喜田貞吉《きたさだきち》氏と非再建論者の足立康《あだちやすし》氏との立会《たちあい》演説会までもたれるほどになった。

足立は「二寺併立説」を出して、非再建論の強化をはかった。法隆寺伽藍はもともと二つあって、そのうちの一伽藍が天智天皇九年に全焼したのであって、再建を示すような史料はこの寺の造営に関わるものだ。残った一伽藍がいまの今日の法隆寺だ、とした。結果からみるとこれは「議論のための議論」の観があるが、当時は真剣な論議だった。

しかしその後、石田茂作《もさく》氏が西院伽藍の北西にあった若草伽藍を調査し、そこが法隆寺の旧伽藍であることをほぼ確認した。というのは、この伽藍は、①飛鳥時代に多い「南大門・中門・塔・金堂・講堂」を一直線上に並べる四天王寺《してんのうじ》式伽藍配置である。②現在の法隆寺西院とほぼ同規模の伽藍である。③若草伽藍の中軸線は東南に二十度傾いており、西院伽藍のそれとは十七度の差がある。ところがこれは夢殿《ゆめどの》下層の斑鳩宮《いかるがのみや》址《あと》（聖徳太子の宮）と同方位で、太子時代の建物配置として穏当な傾きである。④若草伽藍の規模は、現在の西院伽藍のなかに一部くいこむ。二つの伽藍が重複するから、二寺併立説は成立しえない。⑤若草伽藍の地層には焼けた痕跡があり、『日本書紀』の記載に合《あ》う。

なおそれでも、若草伽藍を原法隆寺とすべき決定的な証拠はないとする説があり、災上について法隆寺関係の史料が揃って欠落することに疑問を懐きつづけている人もいる。

13 法隆《ほうりゅう》寺が聖《しょう》徳太子《とくたいし》の鎮魂の寺だった、という説はどう評価されているのか

昭和四十七年（一九七二）刊行された梅原猛《たけし》氏の『隠された十字架』（新潮社）は、だれも考えつかない奇抜な異説だった。法隆寺建立の目的は、政治的に不遇な生涯を送った聖徳太子（厩戸皇子《うまやどのみこ》）の鎮魂にあり、怨霊《おんりょう》となった太子を封じ込めるための施設だった、としたのである。

法隆寺について、七つの謎が提唱されている。すなわち①『日本書紀』『続日本紀』に法隆寺創建の記事がなく、作為的に沈黙している。②『法隆寺資財帳《しざいちょう》』では寺院創建も焼失・再建記事もなく、事実の隠蔽《いんぺい》が見られる。③中門の中央に柱を建てる異常な造作で、閂《かんぬき》をいれて通せんぼをしている。④金堂《こんどう》の本尊が三体という異常事態と金堂壁画成立年代への疑問。⑤塔の造作についての疑問。柱の下にあった火葬骨、心礎《しんそ》の空《から》の仏舎利器《ぶっしゃりき》、心柱《しんばしら》への石の食い込み、塔の内側にあったという地獄の塑《そ》像《ぞう》など。また十丈ほどの塔を十六丈と記録するわけなど。⑥東院伽藍を設置する理由と夢殿《ゆめどの》本尊・救《ぐ》世《ぜ》観音《かんのん》を秘仏とした謎。⑦聖霊会《しょうりょうえ》の儀式の目的。太子七歳の像と舎利を一緒に供養する意味、などである。そしてこれらの謎は、藤原氏が聖徳太子の怨霊を封じ込め鎮めるために法隆寺を創建したものだと考えると解けるとする。藤原氏は聖徳太子一族を族滅させた罪を蘇我氏にかぶせ、その蘇我氏を葬《ほうむ》って功績としたので、その後《ご》長く怨霊に苦しんでいた。だからここに封じ込めたという説である。

それまで法隆寺は、推古《すいこ》天皇・聖徳太子によって造営され、のちには太子を敬慕《けいぼ》する人たちによって引き継がれた、としていた。それを太子の敬慕でなく「祟《たた》りを恐れる藤原氏」により、太子信仰の

ためでなく「怨霊の鎮魂のため」の寺院へと塗り替えた。これは硬直した学界への挑戦で、定説に飽き足りない読者を魅了し、古代史の謎へとひきつける清新な見解と多くの人々の目には映《うつ》った。

かくして記憶には残ったものの、古代史の専門家でこの説を支持する人はいない。というのも信念と独断だけで根拠がなく、なにより奈良時代には怨霊信仰などまだなかったからだ。天智天皇は、蘇《そ》我蝦夷《がのえみし》・入鹿《いるか》、古人大兄《ふるひとのおおえ》皇子、蘇我石川麻呂《いしかわまろ》・有間《ありま》皇子など多くの政敵を倒した。また奈良前期の藤原四子も長屋王《ながやおう》を誣告《ぶこく》で葬った。しかしいずれの被害者も、怨霊になってない。桓武《かんむ》朝に、はじめてその例が出てくる。桓武天皇は子・安殿《あて》親王への皇位継承を望み、父の遺言を無視。実弟早良《さわら》親王を陥《おとしい》れて皇太子から外《はず》した。憤死《ふんし》した早良親王の祟りを恐れ、のち崇道《すどう》天皇と諡《おくりな》名などした、という。これが怨霊信仰の初見である。それまで病気平癒《へいゆ》や追善《ついぜん》のために祈ったことはあるが、怨霊を鎮めるために祈ったとされる例はない。奈良末期より前には、政治的に悲劇的な死を迎えた人の霊魂が祟るとは考えなかったようだ。梅原氏は、その怨霊信仰が二百年遡れると説得する努力をしていない。

それに聖徳太子の一族が怨霊となる理由がない。『唐大和《とうだいわ》上《じょう》東征伝《とうせいでん》』で鑑真は「太子は南嶽《なんがく》・慧思《えし》禅師《ぜんじ》の生まれ変わり」としているが、どの太子伝でも怨霊が生じて祟ったとする伝えなどない。むしろ聖徳太子は「世間虚仮《こけ》、唯《ただ》仏是《これ》真」という心境を見せ、また非業《ひごう》の死を迎えた山背《やましろのお》大兄《おえ》皇子自身が「自分一人のために、多くの民を煩《わず》らわせられようか。あとになって人々から、私のために自分の父母を失ったといわれたくない。……自分の身をすてて国が固まるならば、それも丈夫《ますらお》というのではないか」といい、「私の一つの身を、入鹿にやろう」（『日本書紀』）といったという。こう考える人でも、死ねば怨霊となって後世に祟るのだろうか。それは口だけで本心じゃないぜ、っていわれるかな。

14 藤ノ木古墳の被葬者《ひそうしゃ》は、平群《へぐり》さんなの、膳《かしわで》さんなの

昭和六十一年（一九八六）一月に発掘された藤ノ木古墳は、法隆寺の南西にあり、直径四十×高さ八メートルで築造年代が六世紀後半。小ぶりな円墳だ。ところが小ぶりが幸いしたか、なんと未盗掘だった。石室《せきしつ》奥には刳抜式家形石棺《くりぬきしきいえがたせっかん》が置かれ、手前に土師器《はじき》と須恵器《すえき》が散在し、背面からは壮麗な馬具が見つかった。馬具の鞍金具《くらかなぐ》には亀甲形繋文《きっこうがたつなぎもん》の透彫りのなかに鳳凰・象・怪魚・鬼神など動物的なもの九種三十五点・忍冬唐草文《にんどうからくさもん》三十点という西アジア・中国起源の壮麗なデザインがちりばめられ、韓国特有の歩揺《ほよう》も多数ついていた。翌年十月には棺《ひつぎ》が開けられ、南北に二体分の被葬者の骨が発見された。北側の人は十七〜二十五歳くらいの大柄な男性で、南側も二十〜四十歳くらいの男性かという。周囲には伊勢神宮の神宝に似た玉纏大刀《たままきのたち》など刀剣六本、金銅《こんどう》製冠一頭、金銅製飾履《しょくり》二足、鏡四面、耳飾り・首飾り、多数の硝子《がらす》玉《だま》・金銅製歩揺・織物片など、豪華なデザインの副葬品が並べられていた。いずれもアジア古代文化、とくに朝鮮文化に色濃く影響された一級品と見られている。

この豪奢な副葬品に囲まれた被葬者は、だれか。大半の人々の興味は、そこに集中した。

第一の候補者は、古墳周辺に蟠踞《ばんきょ》する豪族たちである。法隆寺西南に奥津城《おくつき》を築くのがふさわしい土着豪族とはだれか。平群臣《へぐりのおみ》氏は、藤ノ木古墳のある大和国平群郡が本拠地だ。しかしミクロ的にみれば、藤ノ木古墳は郡内の平群郷でなくて、坂門《さかと》郷にある。とすれば坂戸物部《もののべ》氏・大原史《ふひと》氏が候補者か。いや法隆寺のある夜摩《やま》郷が本拠である山部連氏も、隣りの額田《ぬかた》郷の額田部連氏も候補となる。

中央の有力氏族とする説もある。具体的には物部連氏。大連《おおむらじ》・尾輿《おこし》の子たち、すなわち守屋《もりや》やその兄弟たとえば大市御狩《おおちのみかり》などが候補になる。また用明《ようめい》天皇二年（五八七）に物部氏が没落したのち、蘇我氏勢力が流入する。その流れにそえば、紀臣《きのおみ》氏・膳臣氏を有力な候補と見る説も出てくる。

王族だとする人もいる。『延喜式《えんぎしき》』諸陵寮に「龍田苑部《そのべ》墓（石前《いわくま》王女、在大和国平群郡……）」とある磐隈《いわくま》皇女と茨城《うまらぎ》皇子のカップル。額田部皇女（のちの推古《すいこ》天皇）の命令で殺害された穴穂部《あなほべ》皇子と宅《やか》部《べ》皇子が遺骨の主とする説。さらに箭《や》田 珠勝大兄《たのたまかつのおおえ》皇子（宣化《せんか》天皇の子）説や崇峻《すしゅん》天皇（泊瀬部《はっせべ》皇子）説もある。まさに百花繚乱・百家争鳴の状態である。

そのなかでわりと蓋然性の高い候補は、二つに絞られる。

まず平群郡坂門郷にいた大原史氏。『法隆寺蔵甲午《こうご》年観音《かんのん》菩薩造像記』に鵤《いかるが》大寺の徳聡《とくそう》や令辨《りょうべん》・辨聡《べんそう》などは「族《うから》・大原博士《ふひと》、百済《くだら》（百済）に在りて王たれば、此の土《くに》にても王姓なり」といい、つまり百済王《くだらおう》氏の一族だとある。それならば、朝鮮半島の優品を多数持っていても不自然じゃない。

いま一つは膳臣氏だ。膳氏がここに本拠をおいたという証拠はない。しかし膳斑鳩《かしわでのいかるが》は雄略《ゆうりゃく》朝に新羅《しらぎ》を助けて高句麗《こうくり》軍を駆逐し、巴提便《はてひ》は欽明《きんめい》天皇六年（五四五）に百済に赴き、傾子《かたぶこ》は欽明天皇三十一年に越国《こしのくに》で高麗使を出迎えている。朝鮮半島との交流実績があり、そこの優品を持ち帰るチャンスがある。しかも斑鳩は厩戸《うまやど》皇子（聖徳太子）ゆかりの法隆寺・斑鳩宮に近い。厩戸皇子が斑鳩に移ったときの後援者は膳氏らしく、膳氏は正妻・膳 大郎女《かしわでのおおいらつめ》（菩岐々美郎女《ほききみのいらつめ》）の実家である。その膳氏の力に期待して斑鳩に宮を移した、と考えて自然である。それに膳斑鳩という名にも縁があり、膳氏の一族がさきに居を移していたのかも。厩戸皇子の外交感覚は、膳氏の蓄積によるものとする説だってある。

15 聖徳太子は実在しなかった、ってどういうこと

誤解のないように前置きするが、「聖徳太子が実在しない」とは「古代政治史に偉大な功績を残し、聖徳太子と称賛されたような人物はいなかった」という意味である。聖徳太子といわれたこととなっている厩戸皇子《うまやど》がこの世にいない架空の人だ、などとはいってない。厩戸皇子は実在した。だがその人は、聖徳太子像として描き出されたような人物でない。徳川光圀《みつくに》（水戸黄門）は実在したが、漫遊記で越後屋光右衛門に扮《ふん》して活躍した前の副将軍の「黄門様《こうもんさま》」などいない。そういう意味である。

聖徳太子は、もう生まれからして常人でない。金色の僧《こんじき》（救世観音《くぜかんのん》の化身《けしん》だそうだ）が母・穴穂部間人皇女《あなほべのはしひと》の夢に立った。仏法を広めるために腹を借りるといわれ、皇女が十二ヶ月後に生んだのが厩戸皇子つまり聖徳太子だった。つまり太子は観世音菩薩の生まれ変わりである。出産が近づいたある日、母は宮中の役所を見回っていたが、宮廷の馬を管理する馬司の馬小屋の扉にぶつかり、そのはずみで苦労なくお産ができた。そこでこの「扉への衝突事件」が、彼の本名・厩の戸の由来になったという。この話は、どこかイエス・キリストの誕生の話に似ている。聖母マリアは宿屋がいっぱいで泊まれず、ベツレヘムの羊小屋のなかでお産をした。キリスト教はヨーロッパから中国に伝わり、唐時代には景教として盛んだったそうだ。そこで、キリスト教のイエスの生誕伝説が日本に伝わって、厩戸皇子の生誕話に影響したとする説もある。

キリスト教の影響かどうかは不明だが、この人はとても賢かった。ふつう生まれて一年ぐらいは言

葉がしゃべれないのにすぐに話せて、生まれながらに聖人の知恵を持っていた。成人した太子は十人の訴えを一度に聞き、みんなのいい分を聞きわけて復唱し、あやまりなく逐一回答した。この賢い耳の話は評判になり、人々は彼を豊聡耳《とよさとみみ》と呼んだという。

聖人なので同類の聖人のことがわかったという、片岡山の飢者《きしゃ》の話もよく知られている。彼には片岡女王という娘がいるから、そこを尋ねたときのことか。路の傍《かたわ》らに飢えて倒れている人がいたので、彼は飲食物と着衣を与えて、そこを去った。のちに使いをやったが、死没していたので埋葬させた。数日後、太子は「あれは聖人だ。死んでないぞ」と言い出した。墓にいくと、ほんとうに棺の遺骸はなく、棺の上には彼の与えた衣が畳《たた》んで置かれていた、という話である。この舞台は、飢者（達磨化身説もある）の墓がある達磨寺や片岡王寺（放光寺）あたりだろう。この話は『日本書紀』のせいで著名になり、「路傍の行き倒れを悼《いた》む歌ならば厩戸皇子」という先入観が生じた。『万葉集』に竜田山の飢者への挽歌を「家ならば　妹が手まかむ　草枕　旅に臥《こや》せる　この旅人あはれ」（巻三・四一五）と収録したら、飢死者供養なら厩戸皇子でしょということで、厩戸皇子は万葉歌人にもされている。

また太子道を通《かよ》うのに甲斐の黒駒という駿馬《しゅんめ》に乗っていたが、その天馬によって富士山の頂上から信濃・北陸まで駆けめぐった。また『法華経《ほけきょう》』の注釈を執筆していて、解釈に困る箇所があった。すると夢にまた金人が現れ、その疑問を解いてくれた。太子はもともと中国の天台宗開祖・智顗《ちぎ》の師にあたる高僧・南嶽慧思《なんがくえし》の生まれ変わりだったから、慧思として隋《ずい》の衡山寺《こうざんじ》にいたときに読んだ法華経の字句を憶えていて、経文に脱落があることを指摘しえた。太子の死を知った慧慈は、敬慕《けいぼ》のあまり、太子の忌日《きじつ》の翌年同月同日に死ぬと決めてその通りに死んだ。さらに未来を未然に知る能力があって、自分の死ぬ日を予見した。この予知能力の話から「聖徳太子の未来記」「天王寺の未来記」が流布し、『平家物語』『太平記』にまでも聖徳太子が予見したとする未来の記述がみられる。

太子はなにしろ生来聡明だったから、推古《すいこ》女帝になりかわり、ほぼ全権を委《ゆだ》ねられて執政に当たった。彼の具体的な業績は、おおむねこうだ。推古天皇元年（五九三）皇太子として推古女帝の摂政となり、斑鳩に住まいとする宮を建てた。冠位十二階を作って出身氏族にとらわれずに個人がその功績で昇格する位階制度を実施し、憲法十七条を制定して役人としての就業心得《こころえ》を示した。遣隋使に小野妹子《いもこ》を起用して中国との間に対等な外交関係を樹立し、留学生・僧を送り込んで中国の制度を学ばせた。仏教にも造詣が深く、高句麗僧・慧慈《えじ》を師として学んだ。勝鬘経《しょうまん》・法華経・維摩《ゆいま》経の注釈を試み、三経義疏《さんきょうぎそ》を著《あらわ》した。また斑鳩《いかるが》に法隆寺（若草伽藍《がらん》）を建立した、というあたりだろう。これだけの天才ならば、たしかにこれくらいのことをしても不思議に思えない。

しかし筆者の考えでは、伝説はもとより創作だが、教科書にあるような知られた事績でも、彼のものかどうか疑わしい。詳しくは前節までに記してあり、いささか重複するがお許しいただきたい。

そもそも厩戸皇子は皇太子に立って推古女帝の摂政となったというが、とうじ皇太子という制度も摂政という職務もなかった。次期大王候補には大兄《おおえ》という称号が与えられていたが、厩戸皇子に大兄はつかない。つまり後継候補と目されていなかったし、皇太子や摂政はないから就任しようがない。

冠位十二階は、大王家や蘇我馬子たち朝廷上層部が長年練り上げてきた官僚創出・育成策に基づいた施策《せさく》であって、厩戸皇子の発案でない。『日本書紀』にも、聖徳太子の関与は記されていない。憲法十七条には、太子が「親《みずか》ら肇《はじ》めて」作ったとある。しかしたとえば第十二条には「国司・国造《くにのみやつこ》は百姓から税を貪《むさぼ》り取るな。国土のうちの人々の主は大王である」とあるが、とうじ中央から派遣される常設の国司はいないし、朝廷がときどきに派遣する国司ならば、課税業務が排されるのはおかしい。現実には国造が土地・人民を治めており、時代錯誤が過ぎて、この時代の記述でありえない。『隋書《ずいしょ》』にある六〇〇年の遣隋使の主体がヒコ（男）なので太子の派遣とみなされてきたが、少なくとも太子は小野妹子を遣隋使に起用していない。妹子が煬帝《ようだい》の国書を百済人《くだらびと》に奪われたと報告したときに、責任を問う声を押さえ込んだのは推古女帝であって、太子は論議の場にいた気配《けはい》すらない。三経義疏の存在は、天平十九年（七四七）まで知られていない。朝鮮系学僧の著作が流入していたのを、法隆寺の僧・行信《ぎょうしん》が「上宮聖徳法王御製」と注記して強引に納入させたのだろう。

したがって聖徳太子像は後人《こうじん》の追記とみなしてよいのだが、問題はだれがどういう目的で太子像を創作したのかにある。「蘇我入鹿は罪のない山背大兄王を殺したから、乙巳の変で復讐されてとうぜんだ」という言訳《いいわけ》のため、山背大兄《やましろのおおえ》皇子の父が「聖徳」視されたとする中大兄《なかのおおえ》皇子創作説の人気が高い。しかし厩戸皇子・山背大兄王は用明天皇系で、中大兄皇子は山背大兄王の大王位への執拗な挑戦を退《しりぞ》けて即位した舒明《じょめい》天皇の子である。中大兄皇子にとっては親の政敵だった人の親であり、それを顕彰しようなど考えるはずがない。筆者は山背大兄王こそが太子像の提起者と思う。山背大兄王は、父が有力者の称号である大兄を付けられずにおり、蘇我氏の推《お》す古人大兄《ふるひとのおおえ》皇子に対抗するのにはやや劣勢だった。そこで、父親を比類ない聖人「聖徳太子」だったと押し出し、事実上の皇太子（当時の称号ではないが）だったかのように見せかけたのだろう。最近では、『日本書紀』成立時に道慈《どうじ》・長《なが》屋王《やおう》・不比等《ふひと》の三者が共同で創作したとする説（『聖徳太子の成立』）が出されて注目を集めている。

16 欲が先立ちヨクわからない？ 誤解されまくった推古《すいこ》女帝の遺詔《いしょう》

推古天皇三十六年（六二八）三月六日、大王の後継を決める上で重要な鍵となる「推古天皇の遺詔」が発表された。

推古女帝は四十歳で即位し、大王として三十六年間在位した。この間に、補佐的な役割を果たしてきた摂政《せっしょう》・厩戸《うまやど》皇子（聖徳太子）を喪《うしな》い、専横を抑えるのに苦労してきた権臣《けんしん》・蘇我馬子《そがのうまこ》も没した。しかし摂政の後任も置かなかったし、「日継《ひつぎ》の王子《みこ》」となる王子を指名してもこなかった。病をえて余命いくばくもなくなって、はじめて推古女帝の胸のうちが表に出された。

とうじの下馬評《げばひょう》では、有力候補者は二人。一人は押坂彦人大兄《おしさかのひこひとのおおえ》皇子の子、田村皇子であった。押坂彦人大兄皇子は、用明《ようめい》天皇のあとの大王になるはずだったが、竹田皇子と調整がつかなかったか、または本人が病没していたため、即位できなかった。推古天皇は、彼の穴埋めをしたといってもいい。そう考えれば田村皇子に返してもいいし、しかも即位可能な年齢となっていた。もう一人は、摂政・厩戸皇子の子、山背大兄《やましろのおおえ》王である。厩戸皇子は推古女帝の政治を長く補佐した功労者。父親の功績や用明天皇の孫という血統を考えあわせれば、有力視されてとうぜんである。

この二名が候補となるとは、推古女帝も思っていた。そこで推古女帝は、その二人にそれぞれ遺詔を出した。ともに有力な候補者で、それぞれの顔を立て、しこりの残らぬよう納得《なっとく》してもらいたい。ともに大切と思う自分の気持ちを分かってもらいたい。そういう配慮だったのかも知れないが、それが混乱のもととなった。

『日本書紀』推古天皇三十六年三月壬子《じんし》条によれば、推古女帝は田村皇子に「皇位について国家の基をととのえ、政務を総覧して人々を育《はぐ》むことは、安易《あんい》に口に出せるようなことではない。行動を慎み、よく物事を見通すよう心がけよ。軽々しく物をいわぬように」（以下、井上光貞氏監訳本参照）といい、山背大兄王には「未熟だから、心でこうしたいと思ってもあれこれいわず、かならず人々の意見を聞いてそれに従え」といったという。これは『日本書紀』の公式記録だが、これが事実かどうかは不明である。というのは『日本書紀』の編纂事業は、田村皇子（舒明天皇）の子のときにはじまっている。それならば、親の即位こそが正当だったと記すに決まっているからだ。

さて推古女帝の没後に、この遺詔が問題となった。

大王を決定するために、大臣《おおおみ》・蘇我蝦夷《えみし》は阿倍麻呂《あべのまろ》から聞いたという推古女帝の遺詔を群臣たちに発表した。すなわち「田村皇子に『天下を治《おさ》めることは、大任《たいにん》である。安易に口にせず、慎重に物事を見通せ。気を緩めるな』と、山背大兄王には『ひとりでとやかく言わず、人々の言葉に従って行ないを慎め』といわれた」という。これを聞いて、群臣たちは推古女帝の遺志は田村皇子にあると考えた。田村皇子には天下を治めることを前提にした話があり、山背大兄王にはそれがないからだ。

山背大兄王は斑鳩宮《いかるがみや》でこの議論の報告をうけたが、納得しなかった。そして桜井和慈古《わじこ》らを大臣・蝦夷のもとに派遣し、蝦夷の聞いたという推古女帝の遺詔を確かめさせた。桜井の報告によれば、それは「田村皇子に『今後の国政については、安易に口にするな。発言に気をつけて、気を緩めるな』とし、山背大兄王には『未熟だからあれこれとやかましく言ってはならぬ。群臣たちの言葉に従え』

とのことだった」というようにあり、前に書いてあるものとはすこし違っている。田村皇子には「国政に口出しするな」、山背大兄王には「群臣の献言をよく聞いて政務に励め」といったとも聞こえる。

これに対して、山背大兄王が推古女帝からじかに聞いたという遺詔は、また違っている。「皇位が国家にとって大切なことは自分のときだけのことではない。ふだんからよく努めることだ。おまえは未熟であり、物を言うには十分に注意せよ」とあったという。これによれば、山背大兄王の方の遺詔でも国家統治に触れている。

これでは、たしかにもめる。現代物《げんだいもの》の遺産相続のもめ事も、こうした食《く》い違《ちが》いがつきものだ。どうじの遺詔は文書の形でなく、口伝《くちづた》えだった。ふつうはこの内容が側近の女官から発表されるのだが、この場合は女帝から本人にじかに伝えられた。しかし候補者は大王位への欲があり、群臣たちもそれぞれに派閥を作っている。だから聞く姿勢しだいで、受け取り方が異なる。そう達観《たつかん》していられるのは大王位に縁のない人で、本人や側近の気持ちは穏《おだや》かでない。どちらが大王になるかで、権力の中枢で活躍できるかもしれないし、冷《ひ》や飯食《めしぐ》いにもなるかも。紛《まぎ》らわしいことになったのは、二人とも呼んだからだ。一人だけなら、それでわかったはず。もしも二人とも呼ぶならば、せめてはっきりと「あなたを後継者として指名する」と明言してくれればよかったのに。そうぼやいたことだろう。

さて、どれがほんとうの推古女帝の遺志だったのだろう。『日本書紀』は田村皇子のようだが、さっきいった通り、公平な記録かどうかわからない。また山背大兄王のも、曲解かもしれない。そうではあるが、筆者は田村皇子を指名していたと思う。

蘇我蝦夷は、あきらかに田村皇子の方を推《お》していた。田村皇子の母は、敏達《びだつ》天皇と春日老女子夫人《かすがのおみなごのおおとじ》の間の娘・糠手姫《ぬかてひめ》皇女である。この系譜では、蘇我氏に何の利害関係もない。しかし田村皇子の後宮には法提郎女《ほてのいらつめ》が入っていて、すでに古人大兄《ふるひとのおおえ》皇子が生まれている。法提郎女は馬子の娘で、蝦夷の妹にあたる。つまり古人大兄皇子は蝦夷の甥。いま田村皇子が大王となれば、古人大兄皇子は大王の子として次世代の大王の有力候補となり、蘇我氏血縁の大王を立てることができる。これに対して山背大兄王は蘇我氏の血縁であり、母は馬子の娘・刀自古郎女の子であった。これならば蘇我氏は山背大兄王を推しそうだが、山背大兄王の父・厩戸皇子は蘇我馬子に対立的な立場をとっていた。また山背大兄王の後宮には蘇我系の女性がいない。これでは、次世代には蘇我系でない大王が立つわけで、蘇我氏がないがしろにされる蓋然性も高い。いまの血脈で考えれば山背大兄王でもいいが、山背大兄王の考え方や次世代まで見通せば田村皇子がよい。

こういう蘇我氏の思惑《おもわく》は、推古女帝にも予想できる。それなのに推古女帝が山背大兄王を後継に指名すれば、山背大兄王は蘇我氏の餌食《えじき》になる。かつて崇峻《すしゅん》天皇は馬子に殺され、推古女帝はそれを目《ま》の当たりにした。山背大兄王に、悲惨な最期《さいご》を迎えさせようと願うはずがない。

そう考えると、遺詔はこう理解できる。田村皇子には「国家の政治を任せてもよいが、軽率に口を出すな」とし、山背大兄王には「自分から大王になろうとするには未熟だ。しかし群臣がこぞって推すならば大王になれよう。よくみんなの意見を聞け」と。ようするに山背大兄王は多数派を組織し、群臣の人望を集められるよう努めよ。蘇我氏は推さないから、あなたは多くの人たちに支持されなければ大王になれない。自分の意志で大王に這《は》い上がっても、やがて崇峻天皇の二の舞となる。そう諭《さと》したかったのだろう。しかし大王になりたい一心の山背大兄王に、その真意は通じなかったようだ。

17 中国文化や律令《りつれい》制度のことなら俺に聞けよ！ クイズの帝王・蘇我入鹿《そがのいるか》

皇極《こうぎょく》天皇四年（六四五）六月、飛鳥板蓋宮《あすかいたぶきのみや》で大臣《おおおみ》・蘇我入鹿が暗殺された。蝦夷《えみし》・入鹿らは、蘇我氏の専横・宮廷の軽視に対する反発が強く、かねて情勢不穏とみていた。そこで甘樫丘《あまかしのおか》の上に邸宅を構え、独裁権力は放さないもののほとんど引きこもった毎日を送っていた。そして邸の内外には武器庫・水槽・堀などの施設をおき、一日中兵士に警衛させていた。

これでは、軍事クーデタで入鹿らを倒すことができない。中大兄《なかのおおえ》皇子・中臣鎌足らは困ってしまい、そこで高句麗《こうくり》・新羅《しらぎ》・百済《くだら》の三韓朝貢の儀式を偽装して、まんまと入鹿を宮廷におびきよせることに成功した。剣・長槍・弓矢などを携えて、入鹿の登場をまった。そして宮に入るところで俳優《わざおぎ》らに入鹿の剣を取り上げさせ、殿舎の扉を締め切って、よってたかって斬殺したのである。これが乙巳《いっし》の変とよばれ、大化改新のきっかけとなる大クーデタ事件であった。

これで蘇我氏本宗が滅亡するわけだが、こういう事件について記す場合、おおむね蘇我氏は前近代的な氏族政治の中枢にいて、愚鈍《ぐどん》な守旧派の代表と描かれる。一方でこれを倒した中大兄皇子・中臣鎌足らは唐帝国の成立に刺激された国際感覚のある先進的な人々とされている。とくに中大兄皇子らは、政権の発足直後から律令制的中央集権国家の樹立を掲げて矢つぎばやに新政策を打ち出していくので、その前後の対比関係からも蘇我蝦夷・入鹿が保守的な体質を持つ守旧派という感じがつよく印象づけられる。

鎌倉幕府の二代将軍となった源頼家《みなもとのよりいえ》は、北条義時らによって幽閉《ゆうへい》（監禁）された。その理由は、自分が集めたお気に入りを側近にして、蹴鞠《けまり》ばかりにうつつを抜かしている。また鎌倉幕府を構成している御家人《ごけにん》たちがもっとも大事にしている所領裁判についても、墨でさっさと線を引くだけで、言い分も聞かないし、内容の公正さもない。だから幽閉されたのだ、ということになっている。しかしこれは北条氏が編纂した『吾妻鏡《あづまかがみ》』に記されていることであって、倒される側の主張は採り入れられていない。ほんとうは頼朝がやっていたように、宿老《しゅくろう》たちの意見に左右されることなく独裁政治を続けていただけである。その独裁政治の形式か内容が気に入らない北条氏らが、権力闘争をしかけたのだ。

頼家と同じように、入鹿は強引で愚かな奴だとしか思われていない。ほんとうに入鹿は保守的な人物だったろうか。たしかに蘇我系の古人大兄皇子を次期大王に擁立しようと、敵対する山背大兄王《やましろのおおえ》家を族滅させた。親もあきれたというほどだから、やることなすことに新鮮味はなさそうだ。

だが『藤氏家伝《とうしかでん》』によると、がりがりの保守的政治家でもなかったらしい。遣隋使《けんずいし》に随行した留学僧に、僧旻《そうみん》という人がいた。彼は中国で二十四年も学び、帰国後は自宅に学堂を構えて『周易《しゅうえき》』などを講義していた。そこには中大兄皇子や中臣鎌足らも通《かよ》っていた。その私塾でのことだ。僧旻は「この塾に通う者のなかで、宗我大郎《そがのたいろう》（入鹿）に勝《まさ》る者はいない」といい、彼こそ天才だとした。この文のあとには、「鎌足はそれに勝る」とつづくのだが、文意からすれば不自然である。おそらく、もともとは入鹿を絶賛しただけだったろう。入鹿は、中国の先進的な文化・政治機構・諸制度などを、すごくよく理解できたらしい。ただどんな知識でも、それを役に立てられなければ「クイズの答え」ていどの意味しか持たないということだろうか。

18 ご冗談でしょ？ 蘇我入鹿《そがのいるか》が大王になれるもんですか

蘇我入鹿は、曾祖父・稲目《いなめ》から馬子《うまこ》・蝦夷《えみし》と代々築いてきた権勢を引き継ぎ、大臣《おおおみ》として国政の実権を手にしていた。

稲目は欽明天皇に小姉君《おあねぎみ》・堅塩媛《きたしひめ》を配し、それらの子である用明《ようめい》天皇・崇峻《すしゅん》天皇・推古《すいこ》天皇は大王となった。祖父・馬子は舒明《じょめい》天皇に推古女帝の娘・田眼《ため》皇女をいれ、また馬子の娘・法提郎女《ほてのいらつめ》と舒明天皇との間の子・古人大兄《ふるひとのおおえ》皇子は有力な次期大王候補と目された。姻戚《いんせき》関係が重層的に築かれていて、これに肩を並べられる対抗勢力も見当たらない。こうした政治力を背景にして、蝦夷は大臣の地位を象徴する紫冠《しかん》を、大王の手を経由しないで入鹿へと伝えた。大王の任命権を無視したのである。

そうした父の所業をみて、入鹿も驕《おご》ったのだろうか。自邸を「宮門《みかど》」、子たちを「王子《みこ》」と呼ばせ、さらに大王のみが持つはずの特権を公然と冒《おか》し、山背大兄王討滅のさいの朝廷軍も思いのままに動員していた。こうした話は、大王にとってかわるつもりだったというイメージを懐かせる。

しかし、大王にとってかわるそぶりを見せたとする記事の大半は、事実でない。

第一に、こういう記事を載せる『日本書紀』は、蝦夷・入鹿を滅ぼした勝者の手になる記録である。「自分たちが入鹿たちを滅ぼしたことは正義の行動であった。入鹿は滅ぼされて当然なのだ」「分《ぶん》をわきまえぬ悪者だった」として、廷臣たちの支持を取り付けたい。そういう意図のもとで書かれている記事なのだから、事実認識と正邪の評価についてはかなり割り引いて読むべきだ。

第二に、古代世界にはそれなりの政治的常識があった。入鹿たちがいくら強大な権力を誇ったとしても、日本国内の政治的な事情だけでは、大王に取って代われないくらい知っていたはずである。それは推古女帝が遣隋使《けんずいし》を派遣するのを止《と》めなかったときに、もう決定的になっていた。

よく知られているように、前近代の東アジア世界には冊封体制《さくほう》がしかれていた。中華である中国王朝に定期的に、遠ければ不定期に、周辺諸国は朝貢使を送っていた。みずからすすんで臣下の礼をとって国王に任ぜられることにより、中国からの侵略をまぬがれようとした。中国皇帝としても、自分の徳があるから数多くの朝貢があると思って気をよくした。

さて朝貢国としてのメリットは、中国からの侵略が防げるだけでなかった。中国の臣下となったのであるから、自国の内政・外交に干渉される。それは不利益だが、第三国から侵略を受けた場合には中国が救援・保護してくれる。文禄《ぶんろく》元年（一五九二）に豊臣秀吉が李氏朝鮮《りしちょうせん》に侵攻すると、中国は救援軍を送っている。また国内で政変が起きた場合、自分が任命した国王の味方になった。中国が身分を保証した臣下だから、中国は国王の地位の保護に努める。クーデタなどでの政権交替は、けっして是認《ぜにん》しなかった。明治十五年（一八八二）に李氏朝鮮で起きた壬午軍乱《じんごぐんらん》でも、中国軍はあえて親日派である国王の味方となり、王位を簒奪しようとした大院君《たいいんくん》を捕えている。

推古女帝たちが遣隋使を送って、その使者が中国に受け入れられた以上は、推古女帝はもはや中国皇帝の臣下である。クーデタ・お家乗っ取りなど、いくら画策しても東アジア世界で承認されるはずがない。蘇我一族としては、大王の擁立・廃立《はいりつ》ならいくらでもできるが、自分が即位することはできない。蝦夷・入鹿がほんとうに宮門・王子と呼ばせていたのなら、それはへたな冗談か腹いせである。

19 入鹿《いるか》殺害の黒幕は、皇極《こうぎょく》女帝さん、あんたでしょ！

皇極天皇四年（六四五）六月十二日、飛鳥板蓋宮《あすかいたぶきのみや》で大事件が起こった。朝廷の最高権力者の大臣《おおおみ》・蘇我入鹿が、とつぜん襲撃されて死亡したというのだ。

入鹿も、かねて不穏な情勢を察知していた。甘橿丘《あまかしのおか》上の自邸とその周辺には厳戒態勢をしき、外側には柵、門の脇には武器庫や消火用の水槽・木鉤《きかぎ》（鳶口《とびくち》）を用意し、兵士が巡回した。外出はなるべくせず、出るときには五十人の兵士に護衛させていた。それが、この日だけはうまくいかなかった。

三韓つまり高句麗《こうくり》・百済《くだら》・新羅《しらぎ》の使者が朝廷に揃ってきて、挨拶するという。入鹿は板蓋宮に入ったが、護衛は廷内立ち入りを阻まれた。入鹿は用心深く、日ごろ剣を身からはずさないようにしていたが、俳優《わざおぎ》（滑稽な振る舞いをする人）の饒舌《じょうぜつ》に気を許して剣を手放した。そして蘇我石川麻呂《そがのいしかわまろ》が三韓の上表《じょうひょうぶん》文を読みおわろうとしたとき、中大兄皇子《なかのおおえ》・佐伯子麻呂《さえきのこまろ》らに斬りつけられたのだ。傷を負《お》って転倒した入鹿は、御簾《みす》のうちにいる皇極女帝に「何の罪があるというのですか」と質《ただ》し、女帝は皇子に「どうしたのですか」と聞いた。皇子は「入鹿は皇族を滅ぼし、天孫を絶やそうとしています」と答え、それを聞いた女帝は席を立った。残された入鹿は、もちろん惨殺《ざんさつ》された。これが乙巳《いっし》の変で、女帝は事件直後に譲位した。この事件は中大兄皇子が中心で、蘇我石川麻呂らと仕組んだもの。皇極女帝は局外中立で、事態に茫然自失したように描かれている。だがそれはどうだろうか。

第一に、三韓揃っての上表になるとしたら、すごく画期的な出来事であった。高句麗は百済・新羅をたびたび圧迫していたし、新興勢力の新羅は百済を相手に力を伸ばしつつあった。三者は長くいがみあってきたのに、いまや共同歩調をとって唐《とう》の遠征軍に結束して対峙《たいじ》することに方針転換したのか。もしそれなら画期的な朗報《ろうほう》だから、入鹿も出る気になった。しかしこれはのちの歴史からみても虚偽である。だれかが捏造《ねつぞう》した、虚報である。中大兄皇子ていどに、こんな大事が偽造できるはずもない。初耳だなぁと疑われ、周囲に確かめればすぐに嘘とばれる。ただ皇極女帝からの召集ならば、まさか偽りとは思わずに出仕する。だからこの場面を設定するには、皇極女帝の協力が欠かせないのだ。

第二に、皇極女帝はすぐに孝徳《こうとく》天皇に譲位し、新政権のスタッフからははずされている。それなら関係者でなさそうだが、孝徳天皇と実権者の中大兄皇子が対立すると、孝徳天皇を難波宮に置きざりにして、中大兄皇子とともに飛鳥河辺行宮《かわべのかりみや》にいってしまう。しかしこの孝徳天皇との決別という思い切った行動は、皇極上皇の決断なしにできない。大王はまだ孝徳天皇だから、どんなことでも中大兄皇子は難波宮《なにわのみや》に許可を求めてから動くべきである。もし天皇権力を二分するなら二朝対立となるが、孝徳天皇側にはそういう雰囲気がない。それでも動けたのは皇極上皇が決定権を持っていたからである。彼女の退位は見せかけで、改新政府でも決定権を握る重鎮でありつづけたのである。

第三に動機だが、中大兄皇子は自分の子どもであり、その身を案じるのはごく自然だ。蘇我氏は入鹿の叔母・法提郎《ほてのいらつめ》女の生んだ古人《ふるひとのおおえ》大兄皇子を次期大王に立てようとしている。そのために、かねて立候補を表明している山背《やましろのおおえ》大兄王を討伐した。中大兄皇子は父母とも天皇で、高貴で有力な血脈にある。放置しておけばやがては確実に入鹿の餌食となる。だから中大兄皇子を助けたい一心で、この暗殺計画に荷担《かたん》したのだろう。黒幕は、とかく無関係のような姿をとっているものだ。

20 入鹿《いるか》の首塚《くびづか》っていうけど、首はないの？

古代とかわらぬ三輪山《みわやま》・二上山《ふたかみやま》の山容、数多い古墳の群れ、そして地下から姿を現している宮址《みやあと》。一三〇〇年前を髣髴《ほうふつ》させる風景が、その周囲には広がっている。

奈良盆地の南端、明日香村を訪れる人たちは、古代にタイム・スリップしながらしばし現代社会で疲れた心を休ませる。そうした人たちのかならず訪れる観光ポイントの一つが飛鳥寺で、鞍作止利《くらつくりのとり》の作った本尊・釈迦仏《しゃかぶつ》は時代の傷を無数にうけているが、いまも古代以来の向きを変えることなく端座《たんざ》している。その寺の西側に、入鹿の首塚がぽつんと置かれている。

蘇我入鹿は皇極《こうぎょく》天皇二年（六四三）十月に父・蝦夷《えみし》のあとをついで大臣《おおおみ》となり、以降の国政を壟断《ろうだん》した。ほんらい大王の特権である八佾《やつら》の舞を舞わせ、鑑賞した。また甘樫丘《あまかしのおか》に邸宅を作らせ、蝦夷のを上《うえ》の宮門《みかど》、入鹿のそれを谷《たに》の宮門《みかど》と呼ばせた。さらに子たちを王子《みこ》と呼ばせた。大王気取りである。それだけではない。叔母・法提郎女《ほてのいらつめ》が生んだ古人大兄《ふるひとのおおえ》皇子を是が非でも大王につけようと、後継候補に名乗りをあげた山背大兄《やましろのおおえ》王を何の落ち度もないのに討ち滅ぼしてしまった。真偽・虚実は不明だが、もしそうだったとすれば、自分の利益だけを追求する行動で、上に立つ者の所業とも思えない。

自分でもすこしは気が咎《とが》めたし、不穏な情勢も感じとっていた。宮殿にもめったに出入りせず、五十人の護衛をつけて隙を見せないようにした。また邸内には兵士を配置して警戒にあたらせ、水槽に水をはって焼き討ちに備えた。しかし皇極天皇四年六月、中大兄《なかのおおえ》皇子らの計略にはまり、飛鳥板蓋《あすかいたぶきの》宮《みや》で殺された。中大兄皇子たちは蝦夷などの反撃に備え、ひとまず板蓋宮北隣の飛鳥寺《あすかでら》に立て籠もった。伊達藩《だてはん》が松島・瑞巌寺《ずいがんじ》を城砦《じょうさい》として作らせていたように、飛鳥寺もまた軍事要塞であったのだ。

さて問題はその入鹿の首である。「多武峯縁起絵巻《とうのみねえんぎえまき》」（談山神社蔵）などの絵画資料では、入鹿はたしかに首を刎《は》ね飛ばされている。頭と胴体は分離され、血しぶきをあげている。それならば、首実検《くびじっけん》したあとに飛鳥寺のほど近くに埋められてもいい。しかし、このイメージはただしくない。『日本書紀』の記事によれば、入鹿の首が切断されたとはなく、また惨殺死体は板蓋宮の庭に筵《むしろ》をかけて放置されていた。遺骸にはおりからの雨がかかり、宮の庭は血で赤く染まった、とある。やがて遺骸は蝦夷のもとに運ばれる。蝦夷に事態の悲劇的な展開とその深刻さを知らせ、また降伏を迫るためのメッセージとされたわけである。蝦夷は武力として頼りにしてきた高向《たかむこ》氏ら東 漢《やまとのあや》氏一族に見限られ、前途を悲観して自邸に火を放って自殺してしまった。

この話の通りなら、入鹿の遺骸は蝦夷の邸もろとも灰燼《かいじん》に帰した。飛鳥寺に首を残しておいたのでは、胴体だけの入鹿では、蝦夷が息子の遺体だと確信できない。蝦夷のもとに届けられたのなら、飛鳥寺の西側に埋められるはずがない。考古学的調査をしても、もちろん何も出てこないだろう。

いやじつは、そもそも入鹿の首塚といっているものは、後世に流行した五輪塔《ごりんとう》の一つにすぎない。五輪塔は石造の塔婆《とうば》の一種で、地水火風空の五大（五つの要素）を表現した密教世界の文化遺産である。平安期がはじまりで、時代とともに三角石（火輪）の軒先《のきさき》が強く上向きになり、四角石（地輪）が長方形になっていくそうだ。その点、入鹿の首塚は五輪塔としては古様《こよう》だ。だが入鹿の時代とは四〇〇年以上の隔たりがある。首塚ではないはずだが、もしも首が出てきたらそれはだれの首だろう。

21 大化改新《たいかのかいしん》って、中国と戦うための下準備だったの

皇極《こうぎょく》天皇四年（六四五）六月、中大兄皇子《なかのおおえのおうじ》らは、ときの権力者である大臣《おおおみ》・蘇我入鹿《そがのいるか》を板蓋宮《いたぶきのみや》で暗殺した。このクーデタ事件（乙巳《いっし》の変）で政権を掌握した中大兄皇子らは、翌年の大化改新の詔《みことのり》で施政の基本方針を表明し、五年にわたる国内改革に取り組んだ。その目標は天皇を中心とした中央集権的な国家体制をつくることにおかれ、そのために中国の律令《りつれい》制度の仕組みの積極的な導入がはかられることになった。

いったいなぜ中央集権化を急いだのだろうか。入鹿は山背大兄王《やましろのおおえのおう》を殺し、みずからを天皇に准《なぞら》えるなどの専横の振舞いがあったという。また中大兄皇子は有力な大王候補であったために、入鹿側に暗殺される危険性もあった。しかしそうした反発心や後継者争いだけでは、「だから中央集権国家をめざす改革に突き進もう」という動機にならない。

大化改新の背景には、①有力農民層の抬頭で国造《くにのみやつこ》の地位が揺らぎ、中央権力の強化が望まれたこと、②部民《べのたみ》制に変化がおきて官司制への再編が進み、屯倉《みやけ》・私部《きさきべ》・壬生《みぶ》部の設置などにみられるように朝廷・皇室の経済力・政治力が増していたこと、③留学生の帰国で隋唐《ずいとう》の新知識が流入したこと、があげられる。しかしそれらよりもはるかに重要な契機は、東アジア世界の軍事的緊張である。

そのもとは、中国による朝鮮半島侵略である。これは、すでに開皇《かいこう》九年（五八九）に隋が陳《ちん》を滅ぼし、南北朝を統一したときに計画されていたことだ。朝鮮半島北部の高句麗《こうくり》は、中国北朝に隣接して

いたので、国防の観点から表向きは北朝と仲良くしながら、南朝とも組んでいた。ずるいといえばそうだが、どちらか一方につかずに両面外交策をとった。これが統一した隋にはおもしろくない。裏表のある外交方針をなじられ、高句麗征伐がはじまった。しかし高句麗は中国軍の攻撃をよく凌《しの》ぎ、負《ま》けなかった。そのうちに隋の国内で反乱が起こり、唐にとって替わられた。唐にとっての高句麗は敵でないはずだが、高句麗ふぜいに東アジアの盟主たる中国が負けたとあっては恥辱だと感じた。唐は、生意気《なまいき》にも中国の主《あるじ》に勝ってしまった高句麗を消滅させるべく念入りに準備を進めていたのだ。

そして貞観《じょうがん》十八年（六四四）、唐が高句麗に侵攻した。成り行きを百も承知の高句麗では、この二年前に政変が起こされた。泉蓋蘇文《せんがいそぶん》が国王と多数の有力貴族を殺害し、新国王を擁立。分権的な国制を集権化するための改革に着手していた。国力を集中して唐軍と対決しようというのである。

大化改新の趣旨も、高句麗と同じである。唐は、やがて高句麗を席捲《せっけん》して朝鮮半島を制圧する。そうなれば、日本のこの二五〇年の朝鮮半島での友好関係樹立の努力は水泡《すいほう》に帰《き》し、権益もなくなる。戦いの過程で唐軍の鋭鋒《えいほう》は日本に向けられるかもしれない。それならば朝鮮諸国と手を結び、唐と対決しよう。唐との戦闘を前にした新しい強力な政治体制の創出。それが大化改新の目的だった。

とはいえ、唐は高句麗との戦いに手こずった。そこで新羅《しらぎ》と結んで百済《くだら》を急襲し、顕慶《けんぎょう》五年（六六〇）にこれを滅ぼした。日本は、かねて朝鮮半島経営を百済との提携のもとに進めていたから、この事態を黙過できなかった。百済の王子余豊璋《よほうしょう》を担《かつ》いで百済遺臣の反唐運動を助けようと、天智称制《てんじしょうせい》二年（六六三）白村江《はくすきのえ》で唐・新羅連合軍と衝突した。しかし日本は大敗を喫し、朝鮮経営の夢を棄てざるをえなくなった。その意味では、大化改新の最大の目的を果たせなかったわけだ。

22 大化改新《たいかのかいしん》の詔《みことのり》は著名な記事なのに、どうしてなかったとかいわれるの

大化改新は、皇極《こうぎょく》天皇四年（大化《たいか》元年、六四五）六月の乙巳《いっし》の変をきっかけにはじまった。天皇を中心として、律令《りつりょう》によって運営される中央集権国家体制をめざした国政改革である。

具体的には、同年中に東国《とうごく》へ国司が派遣され、大化という元号《げんごう》が建てられた。翌年には大化改新の詔が発布され、①公地公民制の導入、②中央集権的な行政組織と軍事動員体制の創出、③戸籍・計《けい》帳《ちょう》制度と班田収授《はんでんしゅうじゅ》法の実施、④統一的な新税制の施行という四項目が基本方針とされた。これに基づいて、戸籍作成の下準備に入り、国造《くにのみやつこ》制から国司制をめざした改制がはじまり、また冠位制度の階数を増やしながら官人制を整えていく動きが急展開した。

その詔発布の前後には、大化元年九月に全国の人口調査が命じられ、土地の小作が禁じられた。同二年の改新の詔をうけて中大兄《なかのおおえ》皇子が私有民と屯倉《みやけ》を天皇に献上し、翌三年には私有民の収公（公的機関への接収）が命令された。白雉《はくち》三年（六五二）正月には班田が終わり、四月には戸籍ができて、里・五保《ごほ》の制まで施行できたという。しかし、上が命令したとたんに下からつぎつぎと成果が上がってくるというのは、あまりにできすぎていないか。そういう目で見直すと、この一連の記事にはなにか作為がありそうである。改革の起点となっているのは四か条にわたる大化改新の詔だが、どうも大化二年に発表されたとうじの詔文が載《の》せられているのではなさそうなのだ。

詔の文は、たとえば「其の三」では「初めて戸籍・計帳・班田収授の法を造れ。凡《およ》そ五十戸を里と

す。里毎《さとごと》に長《おさ》一人を置く。戸口を按《かんが》へ検《あらた》め、農桑を課せ殖《おおう》る、非違《ひい》を禁め察《いさ》め、賦役《ぶやく》を催駈《もよおしつか》ふことを掌《つかさど》れ……。凡そ田は長さ三十歩、広さ十二歩を段とせよ。十段を町とせよ。段ごとに租の稲二束二把、町ごとに租の稲二十二束とせよ」となっている。このうち「凡そ」ではじまる文章は、「初めて戸籍・計帳・班田収授の法を造れ」という詔本文の注釈に当たっている。ところがこの「凡そ」ではじまる文は、のちに編纂された養老令《ようろうりょう》とまったく同文である。養老令文はさらに大宝《たいほう》令文と同じらしいが、大化二年に発表された詔の文が、それから五十年間試行錯誤を繰り返してできた令文と同じというのはいかにもおかしい。おそらく「凡そ」の部分は、『日本書紀』の編纂にさいして、とうじの施行法令だった大宝令の文をそのまま書き込んだものであろう。

それならば、「凡そ」より前の本文はとうじのままなのだろうか。

たとえば、詔文の「其の二」には「初めて京師《みさと》を修《おさ》め、畿内《うちつ》国《くに》の司・郡司・関塞《せきそこ》・斥候《うかみ》・防人《さきもり》・駅《えき》馬《ば》・伝馬《てんま》を置き、鈴契《れいけい》を造り、山河を定めよ」とある。この文章の組み立てがとうじのものかどうかまではわからないが、その表現にはすくなくともとうじのものでない部分がある。

たとえば「郡司」という表現がそうだ。七世紀後半のものとされる金石文や古い系図では、いずれも評督《ひょうとく》・評造《こおりのみやつこ》などとあって、郡という字など用いられていない。このことは大宝令の発布されたとうじの王宮である藤原宮址から出土した木簡が、具体的に裏付けている。年紀が記された木簡では、「評」と表記された木簡《もっかん》は庚子《こうし》年すなわち七〇〇年が使用の最終年であった。つまり七〇〇年までの地方行政区画は評だったが、その翌年の大宝令施行以降に郡へと変えられたのである。となると詔文の「其の二」の本文もとうじのままでなく、はるか後年の大宝令の知識で改められていたわけだ。

こうなってくると、一部の表現だけでなく、内容全体まで捏造《ねつぞう》し放題《ほうだい》だったとも考えられる。

こういう疑念をもっとも深くうけとめ、『日本書紀』の史料批判を厳密にしつつ後世の追記・捏造を突き詰めようとしたのが、昭和四十年（一九六五）代にはじまった大化改新虚構論だった。

虚構論でも、中大兄《なかのおおえ》皇子が乙巳《いっし》の変で入鹿《いるか》を倒したことは事実とみるが、それはたんなる政権交代劇とする。大化改新の詔も、それにつづく一連の政治改革も、じつは虚構。これらは『日本書紀』編集者が、大宝令などが整備されたあとで捏造したものとした。中央集権化に向けた国政改革は、白村江《はくすきのえ》の戦いなどをめぐる国際情勢や国内情勢の変化をうけ、それに対応するなかで構想されたものだった。具体的には天智《てんじ》天皇三年（六六四）の甲子《かっし》の宣《せん》で「民部《たみべ》・家部《やかべ》を定める」とあるのが、改革のはじまりだった。民部を定めるというのは、民官《みんかん》（民部省の前身）所管のなかに入る人を決めたことで、ここではじめて公民制度が導入された。これに対する家部は氏族の私有民であって、公民と峻別《しゅんべつ》した上でとりあえず私的所有を認められた。豪族の力がつよいなかでは、二種類にせざるをえなかったが、壬申《じんしん》の乱のあと、天皇権力がつよくなった。天武《てんむ》天皇四年（六七五）、「甲子の年に諸氏に給わった部曲《かきべ》は、これ以後はすべて停止せよ」とされて、天智朝には公認されていた家部も廃止された。これによって氏族の私有民はいなくなり、人民のすべてが民官の所管となった。ここで、はじめて公地公民制が確立した。以後、律令制的中央集権国家への国政改革が矢つぎばやに実施され、三十五年ほどで改革が成功したことになる。

じっさいには、こうした急展開の政治過程だった。それをはるかに溯らせて大化改新の詔やその後の一連の改革指令を書き込ませたのは、中央集権国家の成立の由来を古く見せるためだったとした。

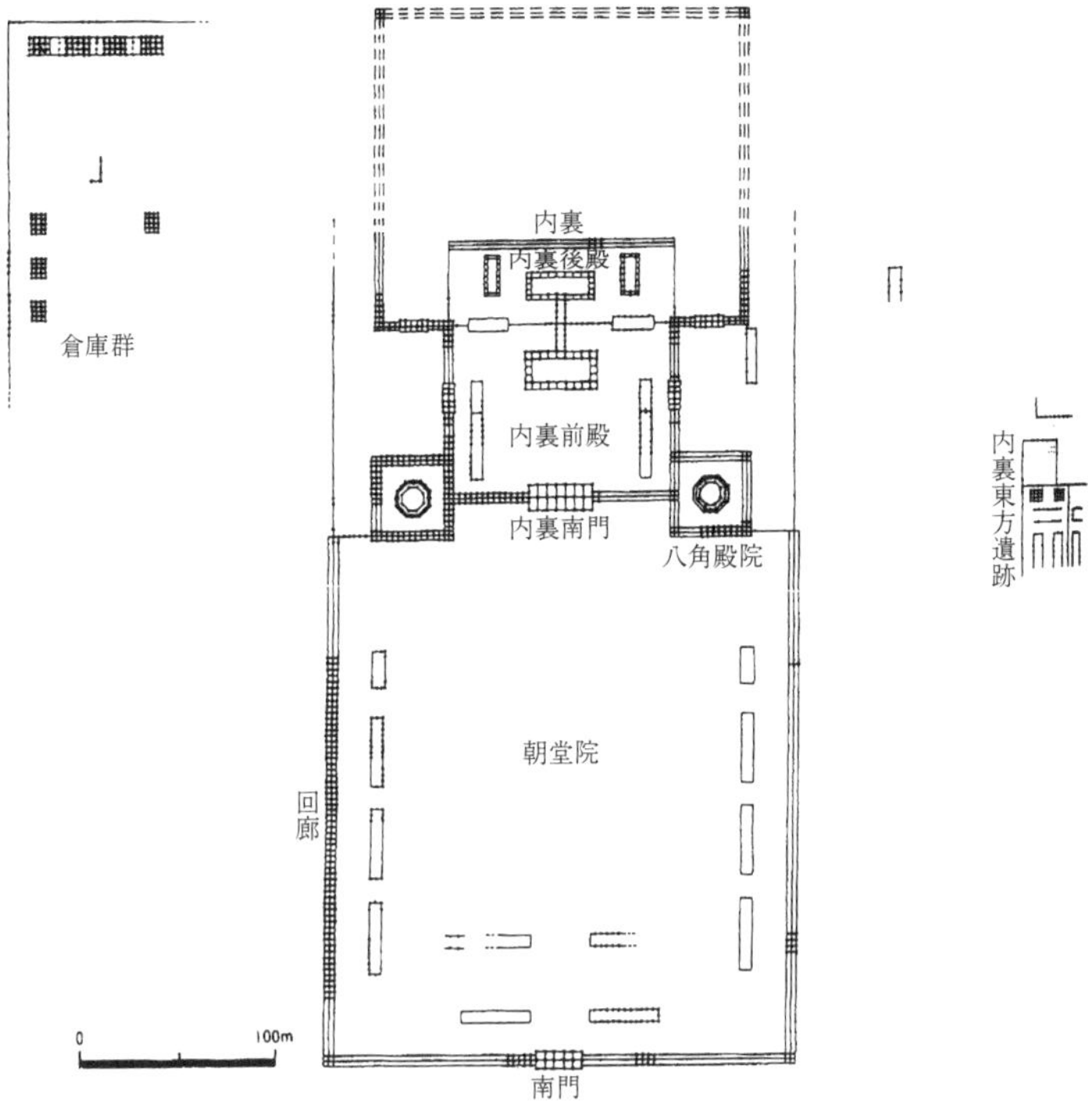

大化元年に造られはじめた長柄豊碕宮かとされる前期難波宮跡の遺構配置図
（町田章氏「古代の宮殿と寺院」『古代史復元８』講談社をもととして作図）

23 大化改新《たいかのかいしん》が復権したのは、考古学調査のおかげだっていうけれど

大化二年（六四六）正月の大化改新詔文には疑問があるとして、抜本的な疑問を投げかけたのが前項の大化改新否定論・虚構論だった。論者は、大化改新といわれる一連の改革記事はすべて『日本書紀』編者の捏造《ねつぞう》で、由来を古く見せるために改新の詔を捏造して嵌《は》め込んだとした。

しかしいまや「大化改新の詔はなく、つづく大化改新の国内改革もない」とする否定論は、ほぼその姿を消している。

もともと、改新の詔文をすべてなかったとまでするのは行き過ぎとする意見が強かった。たとえば詔文「其の四」には、「旧《もと》の賦役《ぶやく》を罷《や》めて、田の調《みつき》を行へ。……別に戸別《こごと》の調を収《と》れ」などとある。大宝令《たいほうりょう》規定の調は「凡そ調の絹・絁《あしぎぬ》・糸・綿・布は、並に郷土の所出に随へよ。正丁一人に、絹・絁八尺五寸……」などとあって、男子の人頭税であった。大化年間から天武天皇の治世下くらいまでは、まだ戸籍・計帳もなくて人別の把握ができない。そうしたなかでは、田の調・戸別の調という収税方法は時代にあっている。また大宝年間にはじめて考えたのでは、思いつかない課税法である。またこの副文《ふくぶん》では「役所の下働きをする仕丁《してい》は三十戸ごとに一人取っていたが。これを五十戸ごとに一人とする」とするが、かつて三十戸単位に賦課していたことなど、後《のち》の人には考えつかない。そうであれば、いくぶん表現が変えられていたとしても、なにがしかの本文はあったと考えるのが穏当だろう。さらに、もともと改新の詔は和文の宣命《せんみょうたい》体で書かれていて、それを漢文にしたとき

に大宝令の知識で文飾《ぶんしょく》しただけだ、という説もあった。

　虚構論が急速に衰えたのは、考古学調査で難波長柄豊碕宮《なにわながらとよさきのみや》の全貌が明らかになってきたからでもある。難波長柄豊碕宮は大化元年十二月に造営をはじめた孝徳《こうとく》天皇の王宮である。孝徳天皇は乙巳《いっし》の変の直後の大王で、先頭に立って大化改新を導いてきた人である。この難波宮址（大阪市中央区馬場町・法円坂二丁目）は、意想外《いそうがい》に壮大な規模だった。宮址《みやあと》は上下二層になっているが、その下層（前期難波宮）が孝徳朝のものと見られる。瓦が出土しない掘立柱《ほったてばしら》建物であるが、一尺が二十九・二《センチメートル》という昔前の短い物尺《ものさし》を使っており、建築手法としては古様《こよう》である。それなのに内裏《だいり》・大極殿《だいごくでん》・朝堂院・複廊・八角殿院・倉庫群などが揃っていて、私的な内裏部分と公的な政治の舞台となる朝堂院部分も意識的に分けられていた。施設の規模も大きく、宮の中軸線上に整然と左右対称に十二堂の建物群が並んでいて、その造作は平安宮までの宮都史の出発点といえる。内裏の南門は、宮都史上でも最大級の規模を持っているとのことだ。

　従来は大王ごとにかんたんに遷都するくらいだから、せいぜい一〜二《ヘクタール》ていどの王宮だったろう。しかし難波宮はちがう。これまでの店舗併用住宅のような手狭《てぜま》な王宮とは異質の、本格的な中国的王宮である。それならば、そうした宮を意識的に造ろうとするような政治姿勢づくり、造営を可能にするだけの体制の転換があったはず。つまり大化改新のような大きな国内改革への決意が不可欠である。大化改新は、律令貴族の作り出した架空の記事ではない。大改革への決意なしに、こうした宮都づくりははじまらない。そういう考えに導かれる。いまや大化改新否定論も孝徳朝からの国政改革を認めており、特異な部分はなくなってしまった。

24 大化《たいか》という日本最初の元号は、じつはなかったかもしれないの

大化元年（六四五）六月十二日に、乙巳《いっし》の変すなわち大臣《おおおみ》・蘇我入鹿《そがのいるか》の暗殺があった。そのあと中《なかの》大兄《おおえ》皇子らは叔父の軽《かる》皇子を擁立し、孝徳《こうとく》天皇として即位させた。一週間ほどたった十九日、孝徳天皇・皇極《こうぎょく》上皇・中大兄皇子らは飛鳥寺《あすかでら》の西の大槻《おおつき》の樹の下に群臣を集め、「天は上から被《かぶ》さって、地は天を載《の》せている。帝道はただ一つである。……いまからのち、君として二つの政治はなく、臣下は二つの朝廷に仕えることはない」（『日本書紀』）と誓わせた。そして「天豊財《あめとよたから》重日《いかしひ》足姫《たらしひめ》（皇極）天皇の四年を改めて、大化元年とする」と宣言し、大化の元号をはじめて建てたという。

大化という元号を建てることには、二つの大きな意味がある。

大化という語句の典拠は『尚書《しょうしょ》』大誥《だいこう》で、そこには「私は思うさま『大』いに人民を徳で『化』し、私の友邦となる国を勧誘する」とある。つまりこの元号の名は徳化《とくか》を広く大きく及ぼすという語義で、まず大王家が蘇我入鹿を打倒して政治の主導権を握ったことを高らかに宣言している。さらに徳を遠く広く及ぼすために大王家主導のもとで大きな改革がなされる。国家改造計画はすでに脳裡《のうり》にあるぞという意気込みが垣間見《かいまみ》られるといってよい。

いま一つは、元号を建てることの意味である。古代東アジアは、中国を軸にしたひとまとまりの世界を形成している。中国は中華つまり大輪の華が咲く地域であって、そこには徳のある皇帝がいて文化的にも優れている。周辺の国は中国に畏敬《いけい》の念を懐き、この徳化に預《あず》かろうとして朝貢《ちょうこう》する。貢《みつぎ》

物《もの》をささげ、皇帝の直属の臣下や藩屏《はんぺい》たる国王に任命されたがる。中国はこうした要望に応《こた》え、そうした臣下や国王をあたたかく保護する。そういう秩序を建前《たてまえ》として続けてきた世界である。

　この建前は近代のイギリス・ロシアに対しても適用され、それがアヘン戦争の遠因にもなった。それはともあれイギリス・ロシア・日本など遠隔地の国は定期的朝貢を求められないかわりに、政治的・軍事的保護を受けられなかった。だが韓国など近接した周辺国には定期的朝貢が求められ、暦を奉ずることも義務づけられた。中国では皇帝が変わるごとに暦を改めたことから、「正朔《せいさく》を奉ずる」といえばそれを定めた皇帝に臣従する意味であった。朝貢国は中国の年号・暦をとうぜん自国の年号・暦として用いた。自国で元号を建てたりすれば、中国からの独立または冊封《さくほう》体制への敵対と受け取られる。そうした意味を考えれば、古代日本が年号を建てたとなれば、乙巳の変を起こした時点ですでに中国の冊封体制から独立する気持ちを懐いていたことになる。これを前提とした外交戦略は国際的にゆゆしき事態を招くおそれがあり、大きな政治的影響のある決断である。

　大化元号の制定は、ながく疑われてこなかった。しかし一九六〇年代後半から、大化改新の一連の改革は、天智朝以降の改革を過去に投影したものとする見解が出はじめた。そのなかで、元号の制定を疑う意見も出された。田中卓氏（「年号の成立」）も、乙巳の変直後ではなく、斉明《さいめい》朝時点から遡ってつけられたものと推測している。

『日本書紀』成立に先行する古文献である『上宮聖徳法王帝説《じょうぐうしょうとくほうおうていせつ》』の裏書《うらがき》では、蘇我石川麻呂《そがのいしかわまろ》が建てていた山田寺について、建立の年代を「戊申《ぼしん》」年と記している。また翌年も己酉《きゆう》年と書き表されている。戊申年は大化四年、己酉年は大化五年である。大化という元号が制定されていたのならば、戊申年と表記しなくてよかったろう。

もともと甲乙丙丁《こうおつへいてい》ではじまる十干《じゅっかん》と子《ね》丑寅卯《うしとらう》とつづく十二支《し》の干支《かんし》を組み合わせることで六十種類の年を表記してきたのは、元号を建てていなかったからである。その時代に生きる人たちにとって、同じ干支は二度経験しないか、経験しても六十年も離れているからその内容でいつのことか判断できる。十五歳のときのことか七十五歳のできごとかはおのずからわかる。だからだれだれの庚午《こうご》年とかいえば分かるから、これを使っていた。それでも建築物などのように三世代・四世代前のことにまで話がわたる場合には、干支ではいつの戊申年だかわからなくなる。その点で大化という元号を政府が

前期難波宮址から出土した「戊申年」木簡
（「木簡研究」22号より）

定めたのならば、便利だからそれを使うはずである。使われないのならば、大化という年号がそのとうじまだ制定されていなかったのではないか。そう思われてもしかたない。

　これをさらに追認しているのが、あいついで出土する木簡《もっかん》の記載である。前期難波宮は伴出《はんしゅつ》土器《どき》などから七世紀中葉のもので、孝徳《こうとく》天皇の難波《なにわ》長柄豊碕宮址《ながらとよさきのみやあと》と見られている（前項参照）。そこからの出土木簡にも「戊申《ぼしん》年」とあり、これが大化四年にあたる。編纂された書籍ではなく、とうじの同時代人が日常的に使っていた木簡でも、大化という元号は見られないのだ。

　これをどう解釈するかは、見解がわかれる。のちの時代からの追号とする解釈も一つだが、元号表記を義務づけられなかっただけとする見方もある。直木孝次郎氏（「木簡・金石文と大化・白雉の年号」）は、大化元号は天皇の地位を飾る装飾的・形式的なもので、一般に流布《るふ》しなかったと解している。ともあれとうじの人たちが使っていたなかったとすれば、むしろ大化と記している文書や宇治橋《うじばし》断碑《だんぴ》のような金石文の信憑性の方が疑われることとなり、重大な問題につながっていきそうだ。

25 有間《ありま》皇子の変は、騙《だま》されたものかやる気だったのか

有間皇子は、孝徳《こうとく》天皇の嫡子《ちゃくし》である。しかし心を病《や》み、かつて紀伊の牟婁温湯《むろのゆ》（和歌山県白浜町）で治療していた。療養の効果があってか、やがて飛鳥川原宮《あすかのかわらのみや》に戻った。その病み上がりの彼が、斉明《さいめい》女帝に対して謀反《むほん》を企てたという。

『日本書紀』には、こう記されている。斉明天皇四年（六五八）十月に、斉明天皇は中大兄《なかのおおえ》皇子などを引き連れ、牟婁温湯に出かけた。その十一月、川原宮の留守官《るすのつかさ》であった蘇我赤兄《あかえ》は、有間皇子に「斉明天皇の政治には三つの失点がある。第一は大きな倉庫を建てて、人民から物を収奪しすぎている。第二に長い溝（狂心《たぶれごころ》の渠《みぞ》のこと）を掘らせ、国家財政を浪費している。また第三には、船で大量に石を運ばせて積み上げている（石山丘のこと）が、意味のない労役で人々は疲れている」といい、時政を痛烈に批判した。有間皇子はそこまでいうのならばと、赤兄を信じた。そして赤兄の家などで、「それでは自分が軍を率いて立ち上がろう。川原宮を焼いて、五〇〇人で牟婁津を押さえ、さらに軍船で淡路島との交通を遮断する。これで牢屋に押し込めたも同然」と行動計画を固めた。塩屋鯯魚《このしろ》・守大石《もりのおおいわ》・坂合部薬《さかいべのくすり》らも加わることになったが、「十九歳では若すぎる。みんなの支持・信頼を得られるようになるまで待ったほうが」という声もあり、また机が壊《こわ》れるという不吉な予兆《よちょう》もあった。

相談のまとまった夜、有間皇子の家は、赤兄の指示で遣わされた物部鮪《もののべのしび》の兵に囲まれた。彼は逮捕され、牟婁温湯に身柄を送られた。有間皇子はその途次、

磐代《いわしろ》の　浜松が枝《え》を　引き結び　ま幸《さき》くあらば　またかへりみむ
（『万葉集』巻二・一四一）

と詠んだ。しかし願いはむなしく、藤白坂《ふじしろざか》（和歌山県海南市）で殺された。

この事件は、どうして起こったのか。有間皇子は謀反を企てた理由を聞かれて、「天と赤兄とが知っている。私は全く解らない」と答え、自分の陰謀でないと主張した。しかし赤兄との接触は認める形となり、罠にはまった。挙兵の意思はあったようで、まったくの捏造《ねつぞう》事件でもなかった。

とうじの有間皇子の立場は微妙だった。父・孝徳天皇は大化改新政策の推進を委《ゆだ》ねられたが、皇《こう》極《ぎょく》上皇（斉明天皇）・中大兄皇子らと対立して実権を奪われた。難波宮《なにわのみや》に置き去りにされ、失意のうちに没した。その子だから、斉明天皇や中大兄皇子の背信を恨《うら》んでの謀反は考えられる。しかも前大王の嫡子だから王位継承権もあり、彼の一挙手一投足は注目されていた。発言しだいでは彼につく勢力がまとまりをもち、政府を覆《くつがえ》す可能性も十分にあった。そこで赤兄が本気で有間皇子を擁立しようと思ったが、途中で翻意《ほんい》して裏切ったのか。あるいは赤兄が有間皇子に謀反をけしかけて、彼の首を手みやげにして中大兄皇子に取り入ったという説もある。

しかし、これはおそらく中大兄皇子側からの画策だろう。赤兄が一度でも有間皇子を擁立して反政府側に加わったりまたはそう疑われる動きをしていたなら、中大兄皇子はそれを見過ごして許すような人でない。赤兄はのち左大臣になっているが、それは一度も裏切ったことのない証《あかし》だ。中大兄皇子から見れば、有間皇子は不満と恨みを懐いた皇位継承権の保有者である。精神的な病《やまい》があるというが、芝居かもしれない。禍根《かこん》を残したくない。中大兄皇子としては、大王家の中枢にいてほしくない人物だった。そこで腹心・蘇我赤兄を、地獄への案内人として送り込んだのだろう。

26 飛鳥宮廷内に、どうして時計が必要になったの

『日本書紀』天智《てんじ》天皇十年（六七一）四月辛卯《しんぼう》条には、「漏刻《ろこく》を新しい台《うてな》の上に置いて、時を打ち、鐘・鼓を動かした。これが漏刻を用いた最初である」とあり、近江大津宮《おうみおおつ》ではじめて漏刻すなわち水時計が宮中に設置された。これは公式の採用であって、天智天皇が皇太子のときに、すでに製造してみせていた。そのことは『日本書紀』斉明《さいめい》天皇六年（六六〇）五月是月条《このつき》に記されている。たしかに「はじめて漏刻を造った。人民に時を知らせた」とあって、かれは王宮近くのどこかに漏刻を作らせていた。それがどこで、どれほどの規模なのかまで、発掘調査でわかった。

そこは奈良県明日香村の飛鳥寺の西側で、いま水落《みずおち》遺跡と呼ばれている。昭和五十六年（一九八一）、きわめて堅《かた》く整地して、石組《いしぐ》みで補強した遺跡が出土した。その間には溝が複雑に掘られ、土のなかからも銀で印籠《いんろう》付けをした細《ほそ》く曲がった銅管も見つかった。はじめは何の遺跡か分からなかったが、正体は時計台だった。強固な地盤の上に楼閣を築き、その上に水時計を置く。それは、傾いたら水時計の時間が違ってしまうからで、多数の溝は送水・排水のための導管《どうかん》施設だった。

全体はこういう構造だった。東側にある丘陵斜面から木樋《もくひ》などをつかって水を引き、平野部に設置した漏刻施設まで導く。その水は斜面を流れてきたので、漏刻台の下で桝《ます》に溜《た》まると、圧力で上に吹き上がる。その水を楼閣一階の水槽に噴出させる。そしてその槽の水を一日に何回か汲みとって二階にある漏刻に継ぎ足すのだ。水時計の原理は簡単である。箱に開けた管穴から水が一定の時間に流れ

出す量は一定の時間だから、出てたまった水の量をはかれば経過した時間がわかる。ただ問題は箱のなかの水が少なくなると水圧が低くなり、水の勢いが緩《ゆる》やかになって水量も少なくなる。そこでその箱をつねに満杯にして水圧を一定にしておく必要がある。そのために上に三〜四の箱を連ねて、いちばん下の水槽をつねに補充するようにした。こうすれば、最下槽から出る水量・水圧はたしかに一定になる。この階段状になった水槽はサイホンで繋がれて水を下槽へと導くのだが、そのサイホンがさきほどの曲がった銅管だったのだ。もっとも筆者からみれば、つねに溢《あふ》れさせておきさえすれば、つぎつぎと箱をつけ加えなくてもよかったと思うのだが、だれも思いつかなかったらしい。

ともあれ『日本書紀』の記事は実証された。中大兄皇子の作らせたものはミニチュアでなく、こんなに立派な施設だった。遺跡の上に立つと、かれの力量をまざまざと思い知らされる。

さてこの水時計は、なぜ必要だったのか。「人民に時を知らせた」というが、厳密な時刻を知りたい農民などいなかった。これはもっぱら役人の管理のためである。『日本書紀』舒明《じょめい》天皇八年（六三六）七月己丑条によると、大派王《おおまた》が「役人たちが怠慢で、朝の出勤時間がいい加減だ」として「鐘によって時間を明らかにしよう」と蘇我蝦夷《えみし》に提案したという。遅刻魔の蝦夷には無視されたが、憲法十七条でも「八に曰《いわ》く、役人たちは、早く出勤して遅く退庁しなさい」とある。七世紀前半から、朝廷幹部たちは中央集権のために官僚養成が不可欠とみて、官吏の勤務評定・管理体制づくりを進めていた。たしかにいまでも官庁・会社などでは、時間の管理は重要な要素である。とくに遅刻はその人の勤務内容・実績よりも重要な評定規準になったりする。会議・待ち合わせ・締切などにさいして、時間管理は絶対必要だった。漏刻の設置は、その意味で来たるべき官僚社会の象徴であった。

27 白村江《はくすきのえ》の戦いで、なぜ日本軍は唐《とう》・新羅《しらぎ》連合軍に敗《やぶ》れたのか

天智《てんじ》天皇二年（六六三）八月二十七日は暑い日だったろうが、朝鮮南部・錦江《きんこう》下流の白村江河口にはさらに熱気が籠もっていた。そこには二〇〇艘ばかりの唐の大船が、一〇〇〇艘にもなる日本の軍船と睨《にら》み合っていた。日本は錦江を溯って州柔《つぬ》城《さし》に入り込み、日本がかねて援助してきた百済《くだら》王《おう》・豊璋《ほうしょう》の拠点を回復させたかった。また百済領内に群がっている新羅《しらぎ》軍を一掃し、百済・高句麗《こうくり》・日本の三者の軍事同盟を確乎《かっこ》たるものとしたかったのだ。

立場は反対だが、この決戦にかける思いは唐・新羅も同じだった。高句麗を攻撃中だった唐軍は、ピン・ポイント作戦を実施して、斉明《さいめい》天皇六年（六六〇）に高句麗を背後で支持する百済を襲撃。義《ぎ》慈《じ》王《おう》らを中国に拉致《らち》して、王家をとりあえず滅ぼした。しかし王がいなくなっても、在地土豪の遺臣たちは自力で唐に抵抗した。かねて日本に人質になっていた豊璋を王として擁立し、百済王家を再建した。百済を滅ぼして、残る高句麗を南北から挟《はさ》み撃《う》ちにするという唐の思惑《おもわく》ははずれ、百済支援の名目で日本の介入をうけたためにかえって戦線が広がった。それでも百済では遺臣たちが内紛で殺しあったり、戦略ポイントを間違えて新羅兵の蹂躙《じゅうりん》を許していた。新羅兵はすでに豊璋を白村江近くに追い詰め、袋の鼠の状態にまでしていた。あとは日本軍との合体《がったい》を防げれば、降伏を迫れるところにきている。それなのにもしもこの戦いに負ければ、日本と百済は力を盛り返してしまい、百済領内の奥深く侵入している新羅兵は地理に暗いなかを逃げまどうことになり、全滅に近い被害を出す恐れ

すらある。百済情勢は一気に変わる。唐・新羅にとっても、負けられない戦いだった。

　唐の軍船は先着していたから、白村江の河口を塞ぐように舳先《へさき》を並べていたろう。日本軍は前・中・後の三軍が波状攻撃で突破する構えである。上毛野稚子《かみつけののわくご》らの率いる前軍が突撃して、退却。退却に乗じて唐軍が追撃してくるかと思ったが、防衛一本だ。これを唐軍の弱気と見た。中軍の軍船は「先を争っていけば、退却させられる」という特攻精神で、唐兵八万をのせた二〇〇艘の唐の大船の列に算を乱して襲いかかった。しかし日本の軍船は、もとより船体の大きな中国船の敵でなかった。唐船に左右から包みこまれ、唐船の舳先を船腹にぶつけられて水没した。さらに唐兵が乗り移って斬り込み、火をかけられた船から海中に兵士が飛び込むシーンが続いた。日本船四〇〇艘が焼かれ、白村江の海水は日本兵の血で真っ赤に染まった。惨敗であった。これにより百済滅亡は決定的になり、豊璋はからくも高句麗に逃れた。このあと日本は唐・新羅の侵攻に怯《おび》えることとなる。

　さて、いったいなぜ敗北したのか。しかし、そもそもこういう問いが成り立つのだろうか。なぜなら、戦局から見ればどうみても勝てる戦いでなかった。負けるべくして負けた戦いだったからだ。

　律令制度が全国に完全施行され、個人個人が把握された。そうなったと仮定しよう。七世紀半ばの全国人口を五〇〇万人として、古代の男女比は一対一・二だから、男子は二二七万二七〇〇人となる。このうち成人男子が四割だが、生活産業従事者などを確保するとして、三分の一だけを徴兵する。動員できる兵士の数は三〇万三〇〇〇人。国内治安と本土防衛を考えると、海外派兵にあてられるのはその四割、つまり一二万一〇〇〇人が派兵可能である。しかし、唐の遠征軍は三〇万人である。遠征軍は地理に疎《うと》く、百済と提携する日本兵には多少の地の利がある。しかしこれだけの兵力差は無視で

白村江の戦い進攻図
[高句麗]
唐軍
漢江
任存城
熊津城
白村江
泗沘城
周留城
避城
皆火
新羅軍
[新羅]
慶州
[百済]
洛東江
蟾津江
倭軍
対馬
壱岐
朝倉宮
那大津

きない。奇襲をかければ破れるぞとかいう範囲でもない。しかも日本の動員力の試算は律令《りつりょう》体制が完全に施行されている場合であって、七世紀半ばにはまだ緒《ちょ》についたばかり。動員は旧国造《くにのみやつこ》の私的支配力が頼みだった。そうした力では、六世紀初頭の近江毛野《おうみのけの》の任那《にんな》加羅《から》救援軍で六万人、七世紀初頭の来目《くめ》皇子の撃新羅《げきしらぎ》軍《ぐん》で二万五〇〇〇人くらい。つまりこの当時の動員力は、六万人から一二万人の間の少ない方。改革過程で精一杯動員しても、せいぜい八～九万人くらいである。大船二〇〇艘と小船一〇〇〇艘という軍備の差もあろうが、絶対的な兵力数も少ないのだから、むしろ首をすくめて籠城《ろうじょう》戦をしたいくらいだ。正面きって戦いを挑むなどとは、身のほど知らずの自殺行為である。

もちろんこまかくは作戦上のミスもあるかもしれない。白村江の河口には唐の大船が列なっていたようだが、船数は日本側が勝《まさ》っていた。それならば唐の軍船をおびき出し、分離して周囲を包んでから襲う形もあったろう。小船でむやみに突撃してみても、横綱に群がる小学生力士。殲滅《せんめつ》を待つだけでは、勝機を得られない。しかししょせんは軍事力に大きな差があり、「ミスしなければ勝てた」とはいえない。なにしろ相手は東アジア世界の中華、大国中の大国だったからだ。

そういえば、日本はこうした歴史を繰り返している。根本的に勝てないと分かっている戦いにでも、挑むことがあった。昭和十六年（一九四一）の太平洋戦争では、日本には一～二年の戦闘能力しかなく、真珠湾攻撃でアメリカ太平洋艦隊の出鼻を挫《くじ》いて対日政策の譲歩を導き出そうとしたのだった。明治三十七年（一九〇四）の日露戦争もそうだ。勝てる見込みはないが、はじめに強烈なパンチを見舞って有利な外交交渉に入った。じつは、戦いの開始以前からセオドア・ルーズベルトに和平の仲介に入るよう工作をしていたのである。唐との戦いも、その意味で勝つつもりなどない戦いだった。

28 「熟田津《にきたつ》に船乗りせむと」は、斉明天皇《さいめい》が詠んだのか額田姫王《ぬかたのひめみこ》が詠んだのか

熟田津に　舟乗りせむと　月待てば　潮《しお》もかなひぬ　今は漕ぎ出でな
（『万葉集』巻一・八）

これは、伊予の熟田津（愛媛県松山市和気町・堀江町）で詠まれた歌だ。

前項にも記した通り、日本は百済《くだら》救援のため唐《とう》・新羅《しらぎ》の大軍と戦う日を目前にしていた。斉明女帝は九州北部に置いた大本営でみずから陣頭に立って指揮を執《と》ろうと、瀬戸内海を西に向かっていた。しかし体調が悪く、道後《どうご》温泉でしばらく湯治。小康状態になったのか、もう待てなくなったのか、ふたたび最前線に向かうこととなった。それにしても今度の戦いに、楽観的見通しはない。死地に赴くような悲壮な決意を胸に、熟田津の浜辺を見渡せる高みに立つ。おりから西の空には大きな月がでて、皎々《こうこう》と浜辺を照らしている。舟に乗り込もうとする兵士、舟を止《と》めていた縄をほどきにかかる水夫たちが、影を浜辺に長く落としつつ忙しそうに立ち働いている。出航を前にした緊張の高まりが伝わってくる。そこに「この熟田津から舟に乗って出かけようとして月の出を待っていると、潮の状態もちょうどよくなってきた。さあいくぞ、みんな漕ぎ出そう」と凛とした歌声が響きわたる。鬨《とき》の声があがり、いざ出発。緊張感に包まれたみんなの気持ちを汲みとって、かつ士気を鼓舞する秀逸な歌だ。

さて、この歌はいったいだれが詠んだのだろうか。

「何いっているの。額田姫王に決まっているじゃない。授業で教わったもの」と、すぐに答えが返ってきそうだ。授業で教わったからというのはともかく、『万葉集』には歌の題詞《だいし》に「斉明天皇代《みよ》、

額田王の歌」と記されていて、それが通説の根拠となっている。しかし一方で歌の左注には「右、山上《やまのうえの》憶良《おくら》大夫の類聚《るいじゅう》歌林《かりん》を見ると、『斉明天皇……七年正月壬寅《じんいん》、御船が西征《せいせい》の途について、海路《うなじ》をとることになった。庚戌《こうじゅつ》、御船は伊予の熟田津の石湯《いわゆ》の行宮《かりみや》に碇泊《ていはく》した。天皇は、かつて見たものがいまもあるのを御覧になって、ありし日の思いに感愛の情を起こされた。そこで歌を詠んで哀傷なさった』という。だから、この歌は斉明天皇の御製である」とあり、そのあとに「額田王の歌は、別に四首ある」とする。ならばこれは斉明女帝の歌で、額田姫王のでない。これだけ明らかな但《ただ》し書きがあるのなら、額田姫王の歌であるわけがない。

ところが、そうも即断できない。左注には、斉明女帝が歌を作った動機が書いてあった。それは、女帝が若いときに、夫・舒明《じょめい》天皇と伊予の湯つまり道後温泉にきたことがあった。そのときにあるものを指さして、「ねぇねぇ見て、あれ」とかいいながら二人で見た物があった。それがいまも残っている。それを目にしてありし日を懐しく思い出し、「感愛の情を起こ」し「そこで歌を詠んで哀傷なさった」というわけだ。しかし冒頭に掲げた「熟田津に」の歌には、この話に当たるような懐旧の念など微塵《みじん》も感じられない。哀傷《あいしょうか》歌の感じじゃない。となれば冒頭の歌はやはり額田姫王の歌であって、左注は女帝のべつの歌につけられていたのではないか。

『伊予国風土記《ふどき》』逸文《いつぶん》には「後《のち》の岡本の天皇の御歌に曰はく、みぎたつに泊《は》ててみれば。云々」という件《くだ》りがある。書き出しがちょっと似ていることもあって、『万葉集』の筆写のときに勘違いして書き落とした女帝の哀傷歌かと推測されている。もちろん歌の下句《しものく》が伝わっていないので、これがその御製歌だったとまで確信できないので、左注と歌の関係についての疑問が氷解したわけでもない。

29 中大兄《なかのおおえ》皇子は実権者だったのに、なぜ二十四年も即位を先送りしたのか

中大兄皇子は、皇極《こうぎょく》天皇四年（六四五）六月に起こされた乙巳《いっし》の変を立案・実行した立て役者であり、それに続く大化改新《たいかのかいしん》政策を政権の中心で推進してきた。国政・人事・外交などすべての実権を握っていて、事実上政府を専制的に動かしていた人物である。

それなのに大化《たいか》元年（六四五）六月から斉明《さいめい》天皇七年（六六一）七月まで孝徳《こうとく》天皇・斉明天皇二代の皇太子（とうじこの名称はない）で、斉明女帝没後も天智《てんじ》天皇七年（六六八）正月までは称制《しょうせい》つまり天皇権限の代行者の形をとった。といっても大王に即《つ》かないと決めていたわけではなく、即位してもいる。大王になってもいいと思っていたのならはやくなればいいのに、なぜ二十四年も即位をためらったのか。

『日本書紀』によれば、舒明《じょめい》天皇の没時にはすでに皇太子だった。舒明天皇の殯《もがり》のとき、皇太子として弔辞《ちょうじ》を捧げている。皇太子制はまだなかったにしても、皇位継承レースではもう有力候補だった。乙巳の変後には、とうぜん即位の可能性があった。皇極女帝（斉明天皇）は「位を中大兄皇子に伝えようと思った」とあるが、側近が中大兄皇子に「舒明天皇の子には古人大兄《ふるひとのおおえ》皇子もおり、いくら蘇我入鹿《そがのいるか》の後楯《うしろだて》を失ったからといって、兄をさしおくのはいかが。ここは叔父の軽《かる》皇子（孝徳天皇）を立てたらどうでしょう」と入れ知恵したという。まあ当時は保守派のつよい政局でもあり、そう説明できなくもない。しかし、古人大兄皇子や孝徳天皇が死没したあとにも即位しないのはなぜか。

『日本書紀』はなにも記さない。斉明女帝没後の六年間、即位しなかった事情も語られていない。

そこで、それらしい解釈がいくつも飛び交《か》う。

大王になると祭祀《さいし》・儀式に多くの時間を割《さ》かれる。大王はほんらい不親政《ふしんせい》の伝統があり、執政しないものだ。それならば大王になるよりも皇太子のままの方が、国政改革に専念できる。そういう解釈がある。しかしこの解釈はどうだろうか。摂関政治の定着した平安中期以降、天皇はたしかに政治的無権利状態になって、祭儀《さいぎ》のみに関わることになった。この状態での天皇不親政を本質的なものとみて理論化したものだ。その当否も問題だが、ともあれ古代の大王にまで適用はできまい。もしもそうした伝統があったのなら、中大兄皇子は即位しないままで終わったろうし、政権を奪取した天武《てんむ》天皇がただちに即位して、ずっと政務の中心にあったことが理解できなくなる。

下種《げす》の勘ぐりに近いが、個人的なスキャンダルで即位を阻まれた。そういう解釈もある。

軽皇子は大化改新直後の人事で大王に推挙され、孝徳天皇となった。しかし政治方針が食い違ったのか、そもそも使い捨ての傀儡《かいらい》政権だったのか、中大兄皇子らと対立してしまった。孝徳天皇の止めるのも聞かず、白雉《はくち》四年（六五三）中大兄皇子は母・皇極上皇や大半の廷臣を連れて飛鳥河辺行宮《かわべのかりみや》に帰った。一行中には、孝徳天皇の妻・間人《はしひと》皇后もいた。『日本書紀』によれば、そのとき孝徳天皇は、

　鉗《かなき》着け　吾《あ》が飼《か》ふ駒は　引出《ひきで》せず　吾が飼ふ駒を　人見つらむか

と詠んだという。「逃げないように鉗（逃亡防止用の器具）をつけ、引き出しもせずに大切に飼っていたのに、その馬をどうして他人が見つけたのだろう」という意味である。この「吾が飼ふ駒」は間人皇后のことで、連れ去ったのは中大兄皇子。「見る」には結婚の意味があるから、中大兄皇子との不

倫関係を詠んだもの。だから間人皇后は夫とともに難波宮に残らず、愛する中大兄皇子にしたがった。しかし中大兄皇子と間人皇后は、同母の兄妹である。古代の社会習慣では、異母の兄弟姉妹間の婚姻は許されたが、同母はタブー。そのタブーを冒《おか》して禁断の実を手にしたが、不倫と近親相姦《きんしんそうかん》のスキャンダルが暴露《ばくろ》されて、「大王にふさわしからず」とされて即位できなかった、という。

しかしこれもちがうだろう。歌の解釈としては不自然で、不倫関係の兆候もとくにない。おもしろい話だが、むりなこじつけである。それにもしそうなら、中大兄皇子はいつまでも即位できなかったはずだ。のちに即位しているのがおかしい。古代社会には、いまのような時効《じこう》などないだろうから。

では、いったいなぜ即位をためらっていたのか。定説はないが、筆者の考えはこうだ。

中大兄皇子は、なるべく大王位に即くのを遅らせたかったのだ。

乙巳の変の直後には、それまで有力な継承候補と目されていた古人大兄皇子がいた。古人大兄皇子は蘇我蝦夷《えみし》・入鹿が滅ぼされたために後楯を失い、王位継承はとうてい無理だ。さらに年長者ということで、軽皇子を推挙した。しかし舒明天皇と皇極女帝という二人の大王の嫡子で、高貴な血をうけた彼がもし即位しようというのなら、反対できる者はいなかった。山背大兄王《やましろのおおえ》の討伐に加わって、蘇我入鹿に同調していた軽皇子。血脈でも世代に逆行する軽皇子など、適任のはずもない。

古人大兄皇子と孝徳天皇の没後に、皇極上皇（斉明）をふたたび即位させる必要がどこにあるのか。有間皇子は孝徳天皇という大王の子だから、資格はありそうだ。しかし孝徳天皇は実権がなくて難波《なにわ》宮《みや》に置き去りにされている。権力を剝奪《はくだつ》された大王の子に、中大兄皇子に拮抗《きっこう》できる継承権など主張できるはずがない。有間《ありま》皇子と中大兄皇子の皇位継承争いはなく、調整など必要ない。中大兄皇子は、その意思さえあれば即位できた。即位するのを嫌っていた、としか思えない。

斉明天皇七年（六六一）、その斉明女帝も死没した。つぎは孝徳天皇の皇后・間人皇女。彼女なら資格はあるが、拒否されたようだ。そこで間人大后にかわって「称制」したが、その間人皇女も天智天皇四年二月に没した。もうだれも即位できるものがいなくなり、三年後についに即位した。

即位したのだから、即位できなくない。なかなか即位しないのだから、即位したくもない。その理由はいったいなんだったのか。

それは、崇峻《すしゅん》天皇の二の舞を避けるためだったと思う。崇峻天皇は、崇峻天皇五年（五九二）、蘇我馬子《うまこ》と対立して殺された。大王の権威は一気に下落し、推古《すいこ》女帝・厩戸《うまやど》皇子は権威の恢復《かいふく》に苦慮した。いま中大兄皇子は乙巳の変をなしとげたが、その国内改革には反発も大きい。蘇我入鹿・古人大兄皇子・蘇我石川麻呂《いしかわまろ》・有間皇子などその手で画策して葬《ほうむ》り去った人たちも多く、関係者はもちろん恨んでいる。もし自分が大王となって、大王として殺されたら、大王の権威はまたまた失墜して政治改革は大きく後退する。江戸幕府は大老・井伊直弼《いいなおすけ》が暗殺されたことで権威を堕《お》とし、公家《くげ》・尊王《そんのう》攘夷《じょうい》派《は》に大きく譲歩することとなった。アメリカ合衆国大統領のジョン・F・ケネディがダラスで殺害されたあと、アメリカの威信は一時揺らいだ。政治機構の整った現代でもそうなら、権力が集中しがちの古代では、さらに影響が大きい。これは暗殺の予感であって、遠慮などではない。

中大兄皇子は、いつでも大王になれた。しかし即ける人がいるならば、自分はできるかぎり即位を延期しておきたい。どうしてもだれもいなくて、そのときの政情が不穏《ふおん》でなければ、大王に即いてもいい。暗殺の予感を感じなくなったときが、死の三年前、天智天皇七年だったのではなかったか。

30 近江《おうみ》宮遷都の目的は、逃げるため、それとも戦うため

天智《てんじ》天皇六年（六六七）三月、天智天皇は都を飛鳥《あすか》から近江へと遷した。

しかしこの遷都には、強い反対がおきていた。

『日本書紀』によれば「天下の百姓、都遷《みやこうつ》すことを願はずして、諷《そ》へ諫《あざむ》く者多し。童謡《わざうた》亦《また》衆《おお》し」とあり、口々に文句をいった。それだけではない。いまならばオンブズマン・住民投票とかリコールだのというが、古代にはそうした反対意見を人民からじかに申し出る道がなかった。しかし古代の方がもっとこわいかもしれない。というのも、「日日《ひる》夜夜《よる》、失火《みづながれ》の処《ところ》多し」つまり官庁施設やその周辺への放火となって政治批判の意思があらわされたからだ。

ともあれこうした反対を押し切って、天智天皇たちは近江大津宮に遷都を強行した。

ではその目的はいったい何だったのか。

この遷都の四年前には朝鮮半島の支配権をめぐる唐《とう》・新羅《しらぎ》連合軍との戦いがあり、日本は大敗を喫した。白村江《はくすきのえ》の戦いである。この敗戦は、ときの政府にとってとりわけ大きな意味があった。

そもそも乙巳《いっし》の変からはじまる大化改新《たいかのかいしん》政策、つまり隋《ずい》・唐の王朝を模範とした律令《りつりょう》制的中央集権体制の創出を目指してきた一連の国政改革は、この対外戦争を乗り切るための施策《せさく》だった。この改革の過程では、数々の私的権利を制限してきた。その改革の途上に惨敗してしまったわけだから、もはや無用だから改革を中止しろという意見も起こる。しかし敗戦後にはさらに唐・新羅から日本本土

への報復攻撃もありうるわけで、もっと早く進めるべきだという声もあがるかもしれない。同情すべきところだが、いずれにせよ敗戦の責任は問われる。さまざまな既得権を剝奪されてきた保守的な豪族層は、「負けちゃった」だけではおさまらない。種々の制限の解除、奪われた権利の恢復《かいふく》、敗戦の責任の明示などを求め、政府を非難するだろう。天智天皇からすれば、反改革派の保守的中央豪族が盤踞する飛鳥いや畿内《きない》を離れたい。そしてすぐにもあるかもしれない対唐・新羅との本土防衛戦に勝つため、新天地でさらなる国内改革を推進させたい。遷都には、そういう願いが込められていたろう。

気持ちはそれとして、なぜ従来王宮を置いてきた畿内地域ではなく、近江(滋賀県)を選んだのか。その通説的な解釈は、こうだ。白村江の敗戦ののち、大宰府《だざいふ》には水城《みずき》が築かれ、都までは点々と朝鮮式の城《じょうさい》砦施設や烽《とぶひ》という緊急警報装置が張り巡らされた。日本での本土決戦を覚悟したとき、飛鳥では防衛・退転に不向きだから、交通の要衝にあたる琵琶湖畔に移った、と。

こういう消極的な論に対して、積極的な意味づけを読みとる説もある。すなわち大津から琵琶湖を北上し、今津《いまづ》から若狭《わかさ》・能登《のと》へ抜ける。それは逃亡の準備でなく、日本海ルートの確保のためである。皇極《こうぎょく》天皇元年(六四二)以来連合してきた高句麗《こうくり》と連絡を取り合って、唐・新羅連合軍になお抗戦する態勢をとった、という理解である。高句麗との連携を保つというのは、東アジア外交史からは一貫性のある魅力的な説だ。しかし白村江での大敗をへて、なおも反攻戦略を取り続けられたろうか。それに緊急時への対応なら、若狭でなければ意味がない。大津に移っても、飛鳥にいるのと大差ない。しかもなおも抗戦するつもりなら、中央豪族が力戦しうる畿内こそよいのではないか。こうした疑問点もあるので、いまのところは政治批判を避けて新政を続けるため、とする解釈がよいだろう。

31 政府に文句があるなら、この建物に火をつけちゃえば。こわ〜い、古代の政治批判

庶民がときの政治に不満を懐いた場合、いまなら国会議事堂をとりまくデモンストレーションを行なったり、選挙のときに「ノー」の一票を投ずる。そういう意思表示の道がある。そこまで行く前にも、陳情や公聴会で意見を述べられるし、個人的な意見ならば新聞に投書したりインターネットのブログに書き込めばいい。しかし、前近代にそうした道はほぼなかった。天平《てんぴょう》十六年(七四四)聖武《しょうむ》天皇が紫香楽《しがらきの》宮《みや》にいたとき、「京《みやこ》はどこがいいか」とめずらしく市人《いちびと》に聞かせたことがある。だが市人はそろって恭仁京《くに》がいいといったのに、そうしなかった。「受け入れる気がないんだったら、最初から聞くなよな」といわれてもとうぜんだ。自分の好《この》む意見しか聞き入れる気がなかったのだから。

古代の庶民だって従うだけじゃない。不満を懐《いだ》かないわけじゃないから、文句も表現したい。その表現方法は、だいたい三つあった。

第一は消極的な方法だ。浮浪《ふろう》・逃亡という。浮浪と逃亡はじつはすこし違う。浮浪は本貫地《ほんかんち》から離れてはいるが、課税される。だからこちらは為政者《いせいしゃ》にとってあまり打撃にならない。

これに対して逃亡はまったく所在不明となることで、徴税を逃れてしまっている。こちらは困る。農業などの生業を放棄して、近くの山奥に逃げ込んだり、ほかの村などにいってしまうのだ。稲は過保護な栽培植物であって、田植えや刈り入れはもちろん人間の手を必要とするのだが、草取りをするなど継続的に手をかけていないと生長してくれない。いちど耕作を放棄されれば、確実に翌秋まで収

穫がない。農民などの方も食料がなくなって困るはずだが、それでも我慢できないやむにやまれぬ場合である。肉を斬らせて骨を斬るというわけだ。為政者だって確実に一年間収入がなくなるのは避けたいから、やむをえず譲歩して迎えにいく。庶民は、ひたすらそう期待するのである。

第二の方法は、風刺《ふうし》の歌を流すことだ。蘇我入鹿《そがのいるか》が殺される直前に「なにやらひそひそ話が聞こえるよ。島の藪原《やぶはら》で」という意味の歌がはやり、何らかの事件が予測された。これが当たったといえばそうだが、こうした歌は時世批判として不穏《ふおん》な事態を醸《かも》しだす役割を果たしてくれる。天智天皇が近江に都を遷したときも、風刺を込めたへんな童謡《わざうた》がはやった、とある。だれがはじめたとはいえないが、みんなで歌って嫌がらせをするのだ。いまならば、内閣支持率の低下を発表するようなものだ。ただの雰囲気作りにすぎないが、世直し期待を込めてもいるので、これも一つの抵抗の形といえる。

第三の方法は、積極的だがいささか荒っぽい。為政者の居住地とかその周辺に放火するのだ。

天智天皇が近江宮に遷《うつ》ると発表すると、「都は飛鳥《あすか》に置いておくべきだ」と思う人は猛反対した。『日本書紀』にはさきほどの風刺や童謡のほかに「日日夜夜《ひるよる》、失火《みづながれ》の処《ところ》多し」とあり、放火で反対の意思を表した。聖武天皇が恭仁京・難波宮《なにわのみや》・紫香楽宮とコロコロ都を変えている時期にも、紫香楽宮の西北の山に火事があったという。これも批判の現れだろう。でも放火はなんとも危険で、恐ろしすぎる。

なお、神火《しんか》という放火もあった。天平宝字《てんぴょうほうじ》七年（七六三）九月に「神火がしばしばあって、むざむざ官物《かんもつ》（公有財産）を損傷している。これは国郡司が国つ神を恭敬《きょうけい》しないからだ」（『続日本紀《しょくにほんぎ》』）とあり、以降平安時代にさかんに出てくる。神の火つまり落雷による焼失を装《よそお》っているが、大半は郡司たちの横領で倉庫などが空《から》になったのを隠すための放火だ。これは証拠隠滅であって、批判じゃない。

32 藤原《ふじわらの》鎌足《かまたり》は、ほんとうに中大兄《なかのおおえ》皇子の側近として活躍していたの

藤原鎌足は、祭祀《さいし》を家職《かしょく》とする中臣《なかとみ》氏の出身である。日本の将来を憂え、未来の国政を担《にな》える優秀な人材を探し求めて中大兄皇子（天智《てんじ》天皇）に接近。中大兄皇子とともに蘇我蝦夷《そがのえみし》・入鹿《いるか》政権の打倒を画策して、乙巳《いっし》の変を成功させた。以降の大化改新政策の推進と唐《とう》・新羅《しらぎ》との対外問題に適切な示《し》唆《さ》を与え、中大兄皇子の側近として内臣《うちつおみ》という高官に就《つ》き、国家の最高機密につねにまた広く関与した。やがて天智天皇の命令を受け、近江令《おうみりょう》二十二巻の編纂にあたった。その功績は大きく、死没直前に藤原の氏姓《うじかばね》や冠位二十六階制の最高位である大織冠《たいしょくかん》を贈られた。中大兄皇子に影のようによりそい、英知を傾けて改新政治を軌道に乗せた。それだけの見識と実績があるなら、納得《なっとく》のいく評価である。

だがこの話、ほんとうのことなのか。

鎌足にはつまり何の実績があるのか。あらためて検討すると、鎌足が確かにした仕事を摑《つか》もうとすると雪のように溶けてしまう。たとえば形になっているのは近江令だが、その編纂は一〇〇年もたった『弘仁格式《こうにんきゃくしき》』の序《じょ》で知られるもの。一条も伝わらず、引用されたこともない。天智天皇・鎌足らにとって重要な改革の成果のはずなのに、『日本書紀』には編纂事業の完成はもとより命令・計画の話すら見えない。つまりあったのかどうか分からない。彼の就任したという内臣は、改新政府の軍最高司令官の地位らしい。それならば鎌足の出番《でばん》は、改新直後からかなりあったはずだ。だが鎌足の名で行われたものは何もない。しかも大切な職務のはずなのに、左大臣・右大臣には後任が指名される

が、鎌足の没後に内臣の補充人事はない。これではこの官職が実在したのかすら疑わしい。

鎌足の最大の確実な功績は、中大兄皇子とともに乙巳の変を成功させたことだ。しかし入鹿を暗殺した日、彼はそこでなにをしていたか。佐伯子麻呂《さえきのこまろ》・葛城稚犬養網田《かつらぎのわかいぬかいのあみた》が剣を持って、入鹿を襲う手はずだった。ところが二人は怯《おび》えて動けない。そこで槍を剣に持ち替えて中大兄皇子が躍《おど》り出た。これをきっかけに子麻呂・網田も入鹿に斬りつけたが、鎌足は何もしてない。鎌足は弓矢をもって護衛する役だったというが、コントロールの利《き》きにくい弓矢が狭くて柱だらけの宮殿内で役立つはずがない。こんな役割はなかったと思うし、少なくともいなくてよい役である。中大兄皇子を修羅場《しゅらば》に晒《さら》して、自分は弓矢を持って安全な所から遠く眺めていた。そんな側近、だれが信用するものか。

ところで鎌足は、蹴鞠《けまり》をしていた中大兄皇子の沓《くつ》が脱げたのを拾った。それがきっかけで親しく話すようになったという。これと類似する話が、同時代の韓国にもある。新羅《しらぎ》の重臣・金庾信《こんゆしん》は国の先行きを憂《うれ》えて将来を託せる王子を探し、金春秋《こんしゅんじゅう》（のちの武烈王《ぶれつおう》）に目をつけた。庾信は春秋と蹴鞠をし、彼の着物の紐《ひも》を踏みちぎった。そして庾信の家に招き入れ、妹に繕《つくろ》わせて親しくさせた。やがて姻戚《いんせき》となり、ともに心を開いて国家の将来像を語り合うようになる。この接近の手法が似ている。

『日本書紀』の鎌足像はどうやら実像でない。鎌足の活躍の場などなく、大織冠の授与もなかった。大織冠は百済《くだら》の人質・豊璋《ほうしょう》が受けるような外交儀礼の名誉勲章であり、国内氏族が受けるものではなかった。こうした虚像を混入させたのは、やはり子・不比等の差し金だろう。虚像でもいい。大伴氏や物部《もののべ》氏のように祖先に偉大な功績があったと記しておけば、それが藤原氏の繁栄の起点となる。そう信じての歴史の偽造だったと思う。

33 春日大社《かすがたいしゃ》の神は、茨城《いばらぎ》からやってきたの? 中臣鎌足《なかとみのかまたり》の出身地疑惑

奈良市は平城京《へいじょうきょう》が置かれたところとして著名だが、現在の市の中心部は平城京にとっては東端にあたる。平城京が一三〇〇年も生き残ってきたのではなく、興福寺《こうふくじ》・東大寺の門前町《もんぜんまち》として維持され発展してきた町である。ここは、まさに藤原氏ワールドといってよい。

興福寺は藤原氏の氏寺《うじでら》であり、春日大社は同じく氏神である。東大寺は『続日本紀《しょくにほんぎ》』によればじつは藤原不比等《ふひと》の娘の光明皇后《こうみょうこうごう》が聖武《しょうむ》天皇に献策《けんさく》したもので、新薬師寺《しんやくしじ》は光明皇后が聖武天皇の病気平癒を祈って発願《ほつがん》した寺である。そして東大寺正倉院には、聖武天皇が日々手元において愛玩《あいがん》してきた品々をその四十九日にあたって光明太皇后が献納したという天平宮廷の至宝《しほう》が詰まっている。

さて、藤原氏の前身は中臣氏である。中臣氏というのは神と人との中に入るのが仕事で、神の意思・声を人に伝え、人の願いを神に伝える、という職務内容がその名の由来である。つまり宮廷の祭祀《さいし》を担当して、代々大和王権に仕えてきた。軍事担当や財政運営担当ではないから、それほどの有力氏族ではなかった。それでも欽明《きんめい》朝には仏教公伝をめぐる論争に中臣鎌子《かまこ》が登場し、大連《おおむらじ》・物部尾輿《もののべのおこし》とともに受《う》け容《い》れに強硬に反対した。その次の世代でも、中臣勝海《かつみ》（鎌子との関係は不明）がこれまた大連・物部守屋《もりや》（尾輿の子）と組み、蘇我氏の仏教受容事業の差し止めを求めている。こうしたことで物部氏との関係を深めたのか、用明天皇が病気がちで政情不穏となるなかで、盟友となった守屋にとって都合がよいようにと、大王の有力後継候補だった押坂彦人《おしさかのひこひと》皇子と竹田皇子の像を作って

呪詛《じゅそ》したらしい。しばらくして心変わりしたのだが、かえってそのために守屋の側近に殺されてしまった。その後、守屋も蘇我馬子らに倒されたから、中臣氏の中心的な存在であった本宗家《ほんそう》は、とりあえず滅ぼされてしまったとみるのがよかろう。

そうなるとのちに藤原氏をたてることになる中臣鎌足は、いったいどこの出身だったのだろうか。軽皇子や中大兄皇子に出会うために三島《みしま》(高槻市)の別業《べつごう》(別荘)から出てきた、と『日本書紀』はいう。たしかにそこには中臣藍《あい》連という同族がいた。だから、そのあたりに本拠をおいていた傍流家の出身者ともいえる。ところが『大鏡』には、鎌足は常陸《ひたち》の鹿島《かしま》の出身だったとある。

というのも、いまの春日大社には四つの春日造りの神殿が並んでいる。その四神とは武甕槌命《たけみかづちのみこと》・経津主命《ふつぬし》・天児屋根命《あめのこやね》・比売命《ひめ》である。このうち比売命は、女神というだけの意味だから、もとは春日大社に奉祀した巫女《みこ》の霊だろう。天児屋根命は中臣氏ほんらいの祖先神で、中臣氏の本拠地である枚岡《ひらおか》神社(東大阪市)に祀《まつ》られてきたものだ。それを春日大社を創社するからというので、この地にも勧請《かんじょう》した。のこるのは武甕槌命・経津主命だが、この二神はほんらい中臣氏と関係なかった。大和王権が東国に進出したときに、現地で平定活動を助けてくれた地方豪族が祀っていた神らしい。それが大和王権の進出に味方する軍神として重視されてくると、中臣氏はそこの豪族たちを中臣鹿島連などと名乗らせて同族だったかのような系譜を作り上げ、一方で二神を中臣氏の氏神のなかに取り込んだ。その結果、鹿島神宮(茨城県鹿島市)・香取《かとり》神宮(千葉県香取市)に祀られていた神を春日大社にはるばる勧請する話になった。ここから憶測をたくましうして、中臣鎌足はもともと香取・鹿島の出身だったが、本宗家の衰退に乗じ二神を奉じて中央政界に進出してきたという説も出されている。

34 天智《てんじ》天皇・天武《てんむ》天皇は、じつは兄弟じゃなかったってホント

天智天皇（中大兄《なかのおおえ》皇子）が重篤《じゅうとく》になり、病床を大海人《おおあま》皇子（天武天皇）が見舞う。天智天皇は「あとはお前にまかせる。しっかりやってくれ」と頼むが、大海人皇子は「これからのことは義姉《あね》の倭《やまとの》姫王《ひめみこ》にお任せし、私は出家して兄さんの病気平癒《へいゆ》のための仏事に専念します」と答え、ただちに剃《てい》髪《はつ》・出家して吉野に向かった。それまで中大兄皇子は、古人大兄《ふるひとのおおえ》皇子（異母兄）・有間《ありま》皇子（従兄弟）や岳父《がくふ》・蘇我石川麻呂《いしかわまろ》まで非情に葬《ほうむ》ってきた。大海人皇子も、子・大友皇子の前途《ぜんと》の障害となるかもしれない。それでも暗殺者を差し向けなかったのは、同母兄弟ならではの情愛と思われるところだ。

二人は、父が舒明《じょめい》天皇、母が宝《たから》皇女（皇極《こうぎょく》女帝・斉明《さいめい》女帝）という皇族間の出生で、当代最良の血筋である。蘇我入鹿の全盛時には、法提郎女《ほてのいらつめ》所生の異母兄・古人大兄皇子に大王位がいくかと思われた。ところが中大兄皇子は皇極天皇四年（六四五）に乙巳《いっし》の変を起こして政権を掌握。大王位を手中にした。この乙巳の変や大化改新《たいかのかいしん》のおりには、大海人皇子はまだ幼くて、兄・中大兄皇子を助けられなかった。しかし白村江《はくすきのえ》の戦いのあとには、大皇弟《だいこうてい》として冠位二十六階制、大氏・小氏の制、民《たみ》部《べ》・家部《やかべ》の施行などの国内改革について、兄弟が力を合わせて政権を担《にな》ってきた。同母兄弟だからこそ心の底から信頼しえたし、二人は難局を切り抜けてきた戦友・同志でもある。

ところがこの二人が、じつの兄弟でないとする突拍子《とっぴょうし》もない説が唱えられはじめた。

その根拠は、二人の年齢である。『日本書紀』によれば、舒明天皇の死没後に「百済《くだら》の大殯《おおもがり》」とい

う葬儀が催され、開別《ひらかすわけ》皇子（中大兄皇子の別名）は十六歳で後継者の資格で誄《るい》つまり死者を偲ぶことばを捧げたという。とすれば天智天皇は推古《すいこ》天皇三十四年（六二六）の生まれになる。一方の天武天皇は『日本書紀』に没年記事はあるが、享年《きょうねん》の記事がない。そこで『一代要記』（鎌倉末期成立）をみると享年は六十五で、『皇胤紹運録《こういんじょううんろく》』（一四二六年成立）は六十五とするが、「推古三十一生」つまり六二三年生まれともしている。朱鳥《しゅちょう》元年（六八六）に六十五歳で没したとすれば推古天皇三十年（六二二）の生まれで、ちょっと違ってしまう。それでも天武天皇は天智天皇より三～四歳の年長となる。

　この食い違いをめぐって、いろいろな解釈が出された。

第一は、そのまま受け止めて、実の兄弟だが、兄が天武天皇・弟が天智天皇だったと解釈する。

第二は、異父兄弟説である。

母・斉明天皇は「最初に橘豊日《たちばなとよひ》天皇の孫・高向《たかむこ》王と結婚して、漢《あや》皇子を生んだ」（『日本書紀』）とあり、かつて高向王（高向玄理とみる説も）に嫁いで漢皇子を生んだことがある。この漢皇子こそが大海人皇子だったとする。先父の子・天武天皇は、とうぜん年長者となる。

第三は非兄弟とする説で、これがもっとも奇抜な解釈を展開したので、一般の話題を呼んだ。

たしかに天智天皇は、蘇我石川麻呂《そがのいしかわまろ》の娘・遠智娘《おちのいらつめ》所生の大田《おおた》皇女・鸕野讃良《うののさらら》皇女、阿倍倉梯麻呂《あべのくらはしまろ》の娘・橘娘所生の新田部《にいたべ》皇女、忍海小龍《おしぬみのおたつ》の娘・色古夫娘《しこぶのいらつめ》所生の大江皇女と、つぎつぎ娘を天武天皇に嫁がせている。年齢の釣り合いを考えると、兄の娘を四人も弟（叔父）に嫁がせるのは不自然な印象が残り、この方がたしかに整合的である。兄弟でなく、他人だからこそ、血縁を深めようとしたのではないか、と。ただし天智天皇の娘四人が天武天皇の后妃となっているが、二人は壬申の乱後の天智天皇系皇子女との融合策のなかでのことで、すくなくとも天智天皇の策略ではないが。

他人だったとすれば、だれが何のためにそう作為したのかが問題となる。

そこで高句麗《こうくり》の重臣泉蓋蘇文《せんがいそぶん》が亡命して、大王に就《つ》いたとする説。新羅の王族・金多遂《こんたすい》とする説などが開陳されている。

佐々克明《さきよしあき》氏（「天智・天武は兄弟だったか」「天武天皇と金多遂」）はこの兄弟関係の矛盾を問題として、『日本書紀』の記事を鵜呑《うの》みにする危険性を説《と》いた。そして系譜偽造の背景には百済《くだら》と新羅《しらぎ》の対立があるとした。すなわち白村江《はくすきのえ》の戦いのあと、天智天皇は亡命してきた百済系渡来人を多く受け入れ、しかも宮廷内でかなり厚遇した。これが在来の新羅系渡来人の反発を呼んだ。新羅王族の金多遂がかねて人質として送り込まれていたが、不満を懐いた新羅系渡来氏族などが彼のもとに結集し、さらに国内豪族の支持を受け、天武天皇として推戴《すいたい》された、と推測した。

小林惠子《やすこ》氏（「天武天皇の年齢と出自について」「天武は高句麗から来た」）は、はじめは異父兄弟説を支持した。のちにこれを撤回し、東アジア世界を股《また》にかけた大構想を描き出した。すなわち高句麗の泉蓋蘇文が大海人皇子であるとしたのだ。蓋蘇文は高句麗では大対盧《だいたいろ》の職にあった重臣だが、クーデタをおこして国王・貴族を一掃し、宝蔵王《ほうぞうおう》を擁立して国権を握った。そして間近にせまった唐の高句麗遠征に対抗するために、高句麗の中央集権化を進めた。と同時に日本を高句麗の強力な後援者とするために、日本での乙巳《いつし》の変事件や大化改新《たいかのかいしん》政策を補助した。そして唐《とう》が百済王家を急襲して滅ぼすと、その直後の百済に入って豊璋《ほうしょう》を王位に就《つ》けた。ついで高句麗では死没したことにし、高句麗の国政は息子たちに譲って、高句麗を後押しするために日本に赴いて天武天皇となった、というのである。

しかし、多くの研究者はこの論争に関心を持っていない。

佐々氏が説かれる「『日本書紀』の記載を鵜呑みにするな」という主張は、たしかに一般論としてただしい。しかしそういったあとで展開された構想は、けっきょく『日本書紀』の記事を自説に都合のよい部分だけ繋《つな》ぎ合わせたものである。『日本書紀』は信用できないといいつつ、その記事をもとに自説を展開する。それはおかしい。だいたい新羅王族が天武天皇として擁立されたというなら、なぜそれを『日本書紀』のなかにきれぎれに隠しながら記す必要があるのか。その隠されたきれぎれの記載ならば、なぜ信用できるのか。あるいはまた蓋蘇文が日本にわざわざ乗り込んできたとするのなら、『日本書紀』はなぜその通りに記載しなかったのか。新羅または高句麗出身者が日本の政権を握ったという画期的な誇らしい「事実」なのに、しかもその史書を編纂しているのはその子たちなのに、これだけ大切な父祖の業績を伏せてしまうのでは、『日本書紀』を編纂する意味がない。また天智天皇・天武天皇が同母兄弟と「偽装」されていたことが出発点だったわけだが、これらの構想では、天智天皇・天武天皇を同母兄弟と偽装したらいったいどういう利益があるのかが不明である。眼の前で他人が会社を買収したとして、社史にそのまま記して何の不都合もあるまい。

結論的にいえば、天智天皇・天武天皇の兄弟関係は疑えない。天智天皇には享年四十六歳と五十三歳・五十八歳の各説、天武天皇には享年六十五歳・七十三歳説がある。『日本書紀』と『皇胤紹運録』などを組み合わせれば兄弟順は逆転する。しかし天智天皇五十三歳・天武天皇六十五歳、同五十八歳・六十五歳、同五十八歳・七十三歳の組み合せは、どの史書でも変わっていない。古来、一書の記述中で、兄弟順を逆転させている例はない。同母兄弟でかつ兄弟順を疑う理由はどこにも見当たらない。

35 額田姫王《ぬかたのひめみこ》は、天智《てんじ》天皇・天武《てんむ》天皇と三角関係じゃなかったの

天智天皇七年（六六八）五月五日、ここは近江の蒲生野《がもうの》。今日は薬猟《くすりがり》の日で、男は漢方薬の原料となる鹿の袋角をとり、女は野の薬草を摘むという宮廷行事である。野原のあちこちに、きらびやかな服の色が躍《おど》り、そのなかをひときわ美しい額田姫王がゆったりと歩んでいる。その向こうで、大海人皇子が袖を振っている。袖を振るというのは相手の魂を招き寄せるまじないで、大海人皇子は額田姫王の心を招くつまり愛の意思表示をしている。人目《ひとめ》を憚《はばか》らぬ求愛にあわてて、額田姫王は、

あかねさす　紫野行き　標野《しめの》行き　野守《のもり》は見ずや　君が袖振る
（『万葉集』巻一・二〇）

と詠んだ。「野守は見ないでしょうか、あなたが袖を振るのを」と、たしなめるようなまた愛の予感と進展に怯《おび》えるような歌である。これに対して大海人皇子は、

紫の　にほへる妹を　憎くあらば　人妻ゆゑに　我《われ》恋ひめやも
（巻一・二一）

と返した。「赤く照り輝いて美しいあなたを憎いと思ったなら、人妻なのに恋するでしょうか」と、あくまで食い下がる。蒲生野に展開した秘《ひ》めやかな恋。そういう印象がもたれる歌だ。

額田姫王は、若き日に大海人皇子と愛し合って子・十市《とおち》皇女を儲《もう》けたが、権力づくだったのか、いまは天智天皇の愛妾《あいしょう》とされている。姫王は後宮《こうきゅう》にいる以上、天智天皇の愛をしかたなく受《う》け容《い》れ、

君待つと　我が恋ひ居《お》れば　我がやどの　簾《すだれ》動《うご》かし　秋の風吹く
（巻四・四八八）

つまり「待ちこがれていたので、秋の風で簾が動いたのをあの方がきたのかと思ってしまいました」

と詠んで、天皇の来室を願う立場であった。だが大海人皇子の愛はさめず、近江宮での宴会でも槍を持って暴《あば》れた。額田姫王も、ほんとうは大海人皇子が好きだ。その気持ちが、はからずも薬猟りの場で出てしまった。天智天皇は、実弟との額田姫王の心の奪い合いに苦しみ、ある日、大和三山をみて、

香具山《かぐやま》は　畝傍《うねび》ををしと　耳梨《みみなし》と　相争《あいあらそ》ひき　神代《かみよ》より　かくにあるらし　古《いにしえ》も　然《しか》にあれこそ
うつせみも　妻を　争ふらしき　（巻一・一三）

と詠んだ。香具山は畝傍山が好きだといって、耳成《みみなし》山と争いになった。争いは遠い神代のことだが、そんな昔からこうだから、いまでも争いが絶えないのか、という意味だ。この三角関係で兄弟の仲が裂《さ》かれ、壬申《じんしん》の乱の遠因も作った。国家の大乱を呼んだ美女として、女冥利《みょうり》につきる話ではある。

しかしじっさいはそんなシリアスな話でなく、歌の世界での絵空事《えそらごと》である。

『日本書紀』には天皇の即位記事に続けて、后妃《こうひ》や子女の名をまとめて記している部分がある。だが、天智天皇の后妃一覧には額田姫王の名がない。天智天皇との間に子がいなくても后妃ならば掲載されるから、ここにないのなら后妃ではなかったことになる。

「それじゃぁ、後宮で天智天皇の来室を待っていたのはどうして」というだろうか。それは額田姫王が宮廷歌人だったからだ。宮廷歌人とは、宮廷の宴会・儀式などの場にいて、その場にあわせた歌を詠むことを職務とする人である。この場合、彼女は後宮女性の立場で、その心を歌に詠んだ。近江宮への遷都にさいして、三輪山を詠んだ歌や天智天皇への挽歌《ばんか》もあるが、それらもみな列席の人たちになりかわって飛鳥を去ることを惜しみ、天智天皇の死を悼《いた》んだものである。

でも蒲生野での相思《そうし》相愛《そうあい》の歌がある、となお思うだろう。だが、あの歌は恋の歌じゃない。

『万葉集』の歌の分類には、相聞歌《そうもん》・挽歌・雑歌《ぞうか》の三種があり、恋歌なら相聞歌である。しかしこの歌は雑歌に分類されている。ということは、詠まれた内容ではなく、詠まれた経緯《いきさつ》や場所などを判断して恋歌でないとみなしたのである。

それに、この歌はどうみても二人の間でひそかに交《かわ》された歌じゃない。もし二人だけの贈答歌なら、どうして『万葉集』に載《の》っているのか。これは宴席などの公然たる場所で、みんなに披露《ひろう》された歌である。宴席にいた者のメモに基づいて歌集が作られ、それが『万葉集』の編纂材料となったのだ。宴会はたぶん「野守とか紫草とかを織り込んで、歌を詠んでごらん」とかの天智天皇の命令ではじめられ、まず額田姫王が歌う。これに応じて、居ならぶ王族・廷臣がつぎつぎと歌を披露した。そのなかでは大海人皇子との取り合わせがいちばん優《すぐ》れていて、満座《まんざ》の人々がひとしく称賛《しょうさん》した。そこで書き留められたのだろう。「額田姫王歌集」「天武天皇御詠集」など伝わっていないから、宴会などで公にされなかったら、彼女の歌は伝わらない。

さらにいえば、この歌は内容的に見て虚構である。ここにほんとうの恋心など歌われてないと見るべきだ。「赤く照り輝いて美しい」にあたらないからだ。額田姫王は「紫のにほえる妹」つまり「赤く照り輝いて美しい」にあたらないからだ。額田女王の年齢は不明だが、孫の葛野王《かどのおう》の死亡年齢から推算して、とうじは三十五歳ほどで、せいぜい二〜三年前後するていどである。この時代に「にほへる妹」にあたるのは十四〜十六歳ほどで、無理しても二十歳未満しかいわない。平安末期成立の『梁塵秘抄《りょうじんひしょう》』には「女の盛《さか》りなるは十四五六歳、二十四五とか、三十四五にしなりぬれば、紅葉《もみじ》の下葉《したば》にことならず」とあり、三十歳をこした女性を「赤く照り輝く女」と描くはずがない。

こうしたことであるから、額田姫王をめぐる三角関係疑惑は文学世界でだけのことである。

畝傍山

耳成山（右上）

天香具山

36 大海人《おおあま》皇子は天智《てんじ》天皇の皇太子だったことがない、だって

中大兄《なかのおおえ》皇子と大海人皇子の父は舒明《じょめい》天皇、母は宝《たから》皇女（皇極《こうぎょく》女帝）で、彼らは同母の兄弟である。皇極天皇四年（六四五）、中大兄皇子・中臣鎌足《なかとみのかまたり》らは乙巳《いっし》の変を起こして蘇我蝦夷《そがのえみし》・入鹿《いるか》を葬《ほうむ》り、政権を掌握した。しかし大海人皇子はとうじ十五歳ほどで、蘇我氏の打倒や新国家体制の方向づけに参画できる年齢ではなかった。

白雉《はくち》四年（六五三）皇太子・中大兄皇子は孝徳《こうとく》天皇と決裂し、中大兄皇子は上皇・皇后・政府高官らを率いて難波《なにわ》を去り、倭京《わきょう》（飛鳥《あすか》京）に帰還した。大海人皇子は、このとき兄に随う「皇弟」としてはじめて史書に載《の》った。そして、天智天皇三年（六六四）には兄の名代《みょうだい》の「大皇弟」（皇太子のこと）として冠位二十六階制を施行し、また大氏・小氏の制、民部《たみべ》・家部《やかべ》などの中心的な国家施策《せさく》を宣告して施行させている。白村江《はくすきのえ》敗戦の処理・責任問題を抱えて不満の燻《くすぶ》る微妙な政治情勢の中で、兄とともに最前線に立って困難な局面を凌《しの》いだのである。天智天皇七年には東宮《とうぐう》に立てられ、兄の腹心の部下といわれる中臣鎌足の危篤《きとく》にさいしては、藤原の氏姓《うじかばね》と大織冠《たいしょくかん》の賜与を伝えたといわれる。

こうした信頼し合った仲の良い兄弟だったのに、ある日近江宮の酒宴でとつぜん大海人皇子が長槍で敷板《しきいた》を刺し貫《つらぬ》く事件が起きた。なにかが変わったらしい。天智天皇十年、卑母《ひぼ》の所生ながら天智天皇の長子・大友皇子が太政大臣《だいじょうだいじん》に就任した。左右大臣・御史大夫《ぎょしたいふ》などが発表されてみると、大海人皇子は天智政権から疎外《そがい》されていた。というのは、とうじの皇太子と太政大臣は職務内容が同一で、

同時に併存するものでなかった。班長がいるのにチーム長が置かれたり、社長がいるのに社代表がべつに置かれるようなものだ。どっちかが要《い》らないのだが、こういう場合はふつう前任者がいやだから後任が立てられるものだ。こうして大海人皇子は兄と袂別《べいべつ》することとなり、その地位をあらたに登場した大友皇子に奪われた。一度いや長く皇太子として重責を担《にな》ったのに、一転して失脚して非運な政治家となった、と見られてきた。しかしこうした記事は、二面から見て疑わしい。

第一に、皇太子だったというが、そんな確約されたような地位にいたのだろうか。

近年の説では、五世紀代の大王の後継《あとつ》ぎは日嗣《ひつ》ぎの御子《みこ》とよばれたが、それは大王の血統を承《う》けた全員をさしており、子はだれも同格だった。前大王の嫡妻所生の第一子が望ましいとしても、それは絶対的な必要条件でない。大王の嫡妻の庶子《そし》もその異母兄弟も大王になれる条件を備えている。だから日嗣ぎの御子間の骨肉《こつにく》の争いが演じられた。そこで六世紀前半に大兄《おおえ》制が導入され、異母兄弟の王族集団が成立してその王家の長が大兄となり、大兄間で大王位を持ち回る状態に移行した。次期大王の候補を一人にあらかじめ決めるという皇太子制が確立するのはそのあとで、持統《じとう》天皇三年（六八九）に施行された飛鳥浄御原令《あすかきよみはらりょう》か大宝元年（七〇一）の大宝令《たいほうりょう》による。はやくて珂瑠《かる》皇子（文武《もんむ》天皇）の立太子《りったいし》が最初となる。とすれば、大海人皇子が皇太子と書かれていても、それはのちのそういう地位にあたる存在だったと主張しているだけで、とうじは多数の候補者の一人でしかなかったはずだ。

第二に、『日本書紀』の記述はしょせん勝者の記録である。人々の同情を集め、壬申の大乱は正当な行動だったとしたい。そのために自分はほんらい排他的な後継者と見られていたと主張しているにすぎず、それも死人に口なしである。大海人皇子関係の記事に手を加えた可能性は、否定できない。

37 大海人《おおあま》皇子は、近江方の挑発でやむをえず立ち上がったんじゃないの

大海人皇子は近江方の挑発的な行動をみて、生命《いのち》の危機を感じて挙兵したものであり、やむをえない正当防衛だったのか。いや、かねて不満に思って挙兵のタイミングを待っていただけであって、積極的に王位簒奪《さんだつ》を目指したものだったのか。いったいどちらだったのだろう。

『日本書紀』によれば、天智《てんじ》天皇二年（六六三）八月の白村江《はくすきのえ》での大敗後、天智天皇は「大皇弟《だいこうてい》」つまり大海人皇子に命じて、冠位二十六階制を布告し、また氏の上の家柄を確認し弁別《べんべつ》した上で、豪族の私有民である民部《たみべ》・家部《やかべ》を一部復活させる政策を実施した。大海人皇子が政界の表舞台に登場し、天智天皇七年正月には、天智天皇の即位に伴《ともな》って、その皇太子に立てられた。ところが天智天皇十年正月、理不尽《りふじん》にも天智天皇は伊賀采女宅子媛《いがのうねめやかこのいらつめ》との間の子・大友皇子を太政大臣《だいじょうだいじん》に任命した。太政大臣は王室側から大王の国政を支えるのが職務で、皇太子と同じ権限内容となる。大海人皇子は病床にあった兄の胸中を察し、出家して吉野に隠遁《いんとん》した。俗界を去っておとなしく政権の座を譲ってやったのに、天智天皇没後の後継者・大友皇子は大海人皇子を敵視し、吉野を攻めるような動きをしはじめた。

大海人皇子は部下からこう聞いた。舎人《とねり》・朴井雄君《えのいのおぎみ》が美濃《みの》に行ったら、近江《おうみ》朝廷からの命令があって天智天皇陵造営の名目で人夫が集められていた。その人夫には武器が渡されていて、戦いの準備らしい、と。また近江宮から倭京《わきょう》（飛鳥京）まで監視人が出入りをチェックしていて、菟道《うじ》（宇治）の橋守《はしもり》は大海人皇子への食糧運搬を妨害している、ともいう。これらの情報から、大海人皇子はもとも

と叛意《はんい》はいささかもなかったが、近江方が兵糧攻《ひょうろうぜ》め・武力討伐をしかけてくると判断した。したがって挙兵は受け身的で、あくまでもやむをえざるとっさの自衛行動で、正当防衛だと主張している。しかしこの経緯《いきさつ》を記している『日本書紀』は、壬申《じんしん》の乱を起こした側の記録である。しかも編纂を命じたのは、反旗を翻《ひるがえ》した本人・天武《てんむ》天皇（大海人皇子）。その史書にまさか「大海人皇子が後継に指名されなかったことを恨《うら》んでいて、大王位を簒奪するために権謀術数《けんぼうじゅっすう》を巡《めぐ》らせていた」などと書かせない。『吾妻鏡《あづまかがみ》』でも、源頼家は側近の若者を集めて日々蹴鞠《けまり》にうつつを抜かし、大切な所領紛争でも真剣さがなくてでたらめな線を引いた、とか書く。勝者である北条氏の書きたい放題《ほうだい》である。『日本書紀』も、大海人皇子に都合《つごう》のよいように脚色《きゃくしょく》されてとうぜんだ。たとえば大海人皇子は皇太子だったとし、もともと掌中《しょうちゅう》にあった大王位の継承権を反乱によって回復したと読みとれる。しかし皇太子は飛鳥浄御原令《あすかきよみはらりょう》か大宝令《たいほうりょう》で規定された地位で、天智朝にそんな制度はなかった。大海人皇子は王位継承の一候補者であったとしても、次期大王候補を約束などされていなかった。

反乱の経緯からすると「用意周到に多数の同士を募って多発的に決起した」とまでは見えない。したがって計画性は薄いが、吉野脱出に先だって大伴吹負《おおとものふけい》に舎人《とねり》を特派《とくは》しており、はやい時点で何らかの下工作、つまり反乱時の支援などを密約していた蓋然性《がいぜんせい》が高い。

しかも壬申年の挙兵を「乱」とする自覚は、天平宝字《てんぴょうほうじ》七年（七六三）には生じていた。『続日本《しょくにほん》紀《ぎ》』の本文に「壬申の兵乱に属《あた》り」と書かれていて、政府として天武天皇の行為が反乱にあたることを認めている（金井清一氏「壬申の『乱』と万葉集」）。やはり古代の人たちの目からみても、これは正当防衛とされる行為ではなく、王位簒奪をめざして行動した明瞭な反乱に映《うつ》っていたのだ。

38 壬申《じんしん》の乱って、いったい何を根拠にして踏み切られたの

天武《てんむ》天皇元年（六七二）壬申の乱が起こり、大海人《おおあま》皇子（天武天皇）が甥《おい》・大友皇子を破って即位した。この戦乱は、ポスト天智《てんじ》天皇をめぐる後継争いであった。

『日本書紀』によれば、大海人皇子は皇太子（大皇弟）で、天智天皇の後継を約束され、廷内でも認知されていた。しかし天智天皇は大友皇子を偏愛《へんあい》し、彼を太政大臣《だいじょうだいじん》にすえた。太政大臣は大王とならんで高度な政治判断や執政にあずかる地位で、皇太子の大海人皇子と同等の職務である。同一の地位に二人は不要であるから、天智天皇は後継者を大友皇子に変えようと意図していた。大海人皇子はこの措置《そち》に不満で、廷臣も同情した。しかも大友皇子の母は国造《くにのみやつこ》・伊賀采女宅子娘《いがのうねめやかこのいらつめ》で、大王に即くにふさわしくない卑母《ひぼ》の所生であった。廷臣は表向きは天智天皇や大友皇子に従っても、心のうちでは大海人皇子を支持した。予想通り、天智天皇没後に大王位をめぐる戦乱（壬申の乱）が起きた。これが『日本書紀』編者の描いたストーリーで、古来の通説である。

近年、東アジア世界の広い視野から古代日本を捉《とら》えるといい、天智天皇・大友皇子など近江政権を百済《くだら》系、大海人皇子方を新羅《しらぎ》系と分類し、そのあいだの相克《そうこく》とする説が流布《るふ》している。日本国内の事情だけで考えず、東アジア史の一齣《ひとこま》として捉えようという視座《しざ》はただしい。また天智天皇が百済の亡命王族・貴族を受け入れ、宮廷内で厚遇したのも事実である。しかしだからといって天智政権が百済系だとはいえないし、百済出身と名乗る渡来系氏族が全般的に厚遇されたり、特定グループの渡来系

氏族が一律に圧迫された事実もない。それは壬申の乱後の天武政権下でも同様で、百済系が圧迫され新羅系が優遇された痕跡はない。いやその前に、そもそも渡来氏族が百済系か新羅系かいまだに明瞭には弁別《べんべつ》できていない。その意味でこの説は仮説《かせつ》どまりの話で、まったく拠《よ》るべきものがない。

さて大海人皇子は壬申の乱を起こしたが、それが正当性のある行為であったことをどう説明しているか。その根拠はどのように作為されたかをめぐって、さまざまな意見が出されている。

荒木敏夫氏（『日本古代の皇太子』）は、皇太子であったことが決起の正当性の根拠とされているが、この時期には皇太子制自体がなかったとした。皇太子の地位は飛鳥浄御原令か大宝令で成立したものであり、珂瑠《かる》皇子（文武《もんむ》天皇）か首《おびと》皇子（聖武《しょうむ》天皇）がはじめての例である。首皇子でも、元正《げんしょう》女帝が割り込んで即位しているから、皇太子の地位はこの時期でも確定していなかった。次期皇位継承者として確実な権利があったという話は成り立たないわけで、大海人皇子の「手にしていた正当な継承権の回復」という主張は崩れてしまう。荒木氏の説をもとにすれば、『日本書紀』の編纂は天武天皇の命令ではじまるので、ともかく大海人皇子は皇太子だったと書き替えさせ、皇太子であったことを根拠にその復権を目指した、という主張になろうか。

遠山美都男《みつお》氏（『壬申の乱』）は、正当性の根拠をちがうところに見出している。

大海人皇子は、重篤《じゅうとく》にあった天智天皇を見舞った。そのとき天智天皇は「あとの事はお前に任せる」というと、大海人皇子は「お願いですから、大王としての仕事を大后《たいこう》に委《ゆだ》ねて下さい」（『日本書紀』）つまり大后の倭姫王《やまとのひめみこ》に譲位したらいいと天智天皇に提案した、というのだ。天智天皇が大友皇子を大王にしたがっていることは百も承知だが、大友皇子の即位までは容認しない。大友皇子の即位を認めないで済ませ、かつ女帝を登場させることで大友皇子・大海人皇子の双方の継承権を留保する。つまりどちらが即位してもいいように、ペンディングさせるよう企《くわだ》てた、とする。だから大海人皇子は、勝手に即位した大友皇子を倒したとしても、それは自分が保有していた即位の権利を行使したまでのことだという主張に繋がるわけだ。

このうち、平安時代のような確実につぎの天皇を約束する儲君《ちょくん》制がなかったのは、たしかにそうだろう。しかし衆目《しゅうもく》の一致するところ、大海人皇子は後継者の一番手である。大海人皇子にとっては大王位の「奪還」であり、皇太子を詐称《さしょう》したのはただ根拠を分かりやすくするていどの改竄《かいざん》だったろう。

ついで大海人皇子が天智天皇の后・倭姫王の即位つまり女帝の登場を求めたというのは、おもしろい着眼点だ。大海人皇子は大友皇子の継承をもともと承知していない。女帝登場で衝突を回避させておき、結果として大海人皇子にも継承権が留保された。壬申の乱は留保していた権利を行使したもので、継承権の正当性はもとからあった、というわけだ。ただそれでは、自縄《じじょうじ》自縛《ばく》にならないか。倭姫王が即位していたら継承権が留保されたかもしれないが、彼女は即位していない。大友皇子が公式に後継者についた以上、大海人皇子は継承権が留保できなかったと知っていたわけだ。また和田萃《あつむ》氏（「殯《もがり》の基礎的考察」）は、この提案は天智天皇の病中の措置《そち》として倭姫王への業務代行を求めたもので、没後は大友皇子が大王となると承知していたものと理解している。おそらく大海人皇子は、大友皇子の即位を認めたとしても、それだけは書かれたくなかったのだろう。でも筆者から見れば、天智天皇の前で大友皇子の即位を認めていなければ、吉野宮に辿《たど》り着けなかった思う。だから倭姫王への譲位の提案とは、「ほんとうはともかく、『日本書紀』にはそう書いておこう」という話だったろう。

大海人皇子が隠遁した吉野宮がおかれていた吉野宮瀧。この右側に宮があった。

39 大海人《おおあま》皇子は、なぜいちはやく東国《とうごく》をめざしたのか

天武《てんむ》天皇元年（六七二）六月二十二日、大海人皇子は決断をした。「いま聞いたところでは、近江《おうみ》朝廷の者たちは、私を殺害しようと謀《はか》っている。……私は、いまこそ立ち上るぞ」（『日本書紀』）と宣言し、ひそかに吉野宮を脱出した。美濃《みの》国安八磨《あはちま》郡にある私領の湯沐《とうもく》や国司たちに特使として舎人《とねり》を派遣する一方で、不破関《ふわのせき》（岐阜県不破郡）を目ざして出立した。菟田《うだ》の吾城《あき》（奈良県大宇陀町）から伊《い》賀《が》の隠《なばりの》郡家《ぐうけ》（三重県名張市）を通り、積殖《つむえ》の山口（三重県伊賀町）で高市《たけち》皇子と合流して、伊勢《いせ》の鈴《すず》鹿《か》から桑名へと入った。大海人皇子は野上《のがみ》（岐阜県関ヶ原町）に止《とど》まることにし、高市皇子に前線の指揮を委《ゆだ》ねて近江大津宮への総攻撃をはじめさせた。

ここまでがまるで既定の行動であるかのように、ためらいなく東国を目指している。そういえば古代の逃亡者や反乱者たち、つまり山背大兄王《やましろのおおえ》・大伴古麻呂《こまろ》・藤原仲麻呂・伴健岑《とものこわみね》らは、みんな揃って東国を目指している。そこで宮廷では、権力を握っていた上皇などの有力者が死没して政治的不安定な状況が予想されるとき、固関《こげん》を行なった。固関とは、越前《えちぜん》国愛発《あらち》関・美濃国不破関・伊勢国鈴鹿関の三つを閉ざして、東海道・東山道・北陸道《ほくろくどう》などつまり東国に入る道を遮断することである。律令政府は、東国に入られるのをとりわけて厭がっていた。こういう措置《そち》をとったのは、大和王権が全国支配を進める中で東国を重要な軍事基盤と位置づけてきたからだ、と説明されてきた。

たしかに東国の人たちには、律令制をはるかに溯る古い時代から、大和王権の大王にトネリとして

夏見廃寺。大伯皇女は父・大海人皇子が東国入りのときに通った名張に昌福寺を建てた。その址かという。

奉仕してきた歴史がある。桧隈舎人部《ひのくまのとねりべ》を例に取ると、部と名乗る人は一般人民で、この上に桧隈舎人がいる。桧隈舎人は中央に赴いて宣化《せんか》天皇の桧隈廬《ひのくまのいおり》入野宮《ののみや》に出入りし、桧隈舎人部から物資を供給されつつ大王に奉仕した。王宮の防衛が主務だが、日常的な行動にも付き随ったようだ。

桧隈舎人など氏の名に「舎人」をつけている豪族の姓《かばね》は、ほとんどが直《あたい》である。直は国《くにの》造《みやつこ》ランクだから、かつてこんな日があったことになる。大和王権からの要求で、一族から近親の同族を割《さ》いて「××舎人」と称させ、〇〇大王のいる「××宮」に派遣せよ。その同族の子弟が奉仕する職務内容を経済的に支えられるよう、支配下の土地・人民ごとその者に分けて分家《ぶんけ》させよ、という命令が届く。分家した同族は国造一族だから直を称し、××舎人直氏となる。その分家も大王の宮に奉仕して何世代か経ると、出身元の国造家よりも大王やそれを継承した皇子女たちにより親近感を懐《いだ》く。彼ら東国国造の一族が大王の私的軍隊として頼りにされるようになっていったとしても、不思議はない。

　こういう足跡を溯って辿《たど》ると、雄略《ゆうりゃく》天皇の吉野河上小野宮にちなむ河上舎人部、同じく泊瀬《はつせ》朝倉《あさくら》宮にちなむ長谷《はつせ》部《べ》舎人部《のとねりべ》にはじまる。ついで清寧《せいねい》天皇の白髪命《しらかのみこと》にちなむ白髪部舎人部・白髪部膳夫《かしわで》、仁《にん》賢《けん》天皇の石上《いそのかみの》広高《ひろたか》宮にちなむ石上部舎人部、武烈《ぶれつ》天皇の小《お》泊瀬《はつせ》稚鷦鷯《わかさざき》命にちなむ小泊瀬舎人部、安閑天皇の勾大兄《まがりのおおえ》・勾金橋《まがりのかなはし》宮にちなむ勾舎人部、欽明《きんめい》天皇の磯《し》城島金刺《きしまのかなさし》宮にちなむ金刺舎人部、敏達《びだつ》天皇の訳語田幸玉《おさだのさきたま》宮にちなむ他田舎人部《おさだのとねりべ》・他田日《ひ》奉部《まつりべ》が連続して東国に置かれている。つまり大和王権は、五世紀後半から六世紀中葉にかけて東国出身者を登用し、王宮の身辺に侍《はべ》らせる軍事力として頼りとしてきた。こうした歴史的関係が、律令国家成立の直前まで引き継がれてきたのだろう。

　皇極天皇二年（六四三）十一月、斑鳩《いかるが》宮にいた山背大兄王は、蘇我入鹿の派遣した巨勢徳太《こせのとこた》らの軍にとつぜん襲撃された。山背大兄王は舒明《じょめい》天皇没後の大王選に立候補し、入鹿《いるか》の推《お》す古人大兄《ふるひとのおおえ》皇子の継承を承知しなかった。争いを避けるために皇極《こうぎょく》女帝を即位させたものの、入鹿としては不愉快だった。そこで力づくで、討伐軍を起こした。山背大兄王ははじめ生《い》駒山《こまやま》に逃げ込んだが、そのとき側近の三輪文屋《みわのふみや》は「（京都府の）深草屯倉《ふかくさのみやけ》で馬を手に入れ、東国に赴いて上宮の乳部《みぶ》（山背大兄王家に奉仕する部民）をもとに軍を起こしたら勝てます」と献言している。だから壬申の乱にさいして、大海人皇子はまず自分の湯沐《とうもく》（皇子に付属する部民）に連絡して、美濃《みの》の兵士を発《おこ》させた。東国は大和王権の軍事基盤・武器庫と見なしていたから、迷わずまっしぐらに東国に向かった、と理解されてきた。

しかし、これらの話はほんとうなのか。じつは当初こそ舎人部《とねりべ》は東国特有のものと見なされていたが、よく調べると特定の王宮への武力奉仕も東国に限ったものではなかった。西国《さいごく》でも、王宮に奉仕させられていた豪族は多い。しかも、この話は大和王権にとってもかなり過去の事柄である。中央集権化をめざしているこの時期に、なお東国だけが武器庫として特別視されていたとは思えない。

筆者は、こう思っている。近江朝は畿内近国に指令し、国司を通じて天智天皇陵造営のための人夫の動員をはじめていた。大海人皇子方にも美濃・尾張《おわり》での人民徴発の情報が入り、舎人は「山陵の造営ではなく、なにか起こりそう」と報告したというが、大海人皇子にはそれが千載一遇《せんざいいちぐう》のチャンスに聞こえた。徴発された人夫が各所に散らないうちに、人夫に武器を持たせれば兵士として自分の武力に組み込める。いま決起すれば、国司に動員された二万人を自軍の兵士にできる。もともと大海人皇子に同情的な人たちは、吉備《きび》にも大宰府《だざいふ》にもいた。東西どっちに行っても味方はいる。それを知りながらもまず東国を目ざしたのは、ともかく目先の尾張国の二万人を確保したかったからであろう、と。

40 壬申《じんしん》の乱で、なぜ政府軍を率いた大友皇子が負けたのか

天武《てんむ》天皇元年（六七二）の壬申の乱は、天智《てんじ》天皇の弟・大海人《おおあま》皇子と天智天皇の子・大友皇子との間の皇位継承をめぐる戦いである。大海人皇子は反乱軍という不利な立場ながら勝利し、強大な権力を手にした。以降はその力を背景として、律令制度の確立に邁進《まいしん》することになる。

さて大友皇子だが、近江朝の政府機関を握っていて圧倒的に優位に立っていたはずなのに、なぜ敗れたのだろうか。

当初は、天智天皇の後継者は大海人皇子と見なされていたかもしれない。かれは天智天皇の同母弟で、父母と兄が大王。血統はこれ以上望めないくらいよいし、天智天皇を助けて執政上の実績もある。またとうじ兄弟間で皇位が継承される例はよくあったから、後継者と目されてとうぜんだ。

一方の対立候補・大友皇子は、もともと皇位継承の資格に欠けていた。母は伊賀采女宅子媛《いがのうねめやかこのいらつめ》といい、三重県の地方豪族の娘だった。とうじの通念では、いくら大王の子でも、大王となるには王族か中央豪族の所生の皇子でないと候補にも上がらない。近江宮の浜楼《はまろう》の宴席で大海人皇子が騒ぎを起こして天智天皇を激怒《げきど》させたというが、それでも大海人皇子を大王候補から外《はず》すまでにはなるまい。

天智天皇が大友皇子に注目したのは、わが子かわいさもあったろうが、本人も優《すぐ》れた人物だったからしい。『懐風藻《かいふうそう》』によると、博学多通《はくがくたつう》で文武の材幹《ざいかん》があったという。だが天智天皇にはもっと深い読みがあったと思う。というのは、きたるべき国家は中央集権化されて国家権力がとてつもなく巨

大化する。そのときに大王位をめぐる争いが原因となって派閥抗争から戦乱に発展すれば、全氏族をまきこんだ大騒ぎになりかねない。そこで、大王位継承は直系長子相続が原則と決めておきたかったのではないか。ともあれ天智天皇は、天智天皇十年（六七一）に大友皇子を太政大臣《だいじょうだいじん》に任じて、事実上の後継者に指名した。しかしそこは古代社会のこと。いくら天智天皇が先を読み、原則として打ち立てたくとも、血統の優劣は不動の大きな基準であった。乱がはじまると、多くの豪族は近江宮を出て大海人皇子方についた。卑母《ひぼ》所生という出自《しゅつじ》は、やはり敗因の第一の要素となったようだ。

第二には、大化改新政治への失望があった。大化改新以来の中央集権化政策は、地方豪族からみれば地方支配権を奪われる屈辱の日々であったはずだ。また中央豪族にしたって、新政府の高官のポストは従来の大夫《まえつぎみ》制度と異なって五名と少なく、政権から疎外《そがい》されたという思いは強かった。父・天智天皇の施策への不満が、子にぶつけられたのである。

そして第三は、大友皇子の軍事的才能の低さがある。大海人皇子は湯沐《とうもく》を中心に私兵を集めてはやばやと東国を抑え、近江朝への不満勢力を組織していった。これに対して大友皇子は、国司など官僚機構を通じた上からの徴兵にこだわり、まごついていた。正規軍での徴兵よりも、ともかく各豪族に戦後の恩賞・特典でもちらつかせて味方になるように持ちかければよかった。立ち上がりの不安定な時期に討伐をはじめれば、大海人皇子側の内部に動揺を起こせたかもしれない。それを好きなように態勢を固められ、立ち遅れて形勢を不利にした。それでも最終的には動員力に甲乙《こうおつ》はなく、大和中原《ちゅうげん》では大野果安《おおののはたやす》らが大伴吹負《おおとものふけい》の軍を一時圧倒するなど善戦している。重臣の内紛もふくめて徴兵後の指揮の混乱と戦いぶりは、彼の軍事統率力の弱さの反映でもある。

41 十市《とおち》皇女はとんでもない不貞《ふてい》の妻だったのか

壬申《じんしん》の乱では、十市皇女は悲劇の人だった。乱を起こした大海人《おおあま》皇子は、じつの父。これを迎え撃つ近江《おうみ》政府の首班は、夫・大友皇子。まだ幼《おさな》子だった葛野《かどの》王を抱え、身を裂《さ》かれるような痛みを感じていたことだろう。かわいそう、悲劇の皇女などと思うのが当たり前ではないか。

しかし江戸時代には、十市皇女は「鼻持《はなも》ちならぬ不貞の妻」として物凄《ものすご》く嫌われていた女性だった。その理由は、夫とともに殉死《じゅんし》しなかったからだ。貞淑《ていしゅく》な妻としては、敗色濃厚ならば足手《あしで》まといにならぬように戦いの前に自殺するか、夫の死を知ったときに殉《じゅん》ずる。いずれにせよ、生きて敵方に救われ、生命《いのち》ながらえるなど、このうえない恥辱《ちじょく》。そういう受け止め方をされていたのである。

そういうところに、江戸時代の人たちはさらに十市皇女が非難を浴びそうな話を読んでいた。それは『宇治拾遺《うじしゅうい》物語』巻十五の一（二八六）に、「清見原《きよみはら》天皇と大友皇子と合戦の事」として載《の》っている。『日本書紀』にはないもので、後世におもしろおかしく捏造《ねつぞう》された伝説である。

話は、こうだ。大海人皇子は皇太子だったが、大友皇子が太政大臣《だいじょうだいじん》として国政を行ない、また世人《よひと》の覚えもよさそうだった。自分は勢いも及ばず、討たれるのではと気になり「吉野山の奥に入って、法師になる」といって、山に籠《こ》もってしまった。しかしある人が大友皇子に、「大海人皇子を吉野山に籠もらせておくのは、虎に翼《つばさ》をつけて、野に放つようなもの。おなじ宮のなかに置いておけば、自分の心のままにできる」と献言した。大友皇子も「それもそうだ」と思い、軍兵《ぐんぴょう》をととのえてお迎えするかのようにして、殺してしまおうと計画した。ところが大友皇子の妻（十市皇女）は大海人皇子の娘だったから、この話を聞き知って「父が殺される」と悲しんだ。「どうにかして、父にこの計画を知らせよう」と思ったが、見張《みは》り役に囲まれている。考えあぐんで、「そうだ、鮒《ふな》の包み焼きを作って、その腹のなかに短い書簡を書いて折り畳《たた》んで小さくし、それを押し入ればよい」と思いついた。そして吉野宮の父のもとにこれを届けた。大海人皇子はこれを読み、「これじゃ、やむをえない」と急いで下っぱの者の衣装《いしょう》を着て、藁沓《わらぐつ》を履《は》いて、宮にいる人たちにも知られないように、ただ一人で山を越え、北に向けて歩いた。道が分からないので、五〜六日かけて山城《やましろ》国（京都府）の田《た》原《はら》に辿《たど》り着いた。そこの里人は高貴な方と気づいて、高杯《たかつき》に栗を焼いたり茹《ゆ》でたりして載《の》せて出した。大海人皇子はその二種類の栗を、「思う事が叶《かな》うのならば、木になれ」といって、その栗を埋《うず》めた。里人《さとびと》はこれを見ながら不思議に思い、目印を刺して置いた。その後、その焼栗・茹で栗は芽を出して生長し、いまも田原の御栗として朝廷に奉っている、とかいう話である。これに志摩《しま》国で水を飲ませたり、墨俣《すのまた》川の渡しで機転を利《き》かせた女性など、おまけの話がいろいろ付いている。

全体の話は読んでいただくとして、ともかく十市皇女が、大海人皇子に急を知らせたという。親孝行なことだが、この話は江戸時代の人たちには悪く受け取られた。ひとたび家を去って他家に嫁《とつ》いだ者が、実家に味方して婚家《こんけ》を滅ぼすのに手を貸すなんて、という囂々《ごうごう》たる非《ひ》難《なん》である。

読む人の評価基準は、時代によって変化する。中国でも秦の始皇帝は焚書坑儒《ふんしょこうじゅ》をした反動と非難されたが、時代を開いた者と見直されたりする。評価は現代を生きている人がするから、どうしてもくるくると変わる。それなら私たちも、いま評価されなくてもがっかりしなくてよいということだ。

42 フレームアップじゃなくて、大津《おおつ》皇子にも驕《おご》る気持ちがあったか

朱鳥《しゅちょう》元年（六八六）九月九日、かねて病床にあった天武《てんむ》天皇が没し、その後継問題を決着させるときがきた。草壁《くさかべ》皇子は病床にあったのかすぐに即位できず、母・鸕野《うの》皇后が持統《じとう》天皇として称制《しょうせい》（即位せずに執政すること）することになった。その最初の仕事が大津皇子の謀反《むほん》の処理であった。持統女帝の登場で大津皇子の失脚は予測されており、やはりヤラレタかという感じである。

事件の経緯《いきさつ》は、こうだった。九月十一日に宮の南庭に殯宮《もがりのみや》を建て、人々が哀悼の言葉を捧げはじめた。二十四日に大津皇子の謀反が発覚。一味の三十余人が逮捕され、十月三日には大津皇子が訳語《おさ》田《だ》宮で自殺。王妃・山辺《やまべ》皇女は「髪をふり乱し裸足《はだし》で、奔《はし》って殉死《じゅんし》した」（『日本書紀』）という。

この謀反事件は捏造《ねつぞう》で、黒幕は鸕野皇后だったと見る向きがつよい。

鸕野皇后にとって、子・草壁皇子の即位は悲願だった。天武天皇八年（六七九）五月、なかなか後継者を指名しようとしない天武天皇に迫って、吉野《よしの》会盟《かいめい》を催させた。天智《てんじ》天皇系・天武天皇系の有力皇子六人を集め、皇子たちの序列を明確にさせよう。もちろん草壁皇子が後継者だと、だれの目にも分からせようと図《はか》った。そうした強硬な手だては、つよい不安の現われだ。というのも、最初の嫡妻・大田《おおた》皇女（鸕野皇后の姉。天智天皇四〜五年ごろに死没）が生んだ大津皇子は優秀・豪快な人物と評判が良かったからだ。『懐風藻《かいふうそう》』によれば、「身体・容貌が大きく逞《たくま》しく、度量が高く奥深く、幼少から学問好きで、博識で詩文が得意。成人して武を好《この》むようになり、剛力で撃剣が巧みだった」とあ

かつて野口王墓といわれた天武天皇・持統天皇の合葬陵

り、血統がどうこうより、資質に恵まれていた。また「性質が放逸《ほういつ》で規則を気にしない所があったが、高貴な身分なのにへり下って人士を厚く礼遇《れいぐう》した」といい、宮廷内の人気の的《まと》だった。それに卑母《ひぼ》所生とはいえ壬申の乱の立役者だった最年長の高市《たけち》皇子も、廷内での人気が高かった。吉野会盟はそうした雰囲気を覆《くつがえ》すためのもので、草壁皇子が皇子たちを代表して天武天皇に誓う形を取って、一つ格付けが高いことを見せつけた。この二年後に、天武天皇は草壁皇子をやっと皇太子（名称は後世のもの）にした。天武天皇は、明らかにためらっていた。しかもさらに二年後には大津皇子を「はじめて朝政《ちょうせい》に参加させる」（『日本書紀』）として政権内に加え、草壁皇子と肩を並ばせたのである。これでは、どちらが後継者になるかわからない。そういう状況を残して、天武天皇は逝《い》った。天武天皇を操《あやつ》って後継指名を得ることはできなかったが、天武天皇が亡《な》くなったことで、かえって鸕野皇后は自由になった。彼女の課題は、まずは草壁皇子の前途《ぜんと》を脅《おびや》かす者の排除である。並走《へいそう》する大津皇子の存在が邪魔だから、陥《おとしい》れる名目など何でもよい。そういうなかでの冤罪《えんざい》事件と見られてきた。

たしかにそうした痕跡はある。謀反関係者として三十余人が逮捕されたが、この人数でどれほどの反乱計画が立てられるというのか。しかもこのなかには政府高官など政治力・軍事力のある人物がいない。さらに大半の人はひと月ほど拘留《こうりゅう》されたのち、「欺《あざむ》かれた官人や帳内《ちょうだい》（公設の近侍者）はやむをえない。いまもう大津皇子は滅びた」として放免された。じっさいに処分されたのは二人で、帳内の礪杵道作《ときのみちつくり》は伊豆《いず》に流されたが、新羅《しらぎ》僧・行心《ぎょうしん》は「荷担《かたん》したが、処罰するのはしのびない」として僧侶身分を剥奪もされずに飛騨《ひだ》の寺院に回された。「いまもう大津皇子は滅びた」とは、大津皇子さえいなくなればいいという意味にも受け取れる。『懐風藻』によれば、もともと行心が「あなた（大津皇子）は人臣《じんしん》の人相じゃない。臣下にいると命をまっとうできない」といい、謀反を唆《そそのか》したといわれている。その行心を「処罰するのにしのびない」とは、どういうことだ。行心のことばが鸕野皇后の入れ知恵だったとすれば、ほとんど咎《とが》められず終わった猿芝居《さるしばい》の顛末《てんまつ》もすなおに諒解できる。

しかし『万葉集』によれば、大津皇子は伊勢斎宮《いせのさいぐう》となっていた姉・大伯《おおく》皇女のもとを訪れている。大伯皇女は「わが背子《せこ》を　大和へ遣《や》ると　さ夜ふけて　暁露《あかときつゆ》に　我が立ち濡れし」「二人行けど　行き過ぎかたき　秋山を　いかにか君が　ひとり越ゆらむ」（巻二・一〇五〜六）と詠み、心のうちを打ち明けられたものの「そんな大事を、ひとりで越えていけるの」といいたげでもある。また、川島皇子（天智天皇の第二子）は「はじめ大津皇子と、莫逆《ばくぎゃく》の契《ちぎ》り（深い友情の誓い）をしていた。大津皇子が謀反を計画するにいたって、ついに変事を密告した」（『懐風藻』）とあり、親友の川島皇子には謀反の意思を述べていたともいう。これが事実なら、持統女帝らに叛意《はんい》を懐いていたことになる。

和田萃《あつむ》氏（「殯《もがり》の基礎的考察」）も、そういう事実が大津皇子の側にあったとみる。大津皇子の逮捕は殯（埋葬前の仮葬）の場で発哭《はっこく》した直後だった。似た例に敏達天皇没後の穴穂部《あなほべ》皇子（欽明《きんめい》天皇の子。敏達《びだつ》天皇の異母弟）の動きがあり、殯宮に穴穂部皇子が登場して額田部《ぬかたべ》皇女（敏達天皇の后。推古《すいこ》天皇）の側近・三《み》輪逆《わのさかう》を「どうして死んでしまった王の庭に奉仕して、生きている王の所に奉仕しないのか」（『日本書紀』）と非難している。そのとき「天下を取ろうとした。興奮していった」とあるから、穴穂部皇子は大王になろうとして殯の場で言挙《ことあ》げしたのである。これは亡き敏達天皇と後継者の橘《たちばなの》豊日《とよひ》皇子（用明天皇）への不遜《ふそん》な発言と受け取られた。殯の期間は皇位継承をめぐる争いが起こりやすく、後継候補の地位が不安定になる。そうした緊張感の漂《ただよ》う殯の場で、日ごろの不満や自分の思いを吐露《とろ》したのではないか。すなわち殯の場での不穏当な発言が謀反の「事実」の根拠とされたと推測した。事実無根の冤罪《えんざい》でなく、火のないところに煙は立たないという事態だったかもしれない。

43 倭《わ》という意味をはじめて知ったのは、天武《てんむ》天皇だったの。日本国号の成立。

日本国のことはふるくは倭と表記され、日本人は倭人《わじん》といわれていた。中国の史書は、そう記載してきた。この国名は、どうしてそうなったのか。とうじの日本に住んでいた人たちが、そう自称していた言葉が「字音《じおん》」として採られたわけじゃない。中国人が、ある観念からことさらにこの字を当てたのだ。中国での倭とは、「容姿の醜《みにく》い・萎《な》えて曲がっている」という意味である。もちろんそういう人種だとほんとうに思い込んでいるから、わざとこの字を用いているのだ。

当時の中国の人たちは、中華思想に浸《ひた》っていた。文明の中心地・中国にはりっぱな堂々たる人物がいるが、辺境には土蜘蛛《つちぐも》のような姿・形をした人たちが棲息《せいそく》していて穴居《けっきょ》生活をしている、と決めてかかっていた。親魏倭王《しんぎわおう》の「卑《ひ》」弥呼《みこ》や「邪《や》」馬台国《またいこく》というような卑《い》しみ侮蔑《ぶべつ》するような意味の字を当てているのも、そうした観念がそのまま出たためである。

日本の人々は、こういう漢字の意味に、ずっと気付いていなかったらしい。五世紀後半の倭王・武も、「安東大将軍《あんとうたいじょうぐん》、倭国王」を自分から称している。また対等外交を打ち出したという推古《すいこ》女帝でさえも、「皇帝（煬帝）、倭皇《わこう》（原文は倭王か）を問《と》ふ」という書簡に、抗議などしていない。とはいえ倭の字の意味が分かるのは、時間の問題だった。遣隋使《けんずいし》・遣唐使《けんとうし》が往《ゆ》き来《き》し、また多数の留学生・留学僧がつぎつぎと帰国してくる。そうなれば倭のほんとうの意味と中国人の観念が伝えられてくるのはとうぜんだろう。「倭国からきました」とかいえば、クスッと笑われるはずだからだ。

だから日本・天皇などの語を創案して、自称したくなるのもとうぜんの趨勢《すうせい》だった。

この「日本」は東という以上の意味ではない。この読み方については、かつてニホンかニッポンかでもめたことがあった。しかし、そのどちらでもない。とうじの人はきっとヤマトと読んだに違いない。これは「八雲《やぐも》たつイズモ」「春の日のカスガ」「飛ぶ鳥のアスカ」など地名にかかる枕詞《まくらことば》の一つである。カスガはもはやその本字を失って、春日だけでカスガと読むようになってしまった。その伝で、「日の本《もと》のヤマト」は日本とかいてヤマトと発音していたはずである。

さてそれでは、倭から国号を日本に変えたのはいつだろうか。

従来は、七世紀前半とされてきた。推古女帝が隋に出した国書に「日出《ひい》づる処《ところ》の天子」とある。最初に太陽のあがる地点だから「日出づる処」で、たしかに中国よりも「日の本にある国」である。また同じころに成立したらしい天皇号の時代観ともあう。さらに推古朝には『天皇記《てんのうき》』編纂の記事があり、『天寿国繡帳《てんじゅこくしゅうちょう》』にも「(推古)天皇、之を聞きて悽然《せいぜん》」の文がある。法隆寺の薬師如来像《やくしにょらいぞう》・釈迦《しゃか》三尊像の光背銘《こうはいめい》には天皇・上宮法皇《じょうぐうほうおう》の表記があり、天皇号とともに成立したように見える、という。

しかし右に掲げた史料には編纂過程での書直しや後世の追記《ついき》が想定され、信憑性に疑いがある。確かだといえるのは、けっきょく七世紀後半の史料である。

そこでいま登場しているのが天武朝の創始説だ。孝徳朝《こうとく》〜天武朝までの律令国家建設の歩みに基づく自信と唐《とう》・新羅《しらぎ》への対抗心。それに支えられて、中国のような地皇《ちこう》より上位にある天皇を自称し、「倭国がその名号が雅《みや》びでないのを嫌が」って「日のほとりにあるので日本」(『旧唐書《くとうじょ》』倭国日本伝)と改称した。この国号が法的に確定したのは、たぶん飛鳥浄御原令《あすかきよみはらりょう》だったろうと見なされている。

44 藤原京は、どうして日本史上最大の都城《とじょう》ということになっちゃったの

かつては、藤原宮は飛鳥寺東方の小原《おはら》にあったと見なされていた。小原はかつての大原で、中臣《なかとみの》鎌足《かまたり》が生まれ育ったとされる藤原第《ふじわらのてい》の伝承地である。宮・京の名は、この藤原の地名がもとになったと思われていたのだ。

それが『万葉集』の藤原宮の御井《みい》の歌に「青香具山は　日の経《たて》の　大き御門《みかど》に」「畝傍《うねび》の　この瑞《みず》山《やま》は　日の緯《よこ》の　大き御門に」「耳梨《みみなし》の　青菅山《あおすげやま》は　背面《とのも》の　大き御門に」（巻一・五二）向かっていると詠まれていて、宮は大和三山に囲まれていることが分かった。また『日本書紀』の古い注釈書である『釈日本紀《しゃくにほんぎ》』には「鷺栖坂《さぎすざか》の北の地」とされ、橿原市四分《しぶ》にはいまも鷺栖神社がある。現地には大《お》宮堂《みやど》（江戸時代は「大宮殿」か）という地名と松の木の繁茂した土壇《どだん》があり、それが宮の名残《なご》りらしい。種々の議論を重ねた上で発掘調査が行われ、現在の地が藤原宮跡と確認された。

宮は天皇の居住地と官庁群があるところだが、藤原宮の周囲には宮に勤務する人たちとその家族、納税や商いにきた人たち、また近傍に建てられた寺院に関係する人たちの住まいなどが造られた。それらの人たちの居住範囲とされたのが、藤原京である。

藤原京の大きさや場所もいろいろ議論されたが、岸俊男氏が平城京との関係まで視野に入れた学説を提出し、幅広い人たちから賛同を受けてきた。すなわち藤原京は、古くからある奈良盆地を南北に直線的に走る中ツ道・下《しも》ツ道という古道を東西の京極《きょうごく》線とし、伊勢《いせ》と大坂を結ぶ横大路《よこおおじ》を北京極線

とした。南は上《かみ》ツ道の延長上で紀伊《きい》に向けて屈曲《くっきょく》する山田道《やまだみち》の、やや南側が南京極線となるよう企画された。京のなかは東西八坊×南北十二条に区切られ、八坊（のち四坊）ごとに坊令《ぼうれい》（坊の管理人）が置かれていた。京の大きさは、東西二・一二×南北三・〇九キロメートル《キロメートル》となる。そのなかで宮は四条×四坊の十六坊分を占め、京のまんなかに位置した。こうした設計の都城はとうじの中国に見当たらないが、『周礼《しゅらい》』考工記にはこの形が模範的な都城の造作だと記されており、具体的には中国の北魏《ほくぎ》・洛陽《らくよう》城内城や東魏・鄴《ぎょう》都南城《となんじょう》などが源流の候補となる。

しかも、この藤原京プランが原型となって平城京が造られている、というのだ。藤原京を東西京極線にそって奈良盆地北端まで北上させ、下ツ道を軸にして折り返す。ついで南京極線を軸に南側に折り返すと、四倍プランの枠組《わくぐ》みができる。その京内の条坊の面積はすべて藤原京の四倍とするので、そもそもは八坊×十二条の都城になるはずだった。しかし遣唐使《けんとうし》の報告を通じてとうじの中国の宮が北辺に置かれていたことを知り、藤原宮の北側の二条分を削り、山田道が中央を通っているために中途半端となっている十二条目を削った。十二条中の三条分をカットしたので、平城京は、じっさいは八坊×九条となり、藤原京の三倍プランとなった。さらに外京《げきょう》や北辺坊《ほくへんぼう》などがつくが、平城京主体部だけならば東西四・三×南北四・八キロメートル《キロメートル》となる、という。

藤原京を日本都城史の原型・源流と見なした右の岸説は合理的で、古道に関する新知見も組み込まれていて、不動の定説となるかに思われた。

この説の解釈がいかに整合的・合理的でも、いわば画に描《えか》いた餅。あくまでも机上《きじょう》で考えられた仮説であるから、考古学的な発掘調査で確認しなければならない。そこで、岸説にしたがって京極線を

大藤原京の条坊案

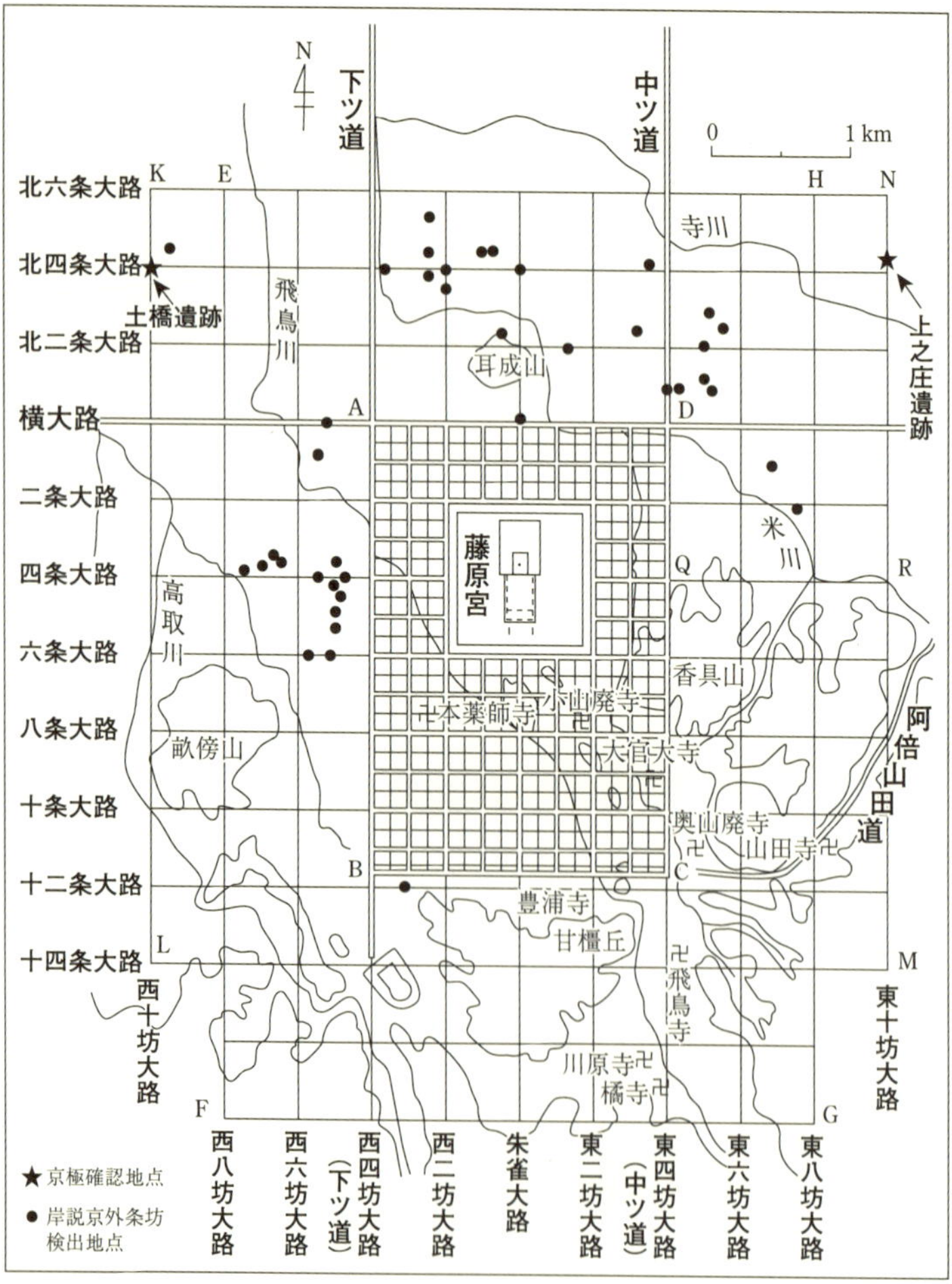

ABCD＝岸俊男　EFGH＝阿部義平　KLMN＝小澤毅、中村太一

発掘で確認しようとしたが、道が突き当たりにならない。京極線ならば、向きは東西南北それぞれあっても、一方が閉ざされたT字路となるはずである。ところがどこも十字路で、そのさきがある。一条・一坊の大きさはわかっているので、十字路になっていれば、その幅を一単位として次の大路《おおじ》を探せばよい。そうやって北四条大路の東西両方で、やっとT字路つまり京極線を検出した。西は橿原市の土橋《つちはし》遺跡、東は桜井市の上之庄《かみのしょう》遺跡がそれである。まだ南北の京極線は確定していないが、おそらく十条×十坊、五・二五キロメートル四方となる。これならば平城京・平安京より大きく、日本史上最大である。日本の都城は、じょじょに大きくなったのではなく、一気に最大のものができてしまったことになる。

それにしても、あまりにも大きい。十条×十坊で計一〇〇坊となるところだが、中央の二条×二坊が宮の区画なので、京域は九十六坊となる。各坊令が四坊を受け持てば、左右両京の坊令各十二人で京内を管理できる。そうしたことは何とか説明できるが、京内には香具《かぐ》・耳成《みみなし》・畝傍の三山が入ってしまう。自然地形が邪魔して、条坊が画《えが》けない。おかしいよ、と思う人もいるだろう。だが、これはあくまでもプランなのだ。条坊を区画し、地面に大路・小路の溝をつけてみても、区画されたところのすべてに家が建つわけでも、人が住むわけでもなかった。

『周礼』の記述にある理想的な都城を造ろうとして、藤原京を企画した。それは壮大な計画だった。しかし理想に走りすぎて閑散とし、とうじの自分たちの力量にも必要度にも合わなかった。そういう失敗は、あるだろう。人間の辿《たど》る歴史だから、一度の間違いもせずに合理的に発展しつづけられるわけでもない。むしろ意気込みと失敗に、歴史の重みと深みを感じるべきだろう。

45 不改常典《あらたむまじきつねののり》は皇位継承法なのか、国家統治の法令つまり近江令《おうみりょう》か

不改常典とは、天智《てんじ》天皇が不動の鉄則と定めたという法典である。

これがはじめて知られたのは慶雲《けいうん》四年（七〇七）七月の元明《げんめい》天皇即位のおりで、

関《かけま》くも威《かしこ》き藤原宮に御宇《あめのしたしら》しし倭根子《やまとねこ》天皇、丁酉《ていゆう》の八月に、此《こ》の食国《おすくに》の業《わざ》を……近江大津宮に御宇《あめのしたしら》しし大倭根子《おおやまとねこ》天皇の、天地《あめつち》と共に長く日月と共に遠く改るましじき常の典《のり》と立て賜ひ敷《し》き賜へる法《のり》を、受け賜り坐《いま》して行ひ賜ふ事と衆《もろもろ》受け賜りて、恐《かしこ》み仕へ奉りつらくと詔《の》りたまふ。（『続日本紀』）

とある。なにやら神社の前で神主があげる祝詞《のりと》のようだが、むずかしい話じゃない。持統《じとう》天皇は草壁《くさかべ》皇子の嫡子・文武《もんむ》天皇に皇位を授け、共同して統治してきた。これは天智天皇の不改常典を承《う》けて行なったことで、その法に従っていま私（元明天皇）も即位する、という意味である。

ここに出てきた不改常典は、このときだけで終わらない。これ以後の聖武《しょうむ》・孝謙《こうけん》・桓武《かんむ》・淳和《じゅんな》・仁明《にんみょう》・文徳《もんとく》・清和《せいわ》・陽成《ようぜい》・光孝《こうこう》という平安前期までの各天皇は、即位はこの不改常典に基づくものだとしており、まさに金科玉条《きんかぎょくじょう》と扱っている。

では不改常典とは、いったいどんなものか。大別すれば皇位継承法か非皇位継承法かということになるが、じつは本文がひとかけらも残っていない。だから内容を推測する論議がいまも続いている。

皇位継承のときにしか見られないので、皇位継承にかかわる原則を定めた法律と理解するのは自然である（岩橋小弥太《いわはしこやた》氏「天智天皇の立て給ひし常の典」など）。内容の推測には、それが出現したのがど

天智天皇がはじめた事業の一つである漏刻台《ろこくだい》の址（明日香村・水落遺跡）

んな情勢だったかを窺うことが大事だ。この法は持統天皇・文武天皇（珂瑠《かる》皇子）・元明天皇の三天皇の即位にかかわっているが、このとき持統天皇が切望していたのは、まずは天武《てんむ》天皇との間の嫡子・草壁皇子の即位だった。草壁皇子が没すると、その子・珂瑠皇子を即位させたいと願った。しかし草壁皇子が即位しないで没したから、ほんらい天武天皇の嫡流はその兄弟へと移るはずだった。それをあえて直系の草壁皇子の嫡子・珂瑠皇子に継承させようとした（草壁皇子を天皇同然と見なして、珂瑠皇子を嫡系とする見方もある）。そこから文武天皇の嫡子・首《おびと》皇子（聖武天皇）へと継承していく。この皇子たちの成長する間を埋めるため、持統・元明・元正の各女帝が即位した。したがってここで必要とされたのは、皇位継承では直系（または嫡系）相承が妥当とする原則の法的根拠だった。

　こうした事情を考えるなら、不改常典は「皇位は直系（または嫡系）相続を不動の原則とする」とした法律とみてよい。持統天皇も元明天皇もともに天智天皇の娘だったから、天武天皇の子たちは知らなくとも、天智天皇からかねてそういう考えを聞いていたとしてもまた不思議でない。

　ところが、議論はそう簡単でない。この不改常典を近江令などとみなす説がある（高橋崇《たかし》氏「天智天皇と天武天皇」など）。

　その理由は、こうだ。元明天皇の詔には不改常典が二度出てくるが、二度目には「天地と共に長く遠く改るましじき常の典と立て賜へる食国の法」とある。食国の法つまり国家統治の法といっているのだ。皇位継承の法もふくめた国家統治法といえば、近江令のことではないか。また不改常典は桓武天皇以降七代の天皇も引用し、みずからの即位の根拠としている。そうなると、法典の内容は天武天皇系の皇子のなかでの直系・嫡系の話だったはずがない。平城《へいぜい》天皇・嵯峨《さが》天皇では即位の宣命《せんみょう》が分からないが、そのあとに立った淳和天皇は平城・嵯峨両天皇の弟であり、前の天皇に対して嫡系でも直系でもない。さらにたとえば仁明天皇即位のおりには、「この天日《あまつひ》嗣高座《つぎのたかみくら》の業《わざ》をかけまくも近江《おうみ》大《おお》津《つ》宮に御宇しめしし天皇の初めて定めたまへる法」とあって、天皇の位を天智天皇の定めた法のように務めるという文章になっている。すなわち国家統治の法であろう、とするのである。

　しかし、この反論にも問題はある。

なにより、近江令は中臣鎌足《なかとみのかまたり》の捏造《ねつぞう》された業績であって、実在しないという考えが有力である。中臣鎌足を顕彰した『藤氏家伝《とうしかでん》』には「帝《みかど》、大臣《おおおみ》をして礼儀を撰録《せんろく》し、律令を刊定し」とあるが、『日本書紀』『続日本紀《しょくにほんぎ》』『令義解《りょうのぎげ》』などの文献ではまったく確認できないからだ。それでも早川庄《しょう》八《はち》氏（「天智の定め初めた『法』についての覚え書き」）は桓武天皇前とそれ以降にわけ、桓武天皇前のものは皇位継承法で、桓武天皇以降のものは近江令とそれを継承したと観念された律令法のことだとされた。この微妙な表現には、そのときに現行法であった養老律令のなかに近江令がふくまれているという意味がある。桓武天皇は天智天皇系の皇子なので近江令の流れをふくむものを食国の法としたいとみるのは理解できるが、桓武天皇を境にして内容が異なるとする解釈はどうだろうか。

また皇位継承の法と見なすなかでは、直系・嫡系かどうかでなく、天皇大権で継承者を決めるという大原則を定めたものとする向きもある（寺西貞弘氏など）。ただこれでは、天智天皇が大友皇子と定めていた継承権を覆《くつがえ》したことが、十分に解釈しきれないだろう。というのも、それを草壁皇子の妻が「守れ」と主張すると、天皇大権で決定していた大友皇子を天武天皇が軍事力で倒してしまったことは不改常典に違反する、といっていることになる。聖武上皇が遺詔で定めた道祖王《ふなど》の即位も、臣下などとはかって大炊王《おおい》（淳仁天皇）にさしかえられ、阻まれている。聖武上皇は天皇でないが、天皇大権に相当する発言力はあったろう。すると、天皇大権も軽視されたことになる。どうも、しっくりする解釈はまだ見つからない。

46 あんたは結婚しちゃダメ！　元正《げんしょう》女帝に独身をしいた非情の祖母・持統《じとう》女帝

天武《てんむ》天皇の皇后・鸕野《うの》皇女（持統天皇）は、持統称制《しょうせい》三年（六八九）四月、即位を期待していた子・草壁《くさかべ》皇子に先立たれた。これで天武天皇の子たちは、自分たち異母兄弟から天皇が出ると思った。ところが鸕野皇后は草壁皇子の遺児・珂瑠《かる》皇子（文武《もんむ》天皇）を後継と定め、その成長するまでの日を埋めつくそうと皇位を継承してしまった。

しかし、悪くいえば独《ひと》りよがり、よくいえば剛腕《ごうわん》の宮廷運営には反発も強かった。

持統天皇はそういう宮廷内の不満圧力を緩和しようと、壬申《じんしん》の乱勝利のさいの功労者で最年長の高市《たけち》皇子を太政大臣《だいじょうだいじん》に迎えた。皇太子待遇であって共同統治者だったから、持統女帝としては大きな妥協であった。万一持統女帝が死没すれば、高市皇子が即位して、長屋王《ながやおう》がその皇太子となる。つまり高市皇子の皇統に流れていくこともありえたからである。

持統天皇十年（六九六）、持統女帝からすれば幸いにも、その高市皇子が死没した。反持統派は意気消沈したろうが、持統天皇からすれば珂瑠皇子の即位の見通しが立った。成人した珂瑠皇子の即位を阻むものが消えたところで、文武天皇がおもむろに即位。しかしその文武天皇も二十八歳という若さで死没し、また幼《おさ》な児《ご》の首《おびと》皇子が残された。不幸は繰り返し、二度目の綱渡りである。やむをえず草壁皇子の正妃・阿閇《あへ》皇女が元明《げんめい》天皇として即位した。その元明天皇が疲労困憊《こんぱい》して、文武天皇の姉・氷高《ひだか》皇女が元正《げんしょう》天皇として皇位を継いだ。綱渡りの間に成長した首皇子がやっと聖武《しょうむ》天皇として即位し、猛然たる非難と反発をかわしながら、持統天皇の描いた草壁皇子直系への皇位継承は実現したというわけである。

このうち元正女帝の即位については、即位時点の政情から、とくに藤原不比等《ふひと》の思惑《おもわく》と関係させた解釈がなされている。というのは元正女帝は天皇・皇太子の正妃であったこともなく、天皇の娘または天皇のただの姉にすぎない。前例からすれば、まったく即位の資格がない。そこで一見解では、不比等は反貴族政権的な施策《せさく》をする元明女帝を打倒しようとして元正女帝を擁立した、とする。元明女帝は、貴族勢力の牙城《がじょう》である太政官《だいじょうかん》の上に知太政官事《ちだいじょうかんじ》をおいて統括《とうかつ》させ、これによって皇親政治《こうしんせいじ》を守ろうとしていたから嫌われていたという（もっともこの職の設置は文武天皇のとき）。べつの解釈では、元明女帝が自分の没した後のことを心配し、皇室の立場から首皇子を後見できる人を作っておきたかった。これは不比等の願いでもあった。首皇子の即位にあたって、上皇をあらかじめ作るには、先立《さきだ》って元正女帝の即位が必要だった、とする。

しかし筆者（「元正女帝の即位をめぐって」）は、これに根本的な疑問を投げかけた。

元明女帝が疲労困憊して退位しようと望んでも、不比等が皇女を擁立して元明女帝を追い出したくとも、そもそも氷高皇女が未婚《みこん》でいなければならない。氷高皇女が結婚していれば、夫の処遇が支障となって、候補者に立てられなかったはずだ。

では、なぜ彼女は三十六歳まで未婚でいたのか。氷高皇女は草壁皇子の娘であり、格付けからいって有力な皇族との婚姻が噂されていたろう。妹の吉備《きび》皇女は長屋王（高市皇子の子）に嫁いでいるのだから、その上のランクの皇子との結婚だろうか、などと。それを未婚・独身としたのは、元正女帝

持統上皇が執念をもやして君臨した藤原京大極殿の址《あと》。左の山は耳成山《みみなしやま》。

の即位がかなり前に計画されたからで、その秘密の計画のために未婚をしいられたのではないか。

とうじの結婚適齢期は十六歳〜十八歳で、氷高皇女はそのときに結婚してもよかった。その婚姻をむりやり止めたのは、祖母・持統天皇だったと見られる。持統天皇は、文武天皇が親譲りの病弱な体質であることを心配した。文武天皇にはまだ後継の男子がいなかったが、将来生まれるものとして、そのまだ見ぬ皇子に継がせようと計画した。ただもし男子が生まれても、文武天皇はその子が即位できる年齢まで生きられまい。そこで文武天皇の没後に、その遺児《いじ》の即位まで見守って皇位を直系で繋《つな》いでくれる人が必要になる。その白羽《しらは》の矢が、十八歳の氷高皇女に立てられたのだ。

文武天皇が夭逝《ようせい》したとき、氷高皇女に夫

がいては皇位を継げない。幸《さいわ》いにも、文武天皇には首皇子が生まれた。そして持統女帝が予見した通り、慶雲《けいうん》四年（七〇七）に文武天皇が二十五歳で逝《い》った。さぁ、持統女帝の計画では、そのあと首皇子（のちの聖武天皇）が即位するまでを氷高皇女に託すはずだった。しかし持統女帝の計画は、しょせん皇室の一部の人たちの合意事項で、宮廷内に周知・承認されたものでなかった。天武系皇子の長《なが》親王（穂積《ほつみ》親王もか）らの反対を押し切れず、草壁皇子の妃・阿閇《あへ》皇女は妥協点として自分が元明女帝として即位することにした。氷高皇女は長親王・穂積親王の没した直後、やっと元正女帝として即位できた。それにしても持統天皇の執念は、一人の女性に「待つだけの人生」を強いることになった、と筆者は推測した。

この解釈をうけて東野《とうの》治之《はるゆき》氏（「元正天皇と赤漆文欟木厨子」）は、元正女帝は聖武天皇の養母と見なされており、「文武天皇の后妃的立場」にあったものと補強された。元正女帝は文武天皇の皇后格という地位を根拠に、女帝の地位に登ったことになる。この論議がさらに深められるよう期待したい。

47 持統《じとう》天皇の「春過ぎて　夏来《きた》るらし……」は、冬に詠まれた歌だってサ

雪は美しい。はじめて京都に行ったとき、大雪に見舞われた。雪は不揃いだった屋根の色をひとしく白くし、道も森もあらゆるものを白と黒の世界にしてゆく。汚いはずのものまでみごとに隠しきって、美しい風景に変えてしまう。「春山万花の艶《におい》と秋山千葉の彩《いろ》とを競《きお》ひ憐《あわ》れ」（『万葉集』巻一・一六の題詞《だいし》）んで、春秋の優劣を競うのもよいが、冬にもまた絶景がある。

この雪を題材として、遊び合った歌がある。

『万葉集』に「天皇、藤原夫人《ぶにん》に賜ふ御歌一首」とあり、ついで「藤原夫人の和《こた》へ奉る歌一首」というのがそれだ。天皇は天武天皇で、藤原夫人は大原に住んでいた奥さんの藤原五百重娘《いおえのいらつめ》である。

我が里に　大雪降れり　大原の　古《ふ》りにし里に　降らまくは後　（巻二・一〇三）

我が岡の　龗《おかみ》に言ひて　降らしめし　雪の摧《くだ》けし　そこに散りけむ　（巻二・一〇四）

とある。天武天皇が「自分の住んでいる飛鳥の中心地・浄御原宮《きよみはらのみや》にはいま大雪が降っているけれど、そちらは古くて立ち後《おく》れた田舎《いなか》だから、雪が降るのはずっとあとになるのでしょうね」とふざけて嫌《いや》みな歌をよこした。これに応《こた》えた藤原夫人は、強気だ。「いや、この雪は私が龍神に命じて降らせたのですよ。その雪のかけらがそっちにも散ったのかしら」とやり返した。

浄御原宮と大原の間は、せいぜい一キロメートル。浄御原宮に降れば、大原にももちろん同時に雪が降る。それを承知で、「私は都会人で、あなたは田舎暮らし」「いいえ、私が呼び寄せて降らせた雪ですわ」

と、たがいに虚勢を張りつつ言葉遊びをしているのである。

ところで雪といえば、気になる歌が一つある。それは持統天皇が詠んだ歌に、

春過ぎて　夏来るらし　白たへの　衣《ころもほ》干したり　天の香具山

（巻一・二八）

というのがある。著名な歌で、「春過ぎて　夏来にけらし　白たへの　衣干すてふ　天の香具山」と書き換えられて『新古今集《しんこきんしゅう》』にも収められている。

この歌は、「春が春過ぎて、やっと夏が来たらしいわ。衣替えのために、まっしろな白たへの衣が天の香具山に干し架《か》けてあるよ」という意味に受け取れる。春から夏への衣替《ころもが》えの季節、とうじの四月はじめ、いまならば五月中旬から六月ころの歌と見ておかしくない。持統天皇が藤原宮の内裏《だいり》に立ち、東に見える香具山に白い布を見つけた。そして「ああ、もう衣替えの季節なのね」と季節の移ろいの早さに驚いて作った。そういうように考えてきた。

しかし、いやこれは冬の歌だとする解釈が昔からある。

万葉研究者の中西進氏も、これは香具山に雪が降ったときの光景を詠んだのだとしている。

つまり「藤原の宮に雪がふり、香具山をみると雪がまだらに降り積もっている。ああこれはちょうど夏がきて衣替えの干し物をしているかのようだわ」という意味だ。冬に詠んだからおもしろいので、衣替えの季節に実景を詠んだのではまったく平凡なつまらない歌になってしまう、という。そういわれれば、香具山は聖なる山である。神武《じんむ》天皇の東征《とうせい》にあたっては、この山の土をとって平瓮《ひらか》を作り、それでまじないをして、大和中原《ちゅうげん》の制圧に成功した。権威あるまた大和の魂を宿《やど》した山である。その聖なる山に衣を干させたりするだろうか。なるほど、と思わず頷《うなづ》いてしまう解釈である。

48 藤原氏は、冷《ひ》や飯食《めしぐ》いからどうして草壁《くさかべ》皇子系の守護神に変身できたの

藤原不比等《ふひと》は奈良初期の偉大な政治家である。大宝《たいほう》・養老《ようろう》両律令《りつりょう》編纂・平城京《へいじょうきょう》建設・『日本書紀』編纂などを推進した。極官《ごくかん》は右大臣にすぎないが、律令国家創立の代表的な功労者である。

そうだが、若き日の不比等の生活は苦渋《くじゅう》に満ちたものだった。父・中臣鎌足《なかとみのかまたり》は、皇極《こうぎょく》天皇四年（六四五）に中大兄《なかのおおえ》皇子とともに大臣《おおおみ》・蘇我入鹿《そがのいるか》を暗殺。その後は大王側近として参謀役を務め、死没にあたって藤原朝臣の氏姓《うじかばね》と臣下最高の大織冠《たいしょくかん》を拝した、とかいわれている。これがほんとうならば、不比等は著名な親の七光《ななひかり》で、栄耀栄華《えいようえいが》は思いのままに……。筆者はこの鎌足像を虚像とし、孝徳《こうとく》天皇の側近から天智《てんじ》天皇側へと寝返《ねがえ》ったものの、とくに活躍の場もない臣下だったと思っている。

どちらにしても、父・鎌足が没したのは天智天皇八年（六六九）。そのとき不比等はまだ十一歳だったから、中臣の氏《うじ》の上《かみ》は、鎌足の従兄弟《いとこ》で右大臣の中臣金《かね》に移った。その金は、天智天皇の臨終間近に病床に呼ばれて大友皇子への忠誠を誓わされた。天武《てんむ》天皇元年（六七二）に壬申《じんしん》の乱が起こり、金は瀬田河《せたがわ》の戦いに大敗して浅井田根《あさいのたね》（東浅井郡浅井町）で斬られた。天武天皇に敵対した中臣氏は没落し、王系が変わるなかで、中臣一族が最後まで天智天皇側に付いていたことはマイナスに働いた。陽の目を見られそうもない、冷飯喰いの暗い生活が待っていた。

天武朝の天下となり、近江朝についた氏族のしかも庶流に「お呼び」などない。ところが運がめぐってきた。持統天皇が、彼に目をつけたのだ。子・草壁《くさかべ》皇子が夭逝《ようせい》し、孫の珂瑠《かる》

皇子（文武《もんむ》天皇）に跡《あと》を継がせたいのだが、嫡系相続を主張する天武天皇系の皇子たちとの鬩《せめ》ぎ合いに堪《た》え抜く自信がない。そのとき、度重《たびかさ》ねて催していた吉野行幸や紀伊行幸などの随行者のなかにでも、失意のドン底にあった不比等の姿を見出したのだろう。不比等は、女帝との語り合いのなかで、草壁皇子直系への譲位・皇位継承を請負ってみせたのではなかったろうか。

その報酬は、不比等とその一族の繁栄である。親の力や彼個人の政治力だけで、藤原氏の栄華を築いたのではない。草壁皇子直系の守護神となったことが、その後の藤原氏を栄えさせたのだ。

草壁皇子系と不比等の連携は、『東大寺献物帳《けんもつちょう》』にある「黒作懸佩刀《くろつくりかけはきのたち》」の授受によってよく知られている。その刀の由緒には、「右、日並《ひなめし》（草壁）皇子常に佩持《はいじ》し、太政大臣《だいじょうだいじん》（不比等）に賜ふ。大《たい》行《こう》天皇（文武）の即位の時、便《すなわ》ち献《たてま》つる。大行天皇崩し時、亦《また》太臣に賜ふ。太臣薨ずるの日、更に亦後の太上《だいじょう》天皇（聖武）に献つる」と記されている。

日並皇子は『万葉集』などにも出てくる表現で、草壁皇子をさす。かれは天武天皇・持統女帝との子で、天武天皇の後継者との期待を担《にな》って皇太子となったが、夭逝した。つぎの太政大臣・太臣は藤原不比等である。彼は右大臣にしかなっていないが、没後に太政大臣を贈られている。大行天皇は、ほんらい天皇の没後にその諡号《しごう》が決まるまでの仮の称号である。しかしここは持統天皇と文武天皇とを区別するために特別に用いられた称号のようで、文武天皇のことである。また「後太上天皇」は、献物帳が作られた時点の上皇で、聖武天皇にあたる。これを繋げて見ると、一本の刀が草壁皇子→藤原不比等→文武天皇→不比等→聖武天皇と、授受を繰り返していることがわかる。

この時代には、持統《じとう》女帝・文武天皇・元明《げんめい》女帝・元正《げんしょう》女帝・聖武天皇と皇位が継がれているが、

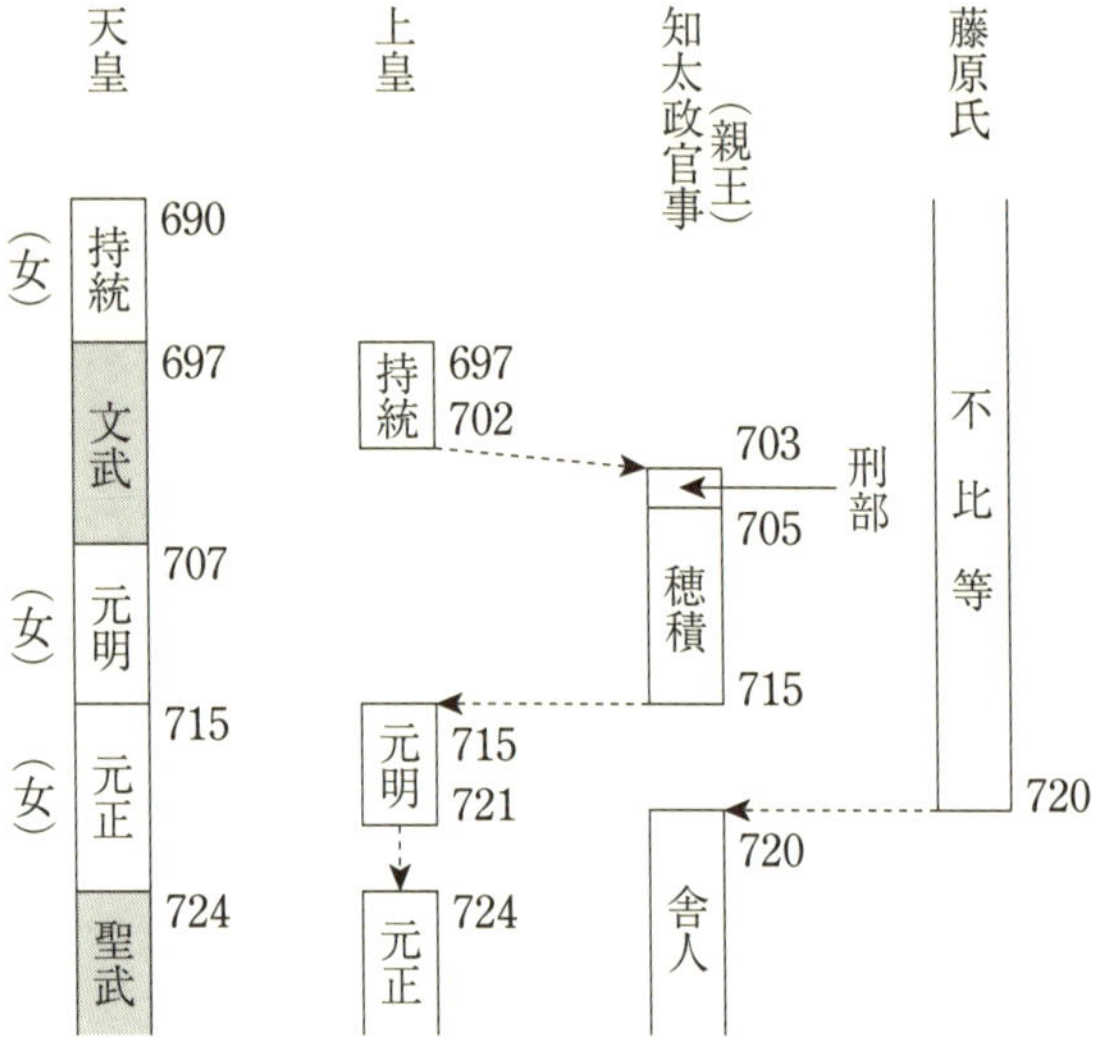

皇位の二重後見体制

このうち文武天皇・聖武天皇の二人だけが男帝である。つまりこの刀は、男帝のときは皇室に、女帝のときは不比等の手もとに置かれていたことになる。女帝のときには、「不比等が、男帝にたしかに渡せる日までお預かりしておきます」という形である。ここには何らかの密約があったことを窺わせる。

　そしてもう一つ草壁皇子系の守りが用意されていた。それが上皇と知太政官事《ちだいじょうかんじ》の二重後見体制の創出である。持統女帝は、文武天皇元年（六九七）に珂瑠皇子に譲位した。自分は上皇として皇室からの後見役にまわり、不比等が臣下側からの補佐となった。しかし大宝《たいほう》二年（七〇二）に持統女帝が没すると、知太政官事を創設して刑部《おさかべ》親王を任命。皇室側から、臣下とともに補佐する態勢をとった。刑部親王と不比等で二重後見体制を継いだのだ。霊亀《れいき》元年（七一五）刑部親王を継いだ穂《ほ》積《つみ》親王が没すると、元明女帝は元正女帝に譲位し、元明女帝・不比等の二重後見体制になる。また不比等没後の聖武天皇の後見役には元正上皇と知太政官事の舎人《とねり》親王が立ち、体制を受け継いでいった。

上山春平《うえやましゅんぺい》氏（『神々の体系』）は、皇位を天武天皇・持統天皇の嫡系へと相承させ、不比等がその後見人となっていたものと解釈し、そのための後見体制だったとしている。

たしかに両者とも偶然を超えた因果関係がありそうだが、それでもこの関係が皇位の後見のためだったかどうか、十分に確認できているわけではない。ともあれ、有力な仮説といってよいだろう。

刀の授受を繰り返したという話は、古代ではそうとう有名だったらしい。桓武天皇は藤原百川《ももかわ》の子・緒嗣《おつぐ》に劒《つるぎ》を与えて、「これは、そなたの父が献じた劒である。彼の寿詞《よごと》（賀詞）はいまだに忘れられず、思い出すごとに涙が落ちる。いまそなたに賜うが、失ってはならぬ」といったそうだ。明らかに、先代の故事を知った上での寸劇である。

49 『万葉集』は、韓国語でウラの意味が読めるってホント？

藤村由加《ふじむらゆか》氏著『人麻呂《ひとまろ》の暗号』（新潮社）によると、たとえば柿本《かきのもと》人麻呂の「東《ひむがし》の　野にかぎろひ（炎）の　立つ見えて　かへり見（反見）すれば　月かたぶきぬ（月西渡）」（巻一・四八）は、韓国語（朝鮮語）で読むとウラの意味がわかってくるという。かぎろひは「勢いが衰える、死ぬ」という意味の韓国語・カクロヒあたり、原文の炎には、「死者を体を清め、帷子《かたびら》を着せる」意味がある。「反見」はパンギョつまり「懐かしがる」という言葉に近い。またかたぶきもカダ（行く）ピキダ（傾く）の複合語と見られ、原文の月西渡も「冥界に渡っていく」意味になる。合わせれば、草壁皇子が火葬されて死者の世界に行ってしまうのを追慕《ついぼ》した歌と読み解ける、という。

これは一例だが、疑問がいくつかある。小さな疑問としては、草壁皇子はほんとうに火葬されたのか。西に渡るとは冥界に行く意味だというが、その例はなぜ同時代の日本のでなく、中国古典の例しかあげないのか。藤村氏の解釈では、この歌は挽歌《ばんか》だ。しかし『万葉集』では雑歌《ぞうか》に分類されている。雑歌に挽歌の意味を二重に込めたとしても、雑歌に分類されたのだから、とうじの人に挽歌の意味は通じなかったわけだ。とうじの人に理解されない挽歌では、歌を詠んだ意味がないのでは。

それよりこの種の著述に共通する問題点は、日本の古語を現代韓国語で読み解くという手法にある。古代日本語は古代韓国語で読み解かれるべきで、現代韓国語で交流を読み取ろうというのなら、分析対象は現代日本語に限られる。たとえば「やさし」は古代日本語ならば「痩せるような思い・つらい」で、「おもしろし」は「明るく晴れやか（で好ましい）」の意味だが、現代語では「温和で優しい」「おかしい・滑稽」の意味に変わっている。日本語内ですら言葉の意味には変遷がある。そこでまずは古代日本語を知るべきだが、『日本書紀』の和訓《わくん》注記や七一二年成立の『古事記』でわかる程度。さらに録音機のない時代なので、どういう発音かとなれば、「古代はまさしくこの音でした」とはいえない。一方の古代韓国語は、郷歌《ヒャンガ》という新羅《しらぎ》時代の歌が数十首残っているが、それ以外に復原の手がかりがない。学問的にというなら、郷歌の範囲でしか比べられない。なのに発音・意味が変わらないという前提で現代韓国語によって一三〇〇年も前の古代日本語を解釈するのは、無謀である。

ついでながら、日本の地名のなかに韓国語地名を見出すという流行《はや》りの手法も、いささか無謀である。明日香は「よりよい未来の場所」の意だとするが（朴炳植氏《パクビョングシク》『日本語の悲劇』）、どのみち古代韓国語自体が分かっていないので、説得力がない。現代韓国語で読みとれそうな日本国内の地名を捜し出し、これを渡来人の痕跡だと指摘する。それが論議も経ていないのに、もう一般に流布《るふ》している。

筆者は、古代日本は朝鮮半島諸国と長く密接な関係を持っていたのだから、朝鮮文化の流入はもちろんあったと思う。ただ、その影響関係を証明するには、点を探すのでなく、面を証明する必要がある。先ほどの例でいえば、人麻呂のまたは彼の同時代人の歌は「すべて」古代韓国語で解かれるべきで、明日香だけでなく大和王権の本拠地の地名は「すべて」古代韓国語での命名だと証明すべきだ。地名をいくつか気ままに指摘するのではなく、その一帯の地名・その生活関係の一セットがすべて韓国語によると説明できるのなら、渡来人の足跡と納得できよう。だってそうでしょ。地名をつけるほどに多くの渡来人がいたのなら、そこの地名しか変えないで生活できたはずがないでしょう。

50 明日香村の古墳は、被葬者名《ひそうしゃめい》がなぜすぐに具体的にあがっちゃうの

大化改新《たいかのかいしん》の詔《みことのり》の影であまり目立たないが、大化改新政府は大化二年（六四六）三月に薄葬令《はくそうれい》を発している。手間暇《てまひま》かけて手厚《てあつ》く葬《ほうむ》るのを止《や》めて、薄葬にしろ。つまり死者の身分の尊卑《そんぴ》に合わせ、金品と手間を省《はぶ》いた葬儀にしなさいというのが、法令の趣旨である。

具体的な規定は、こうだ。

王族以上の墓は、工期七日で一〇〇〇人を使役してよい。外形は方九尋《ひろ》（一尋は、約一・八メートル）×高さ五尋までで、墓室内は奥行き九尺（一尺は、約三〇・三センチメートル）×間口五尺×高さ五尺まで。上臣（大臣クラス）は五日で五〇〇人を使役できる。外形は方七尋×三尋まで。墓室については王族に同じ。以下、間を省略するが、冠の下位者は、一日で五十人を使役できる。墳丘《ふんきゅう》を築かないで平らにし、墓室は九尺×四尺×四尺まで。冠位のない庶民は、手間をかけないでただち土中に埋める。そのほか、帷帳《いちょう》（幔幕）の品質、棺《ひつぎ》の運び方、殯《もがり》・殉死《じゅんし》の禁止などまで、こまかに規定している。

この法令の狙いは、古墳造営権の独占と制限にあったといってよい。

いままで中央・地方の豪族たちは、自分の政治的・経済的・軍事的勢威を人々に見せつけようとして、ことさらに大型の古墳を築いてきた。六世紀に仏教が導入され、七世紀からは塔などの高層建築を伴《ともな》う寺院造営があらたな権威の象徴になりつつあった。それでも、まだ古墳は一つの権威のあらわし方として有効だった。しかしその造営競争を、薄葬令の施行で押さえ込んだのだ。

前近代の法令は、えてして施行する側に立つ者はその規則の適用外になった。自分をも律《りつ》する法令ではなく、相手だけを拘束するものだった。ここでいえば命令した大王は法律の適用外であり、大王墓は薄葬令規定に入っていない。臣下の墓は質素でごく小規模な墓にさせられたが、大王墓は巨大なままだから、明瞭な格差が表面化する。大王家は、臣下との格差をきわだたせるため、天を円形にかたどり、地上の八方位を支配するという意味を込めて、大王の墓を八角形の上に円墳を載せた形にしたともいう。そういう墓としては、天武《てんむ》天皇・持統《じとう》天皇合葬陵《がっそうりょう》やそのすぐ南の中尾山古墳などがある。とはいえ同型の墓で大王墓でないものもあるらしく、これはただのはやりなのかもしれない。

さて、大化薄葬令が施行されたあとの古墳は終末期古墳と呼ばれていて、薄葬令の規定にあうよう意識的に規模が縮められている。このためにこの時期の古墳が見つかれば、その被葬者はあるていどのレベル以上の人に絞られてしまう。身分が高くなければもともと古墳は築けないし、身分が高ければ『日本書紀』や『続日本紀』などの国史に記されているはずだからだ。つまり国史のなかで、古墳の築造年代に見あうころに死没した人が被葬者ではないか、という推論が立てられる。

明日香村や畿内《きない》地域で古墳が見つかると、発掘担当者にはすぐに「だれの墓ですか」という質問が浴びせかけられる。ふつうは「そんなの、こっちが聞きたいよ」という気持ちなのだが、畿内地域の終末期古墳については、あるていど候補者が絞られて議論できるのである。

たとえば高松塚古墳（七世紀末から八世紀初頭）ならば刑部《おさかべ》親王・葛野《かどの》王や石上麻呂《いそのかみまろ》（左大臣）・百済《くだら》王善光《おうぜんこう》らが、キトラ古墳（七世紀末から八世紀初頭）では大伴御行《みゆき》（大納言）・多治比嶋《たじひのしま》（左大臣）・阿倍御主人《みうし》（右大臣）や東漢《やまとのあや》氏一族が被葬者の候補とされている。

51 高松塚古墳とキトラ古墳には、極東世界とのどういう共通点があるの

高松塚古墳は、奈良県明日香村上平田にある。高さ三・五メートル、直径約二十メートルの小さな円墳である。大きな期待を寄せられた発掘ではなかったが、昭和四十七年（一九七二）三月に一躍《いちやく》全国から注目を浴びることになった。その横口式石槨《よこぐちしきせきかく》の壁に、いままで見たこともない鮮やかな人物画が描かれていたからだ。奥壁には玄武《げんぶ》、東壁に青龍《せいりゅう》、西壁に白虎《びゃっこ》があった。四神だから朱雀《すざく》もいたはずだが、それは発見できなかった。ほかに女官《にょかん》八人・文官八人の人物像もあり、これらは死没した被葬者に奉仕している様子かと思われる。とくに人物像は鮮明で、中国の永泰公主《えいたいこうしゅ》の墓室の図なども比較・検討された。さらに天井《てんじょう》には星宿《せいしゅく》 図《ず》という天文図があり、北斗七星とそれにしたがう二十八宿《しゅく》が描かれていた。北斗七星は北半球では動かない星として知られていて、天子の表現によく用いられた。これがあるのなら、よほど天子に近い高貴な身分の人の墓だと想像できる。古代の具体的人物像や信仰・宇宙観を窺わせる好材料の発見で国民的な関心事となり、この発見で古代史ブームに火が着《つ》いた。

高松塚古墳の造営は、副葬されていた海獣《かいじゅう》 葡萄鏡《ぶどうきょう》から、七世紀後半から八世紀初めと見られている。これと同じ鋳型《いがた》で作られた海獣葡萄鏡が、中国陝西省《せんせいしょう》 西安市《せいあんし》にある独思《どくし》貞《てい》の墓から出土しているからだ。この墓は神功《じんこう》二年（六九八）の築造なので、高松塚古墳もたぶんその前後の墓と思われる。また高松塚古墳壁画の男子像は、中国の人物像とよく類似している。しかしその一方で、朝鮮半島北部にあった高句麗文化の影響がつよく見られるともいう。たとえば高松塚古墳の青龍には首輪がある。

高句麗の江西大墓《こうせいだいぼ》などには見られるが、中国にそんな例はない。七世紀前半の高句麗では四神だけを描く古墳壁画が流行していたから、日本にはむしろ高句麗文化がつよく影響していたのかもしれない。

さらに平成十年三月に、高松塚古墳の南にあるキトラ古墳の調査が行われた。石槨《せきかく》内部は高さ一一三・三×幅一〇三・四×奥行き二六五㌢《センチ》で、成立は七世紀後半ごろである。玄武・白虎があり、青龍は赤い舌しか残っていなかった。ただ天井には精密な星宿図があり、内容は古代アジア随一の精密度という。内規・赤道・黄道・外軌がすべて揃っていて、内規と赤道の間には織女星《しょくじょせい》と天《あま》の川まで描かれている。この絵は『晋書《しんじょ》』天文志を参考としているもので、それが高句麗へと影響していったものらしい。(上田正昭氏「飛鳥文化の再発見」)

キトラ古墳の星宿図は、東アジアの天文学に精通した人物が描いたものである。こうした天文知識に関心を高めていたのは、天武《てんむ》・持統《じとう》朝の特色である。天武天皇四年(六七五)には天文台にあたる占星台《せんせいだい》が作られたというし、天武天皇即位前紀にも「(天武天皇は)壮年になって雄々しく武威を備えた人となった。また天文や占星(遁甲《とんこう》)に堪能《たんのう》であった」とある。新羅《しらぎ》でも七世紀前半に占星台が作られているから、こうした関心はアジア極東に共通の流行となっていたのだろう。

そこで上田正昭氏は、こんな優《すぐ》れた古墳壁画が描けるのは、渡来系の黄文画師《きぶみえし》・山背《やましろ》画師しかない。そのなかでは高句麗《こうくり》系の黄文画師の一団、特定すれば天武・持統朝に仕えていた黄文本実《ほんじつ》だろうと推測されている。ほかの画人名が知られないので特定まではむずかしいが、近そうな感じはある。

『日本書紀』の記事を、東アジアの文化・文物と比較しながら読み直す。二つの古墳の発掘成果は、豊かな実例によってそういう手法が必要なことを教えてくれている。

52 明日香《あすか》村のあちこちにある奇怪な石造物は、いったいな〜に

明日香村内には、さまざまな石造物が散在している。用途を推測できるものもあるが、何の一部で何のために造られたのかわからず、謎めいて憶測を呼んでいる。

古墳の一部とわかるものには、蘇我馬子《そがのうまこ》の桃原墓《ももはらのはか》にあたるかという石舞台《いしぶたい》古墳がある。古墳を覆《おお》っていた土がなくなり、横穴式石室の天井石が露出したのである。女性に化《ば》けた狐がこの上で踊ったという伝説も生じ、石舞台といわれてきた。鬼の俎《まないた》・鬼の雪隠《せっちん》は、その形が平らなものとくぼんだものに分離していた。そこで鬼が調理に使った俎だとか、鬼が小用に使った便器だとか、おもしろおかしく伝えられた。しかしほんとうは横口式石槨墳《よこぐちしきせきかくふん》で、上にあった蓋《ふた》状の石槨部分が転落してしまったのである。室町後期の戦国大名たちは石垣用の石材を探しており、手近にあって露出しているような石は手当たりしだい積み石に使った。姫路城でも、石棺や地蔵尊・釜石《かまいし》などが石垣のなかに埋め込まれている。そういう用途で使おうとして、途中で放置されたものかもしれない。益田岩船《ますだのいわふね》は未完成品のようだが、切り出してから横にすれば、二人分の石槨《せきかく》を備えた横口式石槨になるとする説がある。また遺骸を穴に安置しておく形式の古墳で、その下部施設だとする説もあり、さらに弘仁《こうにん》年間（八一〇～二四）に畝傍山《うねびやま》の南に築かれた益田池が完成したときの記念碑の台石という説もある。話のついでだが、桜井市金屋《かなや》の石仏は石棺の蓋石（泥板石）に浮き彫りで如来像を施したものである。

なにかの形を表そうとしていると思われる、具象的な石造物もある。

蘇我馬子の墓かという石舞台古墳

石碑の台石か未完成の古墳石槨かという益田岩船

酒船石《さかふねいし》遺跡の一部にある亀形石造物は、亀型と四角の二つの石製水槽《すいそう》からなっている。南側の岡の麓からにじみ出てくる地下水を溜めておく水槽施設を中心にして、競技場の観覧席のように階段状となった石敷《いしじき》遺構が囲んでいる。斉明《さいめい》朝（七世紀中葉）のころの施設であるが、水辺《みずべ》の祭祀《さいし》がなされていたんだ、いや道教《どうきょう》的な秘儀《ひぎ》が催されていたんだ、とかの推測が飛び交っている。同じような名で、橘寺の西に亀石がある。亀の顔が彫り出されていて、かわいい。しかし身は一部未完成である。宮殿の柱の礎石または飾り石かとも、水神を祀ったときの祭壇だともいう。条里制の境界の標石《しるべいし》かまたは結界石《けっかいせき》だという説もある。村内で発掘されたものには、須弥《しゅみ》山石《せんせき》と呼ばれる山形の石造物もある。ここに描かれた山は仏教世界の一高山を模した霊峰・須弥山とか、または神仙思想で仙人の住む崑崙《こんろん》山《さん》とかといわれるが、決め手はない。石神《いしがみ》遺跡出土の石造男女像や橘寺の境内にある二面石は、明らかに男女の造形である。前者は庭に置かれた噴水施設であるが、ともに道祖神《どうそじん》として岐《わか》れ道や村の境界に設置して悪霊《あくりょう》を通さないようにする呪《まじな》いに使ったのかもしれない。

　ほかにも酒船石や猿石《さるいし》など、用途不明のものがある。酒船石は複雑に溝が切ってあるので、水路に意味を持たせて酒の醸造とか特殊な薬品を採るためのゾロアスター教関連の装置かとか、山の上から盆地に送る導水施設だとか、好き勝手な説が唱《とな》えられている。猿石は四体九面で、いまは吉備姫王《きびのひめみこ》檜《ひの》隈墓《くまのはか》にあるが、もとは欽明《きんめい》天皇陵の東側にあったという。猿かどうかもふくめ用途などはわからない。

　もともと石造物は、単体ではいつのものか分かる手がかりがない。古代の遺物とは限らない。しかも在地権力者が動かしたり、また好事家《こうずか》が買って秘匿《ひとく》してしまう場合もある。いま残っているものだけで意味があるものか、またほんらいそこにあるべきものかすら明らかでない。

岐《わか》れ道を守るための辟邪の神かという橘寺二面石

当麻の蛇が飛鳥の河原の水を奪ったため亀が全滅したので供養に作られたと伝えられる亀石

巨人伝説を生んだ鬼の雪隠

横口式石槨墳の土台の石であった鬼の俎

古代天皇系図

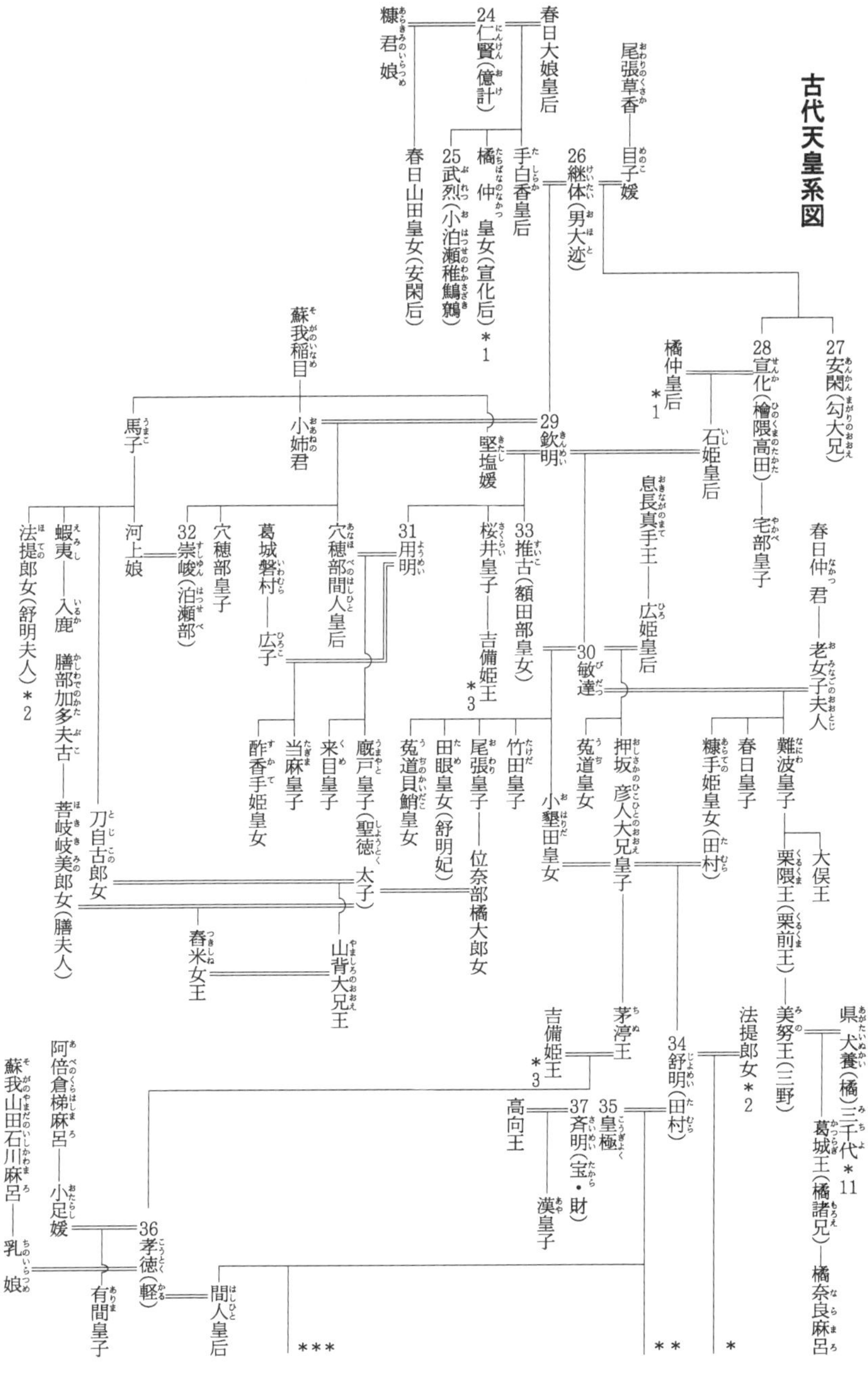

尾張草香《おわりのくさか》
目子媛《めのこ》
26継体《けいたい》(男大迹《おほと》)
27安閑《あんかん》(勾大兄《まがりのおおえ》)
28宣化《せんか》(檜隈高田《ひのくまのたかた》)
橘仲皇后＊1
石姫皇后《いし》
宅部皇子《やかべ》
春日仲君《なかつ》
老女子夫人《おみなごのおおとじ》
春日大娘皇后
24仁賢《にんけん》(億計《おけ》)
糠君娘《あらきみのいらつめ》
手白香皇后《たしらか》
橘仲皇女《たちばなのなかつ》(宣化后)＊1
25武烈《ぶれつ》(小泊瀬稚鷦鷯《おはつせのわかさざき》)
春日山田皇女(安閑后)
蘇我稲目《そがのいなめ》
29欽明《きんめい》
堅塩媛《きたしひめ》
小姉君《おあねのきみ》
馬子《うまこ》
息長真手王《おきながのまて》
広姫皇后《ひろ》
30敏達《びだつ》
33推古《すいこ》(額田部皇女)
桜井皇子《さくらい》
吉備姫王＊3
31用明《ようめい》
穴穂部間人皇后《あなほべのはしひと》
葛城磐村《いわむら》
広子《ひろこ》
穴穂部皇子
32崇峻《すしゅん》(泊瀬部《はつせべ》)
河上娘
蝦夷《えみし》
入鹿《いるか》
法提郎女《ほての》(舒明夫人)＊2
膳部加多夫古《かしわでのかたぶこ》
菩岐岐美郎女《ほききみの》(膳夫人)
刀自古郎女《とじこの》
難波皇子《なにわ》
春日皇子
糠手姫皇女《あらての》(田村《たむら》)
菟道皇女《うぢ》
押坂彦人大兄皇子《おしさかのひこひとのおおえ》
小墾田皇女《おはりだ》
竹田皇子《たけだ》
尾張皇子《おわり》
田眼皇女《ため》(舒明妃)
菟道貝鮹皇女《うぢのかいだこ》
厩戸皇子《うまやと》(聖徳《しょうとく》太子)
来目皇子《くめ》
当麻皇子《たぎま》
酢香手姫皇女《すかて》
位奈部橘大郎女
舂米女王《つきしね》
山背大兄王《やましろのおおえ》
大俣王
栗隈王《くるくま》(栗前王《くるくま》)
美努王《みの》(三野)
県犬養《あがたいぬかい》(橘)三千代《みちよ》＊11
葛城王《かつらぎ》(橘諸兄《もろえ》)
橘奈良麻呂《ならまろ》
法提郎女＊2
34舒明《じょめい》(田村《たむら》)
茅渟王《ちぬ》
吉備姫王＊3
35皇極《こうぎょく》
37斉明《さいめい》(宝《たから》・財)
高向王
漢皇子《あや》
阿倍倉梯麻呂《あべのくらはしまろ》
小足媛《おたらし》
36孝徳《こうとく》(軽《かる》)
間人皇后《はしひと》
有間皇子《ありま》
蘇我山田石川麻呂《そがのやまだのいしかわまろ》
乳娘《ちのいらつめ》
＊＊＊
＊＊
＊

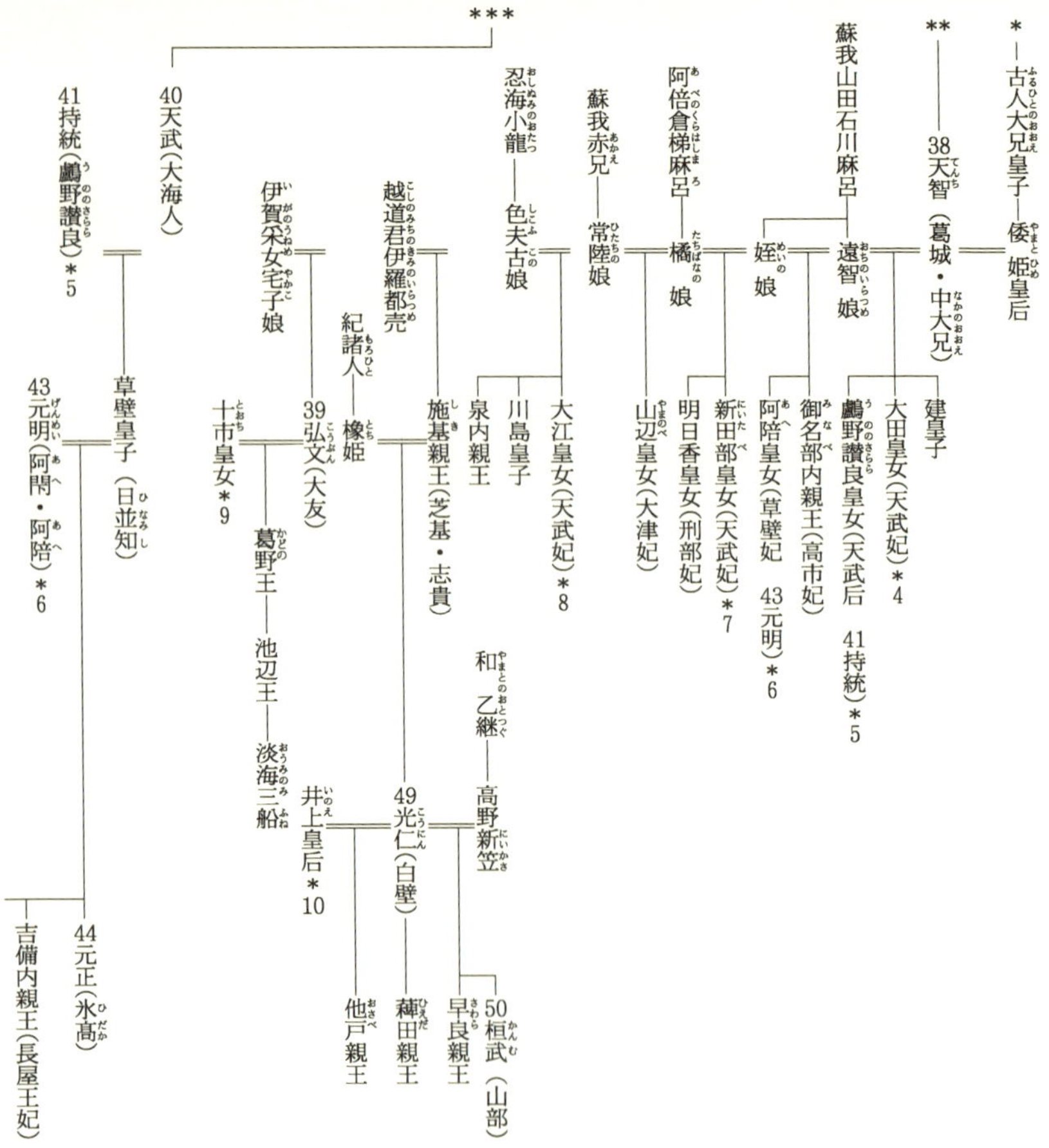
＊―古人大兄皇子《ふるひとのおおえ》―倭姫皇后《やまとひめ》
＊＊―38天智《てんち》（葛城・中大兄《なかのおおえ》）
蘇我山田石川麻呂
遠智娘《おちのいらつめ》
姪娘《めいの》
阿倍倉梯麻呂《あべのくらはしまろ》
橘娘《たちばなの》
蘇我赤兄《あかえ》
常陸娘《ひたちの》
忍海小龍《おしぬみのおたつ》
色夫古娘《しこぶこの》
越道君伊羅都売《こしのみちのきみのいらつめ》
紀諸人《もろひと》
伊賀采女宅子娘《いがのうねめやかこ》
＊＊＊
40天武（大海人）
41持統（鸕野讃良《うののさらら》）＊5
建皇子
大田皇女（天武妃）＊4
鸕野讃良皇女《うののさらら》（天武后　41持統）＊5
御名部内親王《みなべ》（高市妃）
阿陪皇女《あへ》（草壁妃　43元明）＊6
新田部皇女《にいたべ》（天武妃）＊7
明日香皇女（刑部妃）
山辺皇女《やまのべ》（大津妃）
大江皇女（天武妃）＊8
川島皇子
泉内親王
施基親王《しき》（芝基・志貴）
橡姫《とち》
39弘文《こうぶん》（大友）
十市皇女《とおち》＊9
葛野王《かどの》
池辺王
淡海三船《おうみのみふね》
草壁皇子（日並知《ひなみし》）
43元明《げんめい》（阿閇《あへ》・阿陪《あへ》）＊6
和乙継《やまとのおとつぐ》
高野新笠《にいかさ》
49光仁《こうにん》（白壁）
井上皇后《いのえ》＊10
50桓武《かんむ》（山部）
早良親王《さわら》
薭田親王《ひえだ》
他戸親王《おさべ》
44元正（氷高《ひだか》）
吉備内親王（長屋王妃）

大田皇女＊4 ＝ 大来《おおく》皇女(大伯)、大津皇子

大江皇女＊8 ＝ 長《なが》親王 — 智努《ちぬ》王(文室浄三《ふんやのきよみ》)、大市《おおち》王(文室邑珍《おおち》)、栗栖《くるす》王
大江皇女＊8 ＝ 弓削《ゆげ》皇子

新田部皇女＊7 ＝ 舎人《とねり》親王 — 47淳仁《じゅんにん》(大炊《おおい》王)、三原王—和気《わけ》王、船王、池田王

藤原鎌足 — 氷上《ひかみの》娘 ＝ 但馬《たじま》内親王
藤原鎌足 — 五百重《いおえの》娘 ＝ 新田部《にいたべ》親王 — 塩焼《しおやき》王(氷上塩焼) — 氷上志計志麻呂《しけしまろ》、氷上川継《かわつぐ》
新田部親王 — 道祖《ふなど》王

蘇我赤兄 — 大蕤娘《おおぬの》 ＝ 穂積《ほづみ》親王、紀《き》皇女、田形《たかた》内親王

鏡王 — 額田姫王《ぬかたのひめみこ》 ＝ 十市《とおち》皇女(弘文妃)＊9

宗形徳善《むなかたのとくぜん》 — 尼子娘《あまこの》 ＝ 高市《たけち》皇子 — 長屋《ながや》王 — 膳夫王、桑田王、葛木王、鉤取王、安宿《あすかべ》王、黄文《きぶみ》王、山背王
高市皇子 — 鈴鹿《すずか》王

宍人大麻呂《ししひとのおおまろ》 — 檝媛娘《かじ》 ＝ 忍壁《おさかべ》(刑部《おさかべ》)親王 — 大野王、山前王、石田王
檝媛娘 ＝ 磯城《しき》皇子、泊瀬部《はつせべ》(長谷部)内親王(川島妃か)、託基《たき》(多紀・当耆)内親王(施基妃)

藤原不比等《ふひと》 ＝ 県犬養《あがたいぬかい》(橘)三千代＊11 — 光明《こうみょう》皇后(安宿媛《あすかべひめ》)
藤原不比等 — 宮子《みやこ》 ＝ 42文武《もんむ》(軽《かる》・珂瑠) — 45聖武《しょうむ》(首《おびと》)

県犬養唐《もろこし》 — 県犬養広刀自《ひろとじ》 ＝ 45聖武 — 井上《いのえ》内親王(光仁后)＊10、安積《あさか》親王、不破《ふわ》内親王(塩焼王妃)

45聖武 ＝ 光明皇后 — 基王(某王か)、46孝謙《こうけん》(阿倍《あべ》)、48称徳《しょうとく》

黛弘道先生編集執筆『年表日本歴史1・原始▼飛鳥・奈良』(筑摩書房刊)の巻末資料・天皇系図参照

■読書案内

邪馬台国《やまたいこく》・神話・大化改新《たいかのかいしん》など大きな問題に関する書籍は、店頭にいけばかならずなにかしらある。そうしたものは手に取れる書籍からはじめて、そこに引かれている書籍を手がかりとしていけばよい。ここでは、いつ行っても店頭に置いてなさそうな分野の書籍をおもに案内することにしよう。

好太王碑《こうたいおうひ》問題は、佐伯有清氏『研究史　広開土王碑《こうかいどおうひ》』（吉川弘文館）で研究史を眺めてから、李進熙《イ・ジンヒ》氏『好太王碑の謎』（講談社文庫）・『広開土王陵碑の研究』（吉川弘文館）で問題提起の内容を摑み、白崎昭一郎氏『好太王碑文の研究』（吉川弘文館）などを読むとよい。この問題の核心部は碑文そのものの信憑性にあるが、中国でも資料調査が行われていて、徐建新氏『好太王碑拓本《たくほん》の研究』（東京堂出版）がその成果を纏めている。必読文献である。

王朝交替説はかつての華やかさはなくなったが、解決したわけではなく、まだ大きな論点である。学説の大要は、水野祐氏『古代王朝史論序説』『古代王朝史論各説（上・下）』（早稲田大学出版部）、江上波夫氏『騎馬民族国家』（中公文庫）や同氏編『論集騎馬民族征服王朝説』（大和《だいわ》書房）で理解できよう。これらの説に対しては前之《まえの》園亮一《そのりょういち》氏『古代王朝交替説批判』（吉川弘文館）や佐原真《まこと》氏『騎馬民族は来なかった』（ＮＨＫブックス）などに代表される反論があるが、提起された視点は直木孝次郎氏『古代河内政権の研究』（塙書房）などに生かされている。

黒井《くろい》峯《みね》遺跡・黒塚古墳など個別の遺跡は、ふつうなら大部《たいぶ》な発掘調査報告書しかないが、近年は遺跡別の一般書もある。石井克己《かつみ》氏・梅沢重昭氏『黒井峯遺跡』（読売新聞社）・奈良県立橿原《かしはら》考古学研究所編『黒塚古墳』（学生社）などがそれだ。なお同成社は「日本の遺跡シリーズ」を刊行しており、山陽道駅家《えきか》跡や白河郡衙《しらかわぐんが》遺跡群など遺跡群の全体像が一冊で摑《つか》める点がありがたい。

隼人《はやと》は地域的な問題とされ、注目度が低い。そのなかでも、井上辰雄氏に『熊襲《くまそ》と隼人』（教育社新書）・『隼人と大和政権』（学生社）、中村明蔵《あきぞう》氏に『若い世代と語る日本史　熊襲と隼人』（評論社）・『隼人の楯』（学生社）・『隼人の古代史』（平凡社新書）・『古代隼人社会の構造と展開』（岩田書院）・『隼人と律令国家』（名著出版）などがある。

時刻制度については、橋本万平《まんぺい》氏『日本の時刻制度』（塙書房）・『計測の文化史』（朝日選書）などがあるが、こうした文化史的な項目については法政大学出版局から「ものと人間の文化史」というシリーズがあり、一五〇冊になろうとしている。記述は日本史だけでなくて、世界史的な内容にも及んでいる。釣針・将棋・農具・絵馬《えま》などの多種類の項目ごとに一冊で、「斧・鑿《のみ》・鉋《かんな》」などと一括《ひとくく》りされたものもある。いずれにせよこのシリーズに入っていれば、一冊で十分すぎるほど纏まった知識が得られる。営業的に多くは売れそうもない企画だが、読者にとってはすごく頼りになる。

藤原京についての理解は、近年だいぶ大きく変化したが、それまでの推移は八木充《あつる》氏『研究史飛鳥藤原京』（吉川弘文館）に纏められている。最近の状況は小《お》澤毅《ざわつよし》氏『日本古代宮都構造の研究』（青木書店）・林部《はやしべ》均《ひとし》氏『古代宮都形成過程の研究』（青木書店）・仁《に》藤敦《とうあつし》史氏『古代王権と都城』（吉川弘文館）に詳しく記されているが、木下正史氏『藤原京』（中公新書）・寺崎保広氏『藤原京の形成』（山川日本史リブレット）などでもおおよその状況が摑める。

■著者紹介

松尾　光（まつお　ひかる）

略　歴　1948年、東京生まれ。学習院大学文学部史学科卒業後、学習院大学大学院人文科学研究科史学専攻博士課程満期退学。博士（史学）。神奈川学園中学高等学校教諭・高岡市万葉歴史館主任研究員・姫路文学館学芸課長・奈良県万葉文化振興財団万葉古代学研究所副所長をへて、現在、鶴見大学文学部・早稲田大学商学部非常勤講師。

著　書　単著に『白鳳天平時代の研究』（2004、笠間書院）『古代の神々と王権』『天平の木簡と文化』（1994、笠間書院）『天平の政治と争乱』（1995、笠間書院）『古代の王朝と人物』（1997、笠間書院）『古代史の異説と懐疑』（1999、笠間書院）『古代の豪族と社会』（2005、笠間書院）『万葉集とその時代』（2009、笠間書院）。編著に『古代史はこう書き変えられる』（1989、立風書房）『万葉集101の謎』（2000、新人物往来社）『疎開・空襲・愛―母の遺した書簡集』（2008、笠間書院）、共著に『争乱の古代日本史』（1995、廣済堂出版）『古代日本がわかる事典』（1999、日本実業出版社）などがある。

古代史の謎を攻略する　古代・飛鳥時代篇

2009年10月30日　初版第１刷発行

著　者　松尾　光

発行者　池田つや子

発行所　有限会社　笠間書院

東京都千代田区猿楽町 2-2-3 ［〒101-0064］

☎03-3295-1331㈹　FAX03-3294-0996

振替00110-1-56002

NDC 分類：210.33　装　幀　廣告探偵社

ISBN978-4-305-70492-4 ㈱シナノ印刷　印刷・製本

松尾光著　既刊図書

税込価格

古代の神々と王権
古代新発見の遺跡・遺物の持つ意味を探り、出雲の存在を古代文献等より究明し、聖徳太子・藤原鎌足などの足跡と伝説の形成を跡づける。
2,446円

天平の木簡と文化
古代人の持っていた優れた文化と技術。彼らの日々のつぶやきを伝える地中からのメッセージ――木簡から読み解く新しい古代史像。
2,446円

天平の政治と争乱
拡大を続ける律令国家にあって、中央政界また辺境で、時代の変転に抗う者たちの悲しみと怒りの中に、歴史の潮流を読みとる。
2,446円

古代の王朝と人物
歴史をつくるのはつねに人間である。悩む人、栄光の人、敗れて舞台をおりる人。王朝びとの生きざまを追って、古代社会の真相に迫る。
2,940円

古代史の異説と懐疑
古代史ブームにのって舞い散る数々の異説・異論。その核心を斬るとともに、また透徹した史観で、古代史研究の真の問題点を探る。
3,150円

白鳳天平時代の研究
大化改新から、社会はどのように変わったのか。地方の行財政を政府はどのようにして国司支配のもとに一本化したのか等、解析した労作。
品切

古代の豪族と社会
物部氏だけに許された大王家類似の降臨神話、山部の職名起源、外交にたけた氏族と藤原氏との葛藤など、古代史の実相を知るの31の切り口。
2,730円

万葉集とその時代
『万葉集』は歴史資料としてどこまで読めるか。文学的創作と具体的な資料の腑分けで、万葉集の時代の社会の動きを捉えた意欲的な試み。
2,730円